言究论道 第五卷

道路交通安全管理研究文章及各地经验汇编 2021

公安部道路交通安全研究中心　编

人民交通出版社股份有限公司

北京

内 容 提 要

本书汇编"交通言究社"微信平台的专业文章,共分为道路交通事故预防、道路交通安全设计、事故处置与安全防护、车辆安全源头治理、交通科技与自动驾驶、交通安全文化与宣传教育六篇,由不同领域的专家深入浅出地介绍交通管理、交通安全等方面的专业知识。

本书主要供从事交通管理工作的专业人员,以及从事交通安全研究的专业技术人员参考,也可供交通安全相关行业从业者及管理者参考。

图书在版编目(CIP)数据

道路交通安全管理研究文章及各地经验汇编.2021 / 公安部道路交通安全研究中心编.— 北京:人民交通出版社股份有限公司,2022.6
ISBN 978-7-114-17898-6

Ⅰ.①道… Ⅱ.①公… Ⅲ.①公路运输—交通运输管理—安全管理—中国—文集 Ⅳ.① U491-53

中国版本图书馆 CIP 数据核字(2022)第 058417 号

Daolu Jiaotong Anquan Guanli Yanjiu Wenzhang ji Gedi Jingyan Huibian 2021

书　名:	道路交通安全管理研究文章及各地经验汇编 2021
著　作　者:	公安部道路交通安全研究中心
责任编辑:	李　佳　刘　洋
责任校对:	孙国靖　宋佳时
责任印制:	刘高彤
出版发行:	人民交通出版社股份有限公司
地　　址:	(100011)北京市朝阳区安定门外外馆斜街3号
网　　址:	http://www.ccpcl.com.cn
销售电话:	(010)59757973
总 经 销:	人民交通出版社股份有限公司发行部
经　　销:	各地新华书店
印　　刷:	北京交通印务有限公司
开　　本:	787×1092　1/16
印　　张:	20
字　　数:	426千
版　　次:	2022年6月　第1版
印　　次:	2022年6月　第1次印刷
书　　号:	ISBN 978-7-114-17898-6
定　　价:	108.00元

(有印刷、装订质量问题的图书由本公司负责调换)

《道路交通安全管理研究文章及各地经验汇编 2021》
编 委 会

主　　任：王长君　刘　艳

主　　编：乔　靖　丛浩哲

编　　委：刘　林　李芸玥

顾　　问：郭　敏　梁康之　官　阳　徐耀赐
　　　　　戴　帅　黄金晶　周文辉　舒　强
　　　　　刘　君　巩建国　朱建安　支　野
　　　　　胡伟超

前　言

2021年是党和国家历史上具有里程碑意义的一年，也是全国公安交管部门笃行实干、砥砺奋进的一年。一年来，全国公安交警深入贯彻习近平总书记重要指示精神和党中央决策部署，着力统筹推进预防事故保安全、规范执法护稳定、便民利企促发展、教育整顿强队伍，创造了安全顺畅的道路交通出行环境，为实现"十四五"良好开局作出了重要贡献。

这一年，全国公安交管部门扎实做好防风险、保安全、护稳定各项工作，忠实履行好党和人民赋予的使命任务。紧紧围绕建党100周年交通安保主题主线，坚持最高标准、最严要求、最周密的措施，全警动员、全力以赴。截至2021年底，全国机动车保有量已达到3.95亿辆、机动车驾驶人4.81亿人、全国公路总里程超过520万km，面对严峻复杂道路交通安全形势，公安交管部门深入推进"减量控大"核心工作，大力提升交警执法规范化水平，持续深化交管服务创新改革，连续推出12项便利措施，服务全国2亿多人次，不断增强人民群众获得感、幸福感、安全感。

这一年，公安部道路交通安全研究中心官方微信公众号"交通言究社"在广大读者的支持和陪伴下度过了第五个年头，"道路交通安全管理研究文章及各地经验汇编"集结出版也积累到第五卷。"不积跬步，无以至千里；不积小流，无以成江海"，一路走来，"交通言究社"一步一个脚印坚定前行，一点一滴汇聚智慧力量。"积力之所举，则无不胜也；众智之所为，则无不成也"，"交通言究社"围绕公安交管工作的重点、热点和难点，广纳国内外专家研究成果、吸收各地交管工作经验做法，聚焦道路交通事故预防、道路交通安全设计、事故处置与安全防护、车辆安全源头治理、交通科技与自动驾驶，以及交通安全文化与宣传教育等方面，提供切实可用的管理经验和方法、传播具有启发性的思路和先进性的理念，助力公安交管治理能力和治理水平现代化。

　　本书是"交通言究社"2021年发布的经典作品集萃，期待能给读者以思考与启示，给从业者以参考和借鉴。不忘初心，方得始终。"交通言究社"将继续坚守"言要敢言、善言，集百家之言；究要专业、严谨、独到，言之有物"的初心，继续奋斗，勇往直前。谨以此书献给所有关注、关心中国道路交通安全事业的伙伴，让我们一起携手共进，为我国道路交通安全事业贡献更大力量！

公安部道路交通安全研究中心
2022年3月

目　　录

第一篇　道路交通事故预防／1

道路交通事故"减量控大"技术治理思路和对策 …………………………… 3
新安全交通体系助力保障高质量发展 ………………………………………… 4
基于大数据的道路交通安全风险分析与应用 ………………………………… 7
从实际出发剖析当前道路交通工程问题，寻求提升安全措施 ……………… 9
预防和减少交通事故，需构建适应人能力与缺陷的本质安全道路交通系统 …… 17
从源头预防应对农村道路交通安全问题 ……………………………………… 23
农村穿村过镇路段与平交路口交通事故防控对策 …………………………… 31
轮胎掉落引发交通事故，专家探讨应对措施 ………………………………… 42
利用篷布防范货物遗洒，预防交通事故 ……………………………………… 47
浙江：研发"扫码报警"系统，破解高速公路次生交通事故预防难题 …… 51

第二篇　道路交通安全设计／57

从交通工程角度改进道路条件，提供安全驾驶环境 ………………………… 59
道路自解释视线诱导系统的设计理念 ………………………………………… 65
利用视线诱导设施提升交通安全 ……………………………………………… 71
长隧道的交通控制逻辑和技术思路 …………………………………………… 78
提升隧道应急管理水平，要优先解决制度、技术层面问题 ………………… 80
城市长大隧道交通安全应急设计典型问题及对策 …………………………… 85
美国对于隧道应急管理有哪些规定 …………………………………………… 92
混凝土护栏主要型式及设计原理 ……………………………………………… 97
混凝土护栏功能发挥的影响因素 ……………………………………………… 102
自行车道并非越宽越安全 ……………………………………………………… 105

长沙：探索创新，打造非机动车交通组织样板模式 ··· 112

第三篇　事故处置与安全防护／121

哈尔滨二环桥事故探讨（上）：二次交通事故频发原因何在 ······················ 123
哈尔滨二环桥事故探讨（下）：如何预防发生二次交通事故 ······················ 128
在证据缺乏情况下如何推动交通事故调查、还原交通事故真相 ·················· 133
交通事故深度调查中的道路隐患发现与刑事责任追究 ······························· 139
关于完善我国道路交通应急管理培训课程体系的研究及建议 ····················· 146
以"点、线、面"防护要诀，提升交通事故中现场人员安全 ····················· 151
关于道路施工作业警告区安全设施设置的技术需求探讨 ··························· 156
探讨交警执法中弱光战术的应用 ·· 166
关于低危险性警情处置策略的思考 ··· 176

第四篇　车辆安全源头治理／183

汽车起火事故发生的原因及调查应用探讨 ·· 185
水淹汽车交通安全隐患及防范对策建议 ··· 189
"大吨小标"轻型货车数据画像在注册登记中的应用 ······························· 192
电动汽车典型危险工况及安全检验探讨 ··· 200
破解电动自行车治理难题，系统化治理新思路成效显著 ··························· 205
美国得克萨斯州机动车登记制度简介 ·· 210
美国得克萨斯州机动车登记申请表信息要素剖析 ····································· 214
日本和德国汽车个性化改装管理启示 ·· 220

第五篇　交通科技与自动驾驶／225

"十四五"道路交通管理科技发展应重视的几个基础性问题 ····················· 227
交通强国建设背景下的中国道路交通安全科技发展方向 ··························· 229
交通法规符合性测试助力自动驾驶系统安全落地 ····································· 233
面向交通安全的智能汽车安全驾驶管理对策研究 ····································· 237
自动驾驶汽车运行安全要求探讨 ·· 242
泰州："手脑"协同让高速公路主动管控更精准 ····································· 247
西安：提升科技对大交管的支撑乃至引领作用 ·· 254

第六篇　交通安全文化与宣传教育 / 259

推进交通安全文化建设首先要建立科学的理念 ……………………………………261
从交通管理的技术意识角度探讨"礼让" ……………………………………………268
"守法规知礼让"背后的深意 …………………………………………………………270
"守法规知礼让"需要良好的交通环境支撑 …………………………………………274
斑马线及让行的变迁与启示 …………………………………………………………277
我国老年人交通安全宣传教育现状及存在问题研究 ………………………………284
老龄化背景下老年人交通安全风险分析及宣传教育对策建议 ……………………289
境外老年人交通安全宣传教育经验做法 ……………………………………………292
大学生交通安全现状分析及宣传教育对策建议 ……………………………………296
机动车驾驶人考试互联网直播现状分析及对策建议 ………………………………305

第一篇

道路交通事故预防

道路交通事故"减量控大"技术治理思路和对策

朱志星　江苏省公安厅交警总队政委

一、道路交通事故关键因素

道路交通事故四大要素，分别是：人、车、路、环境。人是核心要素，也是关键因素，包括行人、非机动车和机动车驾驶人。车是决定因素，要重点关注"两客一危一货"，关注车辆的重量因素、速度因素和质量因素。路是基础因素，"控大"要重点关注高速公路，高速公路车速较快，易发生大事故；"减量"，国省道和县乡道路是关键，国省道开口较多，又存在穿过乡镇等问题；县乡道路基础差，存在标志标线不够齐全等问题。城市道路条件较好，但发生事故后对交通影响较大。环境是变量因素，特定时段、特定点段、特定部位以及特定气象条件下，对交通出行的影响各不相同。以江苏省为例，经统计发现35%以上的交通事故发生在交叉口，要特别注意交叉口。

二、技术治理思路和对策

在治理上，要坚持依法治理、系统治理、综合治理、源头治理，但"治理千万条，关键靠技术"。

在路的治理方面：一是基础治理，包括标志、标线、信号灯"3个1"工程、"1+N"指路标志体系、路面痕迹采集分析技术；二是数字治理，包括三维全景道路模型、交通管理设施数字沙盘、智能化交通信号控制系统、智慧道路建设。

在车的治理方面：技术标准上，符合国家标准，满足上路条件；安全标准上，进行安全技术检验，使用安全检查；运行标准上，进行运行安全检测、动态实时监管。此外，江苏提出了第二车管所的概念，所有客车、旅游包车等在客流中心、集散中心等地出车前必须进行安全检查。

在环境治理方面：江苏交警总队与公安部道路交通安全研究中心开展合作，在环境治理方面，从事先预测（天气预报、事件监测、规律分析）、及时预警（信息发布、广泛渠道、定向推送）、主动干预（道路管控、可变信息、现场指挥）三方面开展。现阶段在徐州进行试点，后续将在全省推广。

在人的治理方面：对驾驶人进行身体健康、心理健康和行为健康的检查和管理。身体健康是关键，包括对人的背景检查和健康检查，特别是对"两客一危一货"的驾驶人进行背景检查，确保驾驶人身心健康；重视货车驾驶人的心理健康、情绪关注、心理关怀，同时，提倡驾驶人要行为健康，养成良好的生活习惯和安全驾车习惯。

三、新治理模式探索

更安全的路,要实现同步规划、同步建设、同步管理、同步使用,使智慧道路更智慧。更可控的环境,要实现天气变化可知、重点部位可控、突发事件可应、重点时段可防。更健康的人,要对交通参与者进行宣传教育、重点管理、群体画像、法律监管。其中,宣传教育要实现部门协同、社会参与和精准滴灌;要针对违法人员、问题人员、在交通中容易受到伤害的群体进行重点管理;要根据重点群体人员的属性、违法记录、行为习惯进行画像;要完善法律、运用科技手段进行主动监管。关于更聪明的车,专家讲述得比较多,就不在此一一阐述。

扫一扫查看原文

新安全交通体系助力保障高质量发展

潘汉中　公安部交通管理科学研究所副所长、研究员

关于交通发展、交通安全,必须先明确两个基本理念:一是以人为本,人民至上,发展绝不能以牺牲人的生命为代价;二是事故预防绝对不是减减数字,而是保护一条一条的生命。本文回顾了"十三五"道路交通及交通安全情况,分析了新时代交通安全面临的形势与挑战,同时提出新时代新安全交通体系的构建要点。

一、"十三五"道路交通及交通安全情况

1. 机动化发展迅猛

当前,我国仍处于机动化高速发展期。2020年底,机动车保有量3.72亿辆,比"十二五"末增加0.93亿辆(增33.5%),其中汽车2.81亿辆,增加1.09亿辆。机动车驾驶人4.56亿人,比"十二五"末增加1.28亿人(增39.3%),其中汽车驾驶人4.18亿人,增加1.38亿人。千人机动车拥有量和汽车拥有量快速提升,2020年分别为266辆和201辆,比2015年末分别上升31.0%和60.8%。

2. 道路里程稳步增长

我国道路交通基础建设投入持续增长,且城市道路发展增速快于公路,处于加速发展期。2020年底,公路里程510万km,比"十二五"末增加52万km(增11.4%),其中高速公路16万km。城市道路长度47.8万km,比"十二五"末增加11.3万km(增31.0%)。

3. 公路客货运发展分化

公路客货运发展出现分化,随着家庭小汽车普及和高速铁路、民航运输蓬勃发展,"十三五"末公路客运量和旅客周转量分别比"十二五"末减少19.7%和17.6%;同时,公路货运量逐年增长,公路货运量、货物周转量分别增长9.1%和2.9%。

二、新时代交通安全面临形势与挑战

1. 我国交通安全现状

"十三五"期间涉及人员伤亡的道路交通事故总体平稳。据统计，2016—2017年，伤亡事故出现小幅反弹；2018—2020年逐年小幅上升，总体上事故起数、死亡人数、受伤人数均呈上升趋势。但群死群伤事故处于稳步下降期，且下降比例很大，3人以上、5人以上、10人以上事故，比"十二五"期间分别下降35.1%、61.1%、和67.7%。经分析，我国交通安全现状主要有4大特点：

城市道路和农村道路事故上升。随着城市道路里程持续增长，机动化、城镇化进程深化，"十三五"期间，城市道路交通事故死亡人数上升27.6%，占公路死亡比例上升8.6个百分点；乡村振兴发展、城乡融合发展，"十三五"期间，农村道路交通事故死亡人数上升11.5%，占公路死亡比例上升10.5个百分点。

货车交通安全风险居高不下。近年来货车保有量稳步增长，公路货运量保持增势。2020年，货车肇事3人以上事故占比同比上升8.9%，3起10人以上事故全都涉及货车。而危化品运输车是危险的"流动炸弹"，发生交通事故后，一旦引发燃爆，是造成严重伤亡的最大风险。

弱势交通参与者交通伤害持续上升。电动自行车肇事事故占比、驾驶人事故死亡占比逐年上升，驾驶人死亡人数2019年比2015年上升32.1%。老年人交通事故占比持续上升，2019年，老年人因交通事故死亡占36.3%，比2015年上升10.5%，人口老龄化带来的交通安全问题日益凸显。

群死群伤事故分散多元风险加剧。当前，群死群伤事故的分散多元风险还没有消除，防控难度大。

2. 新时代交通安全面临的挑战

新时代新发展新要求。我们已经进入新时代，随着人民群众期待要求不断提高，建设更高水平的平安中国、实施乡村振兴战略、建设交通强国、实施城市更新行动等目标给我们提出了更高的要求。

道路基础安全性还有差距。道路基础设施安全性还有差距，尽管我国高速公路总里程是世界第一，但相关标准较低，如高速公路护栏、隧道设施等防护等级低；农村道路里程长，交通安全设施不足的情况也多；此外，还存在部分普通国省道平交路口该设信号灯不设，交通设计不合理的情况。

运输车辆整体安全性能不高。运输车辆整体安全性能不高，2020年几起重大道路交通事故都在一定程度上反映出这个问题，且包括一些经济发达的地方也存在不少这类车出事故的情况。

公众交通文明行为习惯尚未养成。与快速的机动化进程相比，交通文明发展还处于启蒙阶段，不规范的驾驶行为和交通陋习多；对汽车的认识还处于初级阶段；不按规定让行、"三超一疲劳"等交通违法行为多发。

技术应用还不扎实，同时新业态不断涌现。目前交通相关技术应用还不够扎实，如

"大脑"很多,但关于"安全"的智商有限;摄像头很多,采集到的有效信息却有限;数据很多,可是大数据作用有限、应用不到位等。而在这样的情况下,新技术、新业态还不断涌现,且还存在对安全认识不足的情况,如认为汽车是办公家具、移动的办公室,对汽车可能给人造成的伤害认识不够到位。

三、新时代新安全,要求交通系统保障高质量发展

构建新的安全交通体系,目标是通过防止碰撞来减少交通事故、减轻碰撞程度降低事故伤害,包括:建立高效的交通安全治理体系;培育安全意识强的道路使用者;建设安全的道路交通设施;制造安全的交通工具;构建严格、科学的运行管控系统。体系、人、设施、工具、管理"五要素"环环相扣、每个环节不能有缺陷。需要注意以下几点:

1. 贯彻新发展理念,坚持"减量控大"总策略,健全新安全交通治理体系

新安全交通治理体系要保证职责清楚,明确各部门职责,包括做什么、怎么做。实现分类指导,差异化管理,要"一省一策""一市一策",精准施策。同时健全完善农村交通安全协同治理机制、构建城市交通安全网格化治理机制、健全社会化宣传教育体系、建设交通出行领域信用体系。

2. 夯实道路交通安全基础,防范化解交通安全风险

提高道路通行环境安全性,加快推进普通国省道安全设施升级;全面提升农村公路安全性;实施城市道路空间多模式交通安全管理;提升高速公路防护能力;提升重点路段交通风险预警。增强车辆安全性,推动车辆运输、制造企业落实安全主体责任;提升货车、面包车等重点车辆运行安全性;开展电动自行车、低速电动车等违规车辆专项治理;持续关注新能源车、智能汽车安全性。增强驾驶人安全意识,着重培养安全文明意识,提高避险技能;积极适应人口老龄化、车辆智能化;健全完善职业驾驶人教育培训体系;推进驾驶人全生命周期教育。健全事故应急处置与救援体系,加强监测预警,提升应急处置专业化水平;提升交通创伤院前抢救能力;推动应急救援社会化。

3. 科技赋能交通管控,实现交通车辆全过程管理

强化科技支撑,推进先进交通安全装备应用,加强对农村等区域交通安全的关注,实现全域智慧交通管理;对车辆运行有过程管理,隐患节点上要有重点监测预警,且保证信息准确;加强对行车速度的管理。强化数据驱动,加强交通安全数据分析研判,关注事故数据标准,用事故来分析预判交通事故,构建客货运企业交通安全画像平台,实现重点车辆安全动态监管。

4. 积极谋篇布局、引领发展,迎接新技术新业态挑战

要将人工智能、大数据、车联网、自动驾驶等技术真正赋能交通安全管理,实现人、车共存的新交通体系。

扫一扫查看原文

基于大数据的道路交通安全风险分析与应用

荣　建　北京工业大学交通信息与控制研究所教授
　　　　北京交通工程学会理事长

目前，基于事前评价指标的交通安全风险识别与致因挖掘已成为研究热点。对于交通安全风险的事前研判和分析，在没有大数据的情况下，也可以根据道路上的制动痕迹进行判断，并不是只有在拥有了精准的数据之后才能做事前判断，只是有了更多数据后，可以做更多的分析和探讨。

我们的实验室现在主要和公安部道路交通安全研究中心联合开展相关研究工作，我们的数据主要来源三方面：一是基于实车的OBD（车辆故障自动记录仪）数据，记录了详细的驾驶行为数据。二是来自互联网的大数据平台，包括地图数据、驾驶行为数据、拥堵数据等；三是事故数据、违法数据、卡口数据等。有了数据以后，怎么去判断道路上到底有没有交通安全风险？这些风险的致因是什么？对交通安全风险识别与致因分析后如何应用呢？下面主要和大家分享关于这几个问题的探讨。

一、如何对交通安全风险状态和致因进行分析

1. 交通安全风险状态研判

有了更多数据类型后，首先要判断用哪些指标来评判道路上是否有交通安全风险。我们主要通过激进驾驶行为和速度变化系数指标进行识别和判断，此外，拥堵指数、道路类型、用户比例等也是影响交通安全风险的重要因素。比如：在道路出口处，驾驶人往往存在更多加减速操作，因此在出口处存在较多急加速和紧急制动的激进驾驶行为；在左右转车道、入口、环岛等地方，驾驶人需要转弯、合流及分流时，也存在较多急加速和紧急制动的激进驾驶行为（图1）。

不同的地点，发生激进驾驶行为的数量不同，因此，我们对道路类型和拥堵状态进行划分，在不同道路类型下，用"秩序指数"判断整个路网在全时间段和空间里的风险程度，如：在同样类型的道路、同样拥堵状态下，驾驶人激进驾驶行为的指数是多少、速度变化系数是多少，从而整体衡量道路的风险程度。实际上，"秩序指数"与事故有较强的关联性。

2. 交通安全风险致因解析

当发现道路存在交通安全风险时，如何分析风险致因呢？可用"秩序指数"来对城市快速路风险致因进行诊断分析，用黑色显示风险较大的地方。此外，我们还可以通过机器学习的方法、双因素交互影响分析方法来解析到底是什么原因导致某一路段成为交

通事故风险高的路段。

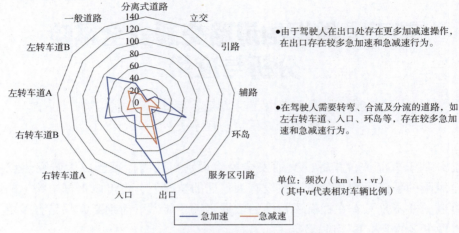

图1 不同道路类型的激进驾驶行为特征

二、道路交通安全风险研判和分析的应用

对道路交通安全风险进行研判和致因分析的结果到底能用来做什么呢？可应用于公路交通动态安全风险评估系统。我们可以把研判分析出来的高风险路段的成因提示给过往车辆的驾驶人，当驾驶人途经某风险路段时，可接收到导航的提示信息，如：前方货车密集，请保持安全车距，谨慎超车；前方车流量大，请控制车速，不要争道抢行……这样有利于驾驶人提前做好安全驾驶准备，最大限度减少交通事故的发生。除了给驾驶人提醒外，还可以帮助公安交管部门提前做好交通管控，当交管部门提前获悉某路段存在的安全风险以及致因，可有针对性地在不同时间、不同地点采取相应的管控措施，降低交通事故风险，提高管理效率。

三、未来交通安全风险研判分析和应用需形成闭环

实际上，即使有了所有的研判和分析，仍然不是一个完整的工作闭环，包括一些仿真研究也不是完整的闭环。我们现在拥有很好的交通运行状况监测技术和系统，需要把可能优化的措施和方案应用到实际的工程中，在实践中再做持续的监测和优化，只有这样才能证实大数据分析的结果是否对改善实际工作有作用，只有这样闭环的控制才可能扎扎实实地推进工作。希望我们的研究方案付诸到实践当中，在实践中检验系统是否有用、是否有价值。

扫一扫查看原文

从实际出发剖析当前道路交通工程问题，寻求提升安全措施

程金良　浙江省公安厅交警总队警务技术四级主任
　　　　上海同济大学道路交通安全与环境教育部工程研究中心特聘研究员

在"交通强国"战略部署下，我国的公路建设在当前及今后较长一段时间仍然在路上，以"人民为中心"执政理念背景下，道路交通安全的重视程度与日俱增。道路交通安全不外乎涉及"人、车、路、环境"，其中"路"的问题，更多的时候是指交通工程缺陷，或与交通工程有密切关联的问题。从"路"的因素分析，交通工程决定道路交通安全，同时交通安全也反馈着道路是否存在"缺陷"，"缺陷"与"安全"是互为映射的一对关系。笔者作为一名从事多年基层公路巡逻执勤的交通民警和公路项目设计审查的参与者，从日常管理中交通事故、交通违法事实调查到的客观实际出发，解剖、分析当前公路建设、运营环节中关于交通工程"缺陷"和交通安全的关联，以及更深层次的公路建设、运维机制等方面存在的不足，以期寻求进一步提升"路"的安全性措施，从而促进道路交通安全的本质向好。

一、道路交通工程缺陷相关问题

据统计，某省高速公路全年发生与交通工程缺陷隐患相关的交通事故死亡56人、占总死亡数的20.7%。主要形态有：冲破护栏坠车、次生碰撞死亡24人；互通路段缺陷引发的交通事故死亡22人，其中分流段死亡14人，合流段死亡3人，匝道翻车事故死亡5人；隧道内相关设施、结构物缺陷事故死亡6人；路面明显积水事故死亡2人。下面通过对交通事故现场勘查、事故原因分析，结合日常运营管理，分析查找事故的发生或事故后果的产生、加重与交通工程缺陷的关系。

（一）护栏防护不足

1. 不同型式护栏搭接过渡段防护强度不足

常见的有波形梁护栏、中分带开口护栏、桥梁混凝土护栏之间的过渡搭接。现行《公路交通安全设施设计规范》（JTG D81—2017）及《公路交通安全设施设计细则》（JTG/T D81—2017），只作了"不同型式的路基护栏之间或路基护栏与桥梁护栏之间应进行过渡处理"的描述和安装处理示意图，没有设计图和施工大样图。

通常情况下，设计、施工单位以在混凝土护栏上植入膨胀螺栓的方法进行波形梁护栏与桥梁混凝土护栏的搭接固定。从大量的交通事故现场勘查中发现，此类搭接方式的强度远远不能满足防护要求，更多时候还加重交通事故后果。例如：2018年10月11

日14：00，浙AU93E*号小型普通客车途经G15W（常台）高速公路往江苏方向287km＋400m处时，车辆剐蹭中央护栏后碰撞路侧护栏，致乘员当场死亡。经现场勘查，车辆失控过程与路桥护栏搭接部位发生碰撞，用膨胀法安装在混凝土护栏上用于固定过渡段波形梁板的膨胀螺栓在波形梁护栏被碰撞变形过程中被弹离，致使车辆与混凝土护栏端头发生剧烈碰撞，后排乘员被甩出车外，并坠落到高落差边沟。

2. 挖方填方过渡段路侧防护不足

挖方段末端至填方段起始位置或至上游桥塽往往还有一定的纵向距离，护栏设置位置距离挖填方交界面或上游桥塽外的高落差边坡也还有一定的侧向距离。但该部位的护栏往往按一般路基路段进行设计（图1），车辆容易冲出路基，翻坠边坡下。一般表现为：波形梁护栏防撞等级不足，未按落差大于8m或6m，且边坡陡于1:1或1:1.5的条件提高护栏防护等级；迎车面护栏端头未埋入不构成障碍的土体中，构成新的危险点；护栏外展斜率不足，失控车辆与过渡段护栏碰撞时不足以使车辆驶回原车道，而是冲破护栏。

图1　挖方填方过渡段路侧防护栏强度不足

3. "老标准"护栏安全隐患突出

科技进步、汽车性能提升及管理要求的提高是《公路工程技术标准》（JTG B01—2014）等行业标准修订的重要依据。然而，道路护栏设施的防护等级与汽车工业发展，以及道路交通流组成特征并未实现同步更替与匹配。主要表现：

防护能量差距大。94版《高速公路交通安全设施设计及施工技术规范》（JTJ 074—94）中A级波形梁护栏，其最低防护能量不到160kJ，而同样符合高速公路建设标准的06版、17版《公路交通安全设施设计规范》（JTG D81—2017）中A级波形梁护栏的最低防护能量达160kJ。可见，在役的94版标准A级护栏在防撞能力上有许多值得担忧的地方。

护栏尺寸大小相差大。94版标准 Cm-pl2（pl3）-R型组合式桥梁护栏混凝土体高度只有58.5cm，且坡面底部55°斜面高差达25.5cm，这一斜面有助于车辆轮胎爬升，安全隐患极大。浙江嘉兴境内的乍嘉苏高速公路2004年"5.12"死亡23人事故现场就是这样的护栏"助推"大客车爬升,最终致其骑跨护栏并翻坠桥下。而现行标准中,高速公路风险等级较高条件下适用混凝土护栏最低级为SB级,其有效高度为90cm。据统计,某省94标准的路段900余km,以桥梁占总路长比23%计算,全省有200余km路段桥梁为该类混凝土护栏(按老标准,整体式断面桥梁只做路侧混凝土护栏,约合400余km工程量)。

超过设计使用年限,护栏的防撞性能下降。据统计,某省高速公路使用年限超过15年的路基护栏650km(合计2600余km工程量),占比26%。

中央分隔带桥梁护栏凸缘盘立柱防撞性能不足,车辆冲破护栏穿越对向车道风险大。

4. 分流端头防撞垫防护不足

因公路经营管理单位、设计人员对吸能或导向防撞垫适用条件认识差异和其他客观因素,使得2006年颁布的《高速公路交通工程及沿线设施设计通用规范》(JTG D80—2006)中规定的分流端、护栏端头设置防撞垫迟迟未落实到位,取而代之的是大量圆柱形防撞桶。在大量交通事故调查实践中,该类桶防撞功能不足,却有一种另外的"导向"作用(图2)。近年来,在政府相关部门的强力推动下,可导向防撞垫在浙江高等级公路上得到了应有的应用,但因防撞垫行业规范缺失、安装不规范等问题,也可谓状况百出,主要有:安装得不牢固,防撞垫与相邻护栏不搭接,防撞垫与护栏端头迎车面面积相差悬殊,"防不住碰撞"。

图2 圆柱形防撞桶防撞功能不足

(二)公路建筑界限内结构物处置不当带来的安全风险

护栏端头、桥墩、隧道入口端墙、隧道洞内紧急停车带和人行、车行横通道洞口迎车面凸出部位等是当前公路常见,是带来大量交通事故安全风险的结构物。其中:护栏端头风险有未经处理的波形梁护栏、混凝土护栏、组合护栏迎车流方向起始端面、分流端护栏端面;桥墩风险在于无任何保护情况下或保护强度不足而使其暴露于迎车面;隧道口端墙风险在于进洞口路段护栏未过渡处理、未延伸至洞内进行无害化处理;失控车辆碰撞紧急停车带加速过渡段迎车面结构物和人行、车行横通道洞口迎车面凸出结构物,往往加重交通事故后果。

(三)视距不足

视距不足主要体现在:弯道路侧有山体、建筑物、桥墩等结构物,道路线形不良平纵组合引起的行车视距不足,路口通视三角区不通视,路口绿化遮挡等。另外,还存在行车视距不足路段交通工程措施不到位的情况,例如:超车视距不足的弯道路段没有使用禁止跨越车道分界线、禁止超车标志等措施引导车辆安全驾驶,行车视距不足路段缺少线形诱导标、凸面镜、让行标志标线等。

（四）互通区小半径匝道带来的安全隐患

受控制建设规模、建设用地等因素影响，在役和在建公路中小半径匝道被广泛应用，尤其是苜蓿叶型、喇叭型互通更甚。无论规范中规定的极限条件"是否受限"，只要限速40km/h的，匝道圆曲线半径基本采用一般值60m，也基本不论"地形条件特殊"与否、是否"不得已"，只要不小于50m的半径都算"符合标准"，这些都是现状。还有些小半径圆曲线与之相衔接的上游缓和曲线指标不良，容易给驾驶人造成"突然出现急弯"的感觉。2020年G15沈海高速温岭大溪互通"6.13"死亡20人燃爆事故就发生在类似的喇叭型互通匝道内。作为交警我们更担忧的是，当前越造越多的穿城、穿村镇而过的桥梁路段（因考虑桥下道路的城市扩张功能不受限，往往采取高净空），互通落地匝道往往是小半径叠加纵坡极限值，就是通常讲的"又急又陡"的转弯匝道。这些也是交通事故隐患排查与治理中的重点、难点，几乎所有的交通工程措施都无法彻底治理，因为这是"胎里的毛病"。

（五）路口接入不规范

据统计，路口事故占事故总量的40%以上，路口接入不规范是困扰公路交通安全管理最为常见问题之一。《公路工程技术标准》（JTG B01—2014）、《公路路线设计规范》（JTG D20—2017）规定了一级、二级公路关于平面交叉的间距要求，但受公路通车时间与公路周边开发先后次序、管理失序等因素影响，问题依然突出，三四级公路更是无据可依，接入随意。主要表现有：平交路口和路侧开口的道路路口数量繁多、间距近，路口渠化不规范、交通组织无序等问题突出。某县境内G320国道为一级干道公路，15.5km范围道路开口139处（包括平交和路侧开口），平均111m一处开口；接入部位不规范，纵坡大、展宽不足，转弯半径小，被接路处于平纵组合弯道、超高路段；路口通视距离不足；路口路权不清，缺少让行标志、交通柱、减速带、照明、警示灯"五小工程"等安全设施、管理设施。

（六）紧急停车带过渡段缺失

隧道内紧急停车带建设规模偏小，总共50m长度，其中有效长度为40m，前后各5m过渡段。过渡段过短，不符合车辆进出安全需求，无法实现车辆减速进入和加速驶出，安全风险极大。某地曾一度下令关闭事故高发的紧急停车带，然而，这有违于紧急停车带建设的初衷。

（七）交通标线应用不当

交通标线是连续性最好、使用最广泛、基础性作用最重要的交通安全设施。在日常管理中常见问题有：应设未设、设置不规范、养护不力、与交通标志不统一等。如秦岭高速"8.10"死亡36人事故，加速车道与货车道之间分界线局部磨损，宽度不满足规范要求，未能有效引导车辆在车道内行驶。再如，部分二级公路弯道路段，由于超车视距不满足规范要求，路侧设置了禁止超车标志，中心分道线却为黄色虚线。

二、造成道路交通工程缺陷的原因分析

造成以上缺陷的原因众多，主要有以下三大方面。

（一）行业规范不完善

道路建设项目相关行业标准、规范不够完善。道路线形平纵指标选取的条件过于宽泛。新旧行业标准更迭过程没有明确原标准低于现行标准的安全防护设施的处置原则。部分道路路侧开口和超短距平面交叉缺少相应的行业标准规范；护栏过渡段有效搭接缺少明确具体施工规范；隧道内结构物的处理无据可依等。

（二）行业规范适用的认识不统一

常规认为，行业标准作为道路建设、运维中的技术法规，其适用效力应该是：国家标准＞行业标准，强制标准＞推荐标准，上位标准＞下位标准；在具体某个标准中，用词条款强制效力高至低排序应该是："必须""应""宜""可"。当前道路工程项目建设中政府（投资方）、建设行业主管部门、设计单位对行业标准适用认识不统一，标准适用不当的情况时有发生，"有上位标准不用下位标准""有强制标准不用推荐标准""宜即为可做可不做"等情况在设计、建设环节相对突出。例如，行业标准《公路工程技术标准》（JTG B01—2014）规定"受地形条件或其他特殊情况限制，经论证互通净距不得小于1km，且应进行专项交通工程设计，设置完善、醒目的交通标志、标线和警示、诱导设施"，推荐性标准《公路立体交叉设计细则》（JTG/T D21—2014）规定设计速度为80km/h的单向两车道路段两互通式立体交叉最小净距650m。于是高速公路上就出现了大量的近距离互通，普遍认为互通最小净距符合《公路立体交叉设计细则》即"符合标准"，一概不用顾及《公路工程技术标准》（JTG B01—2014）所规定的"受地形条件或其他特殊情况限制""经论证"等条件。

（三）工程建设中规范执行不彻底

1. 道路交通事故调查结论未及时吸纳应用

交通事故调查，尤其是深度调查中发现的道路缺陷结论运用不足，没有引起足够重视。每一起重特大交通事故或社会舆论焦点事故的背后，围绕与事故相关的隐患、缺陷都能推动一轮集中排查与整治，突出的道路缺陷在行业标准修编中也基本上能够得以完善。但是大量一般严重程度的伤亡事故、关注度不高的交通事故所反映的道路缺陷，很难推动有效治理或优化设计。

2. 部分规范内容经常被忽视

道路开口间距控制基本"有法不依"，整改推进困难重重，更有甚者出动特警才得以封闭不合规范的路口。护栏立柱因下挖困难等原因埋深不足，护栏波形梁连接处螺栓

缺失、螺母紧固力不够，标志标线的逆反光系数不符合标准等问题不胜枚举。未严格落实《公路法》《公路安全保护条例》规定，保证公路经常处于良好技术状态，公路养护不规范。

3. 少数工程建设程序不规范

存在少数公路建设中建设单位不按规定设计施工图，不按规定组织交工、竣工验收，以及不按规定安排管养单位致公路无人管养状态的情况。例如：湖北省道葛店至梁子湖公路庙岭段18人死亡交通事故，项目工程建设单位未完全执行施工图，在事故路段临水一侧没有按规定设置防护设施，未施划道路标线，致使车辆在雾天行驶时失控冲出路面翻坠于路侧水塘中。

三、促进道路交通安全的对策分析

那要如何避免或减少上述情况的出现呢，主要可从以下几个方面进行改善。

（一）完善行业规范

进一步优化规范相关条文表述，明确规范适用效力等级梯次，明确相类似情形适用规范"就高不就低"的原则，确保适用相对较低指标时，其前置条件落到实处。推动城乡一体化背景下穿村镇公路或公路城市功能互兼道路工程技术规范的制定，规范开口，明确支小路接入管理规范，合理道路断面布置及机非隔离要求，增加公路照明技术要求。明确交通安全设施老标准低于新标准时的处理原则，制定如超过设计使用年限公路护栏的升级改造技术指南，分步治理低标准公路护栏。推动制定道路工程建设和隐患治理中科技应用相关规范，将隐患治理实践探索和课题研究的科技应用成果上升为行业规范，指导事故预防，走交通事故"智防"之路。

（二）正确适用公路工程行业规范

1. 防止"满足规范就是安全的"名义安全倾向

公路工程行业标准（规范）是一个庞大、复杂的技术法规体系，正确理解才能准确把握与适用。交通工程相关行业规范从总体上规定了一般要求和最低要求，在实践中一定要防止"满足规范就是安全的""没有规范规定不可为"等唯规范论的论调和做法。安全才是检验交通工程行业规范的唯一标准，从这个意义上讲，现行规范都是有待检验的，需要在不断总结交通事故、事件教训中修编完善，行业规范也是相对滞后的。所以，规范的应用是一个辩证的过程。

2. 优化设计环节的规范应用

国务院2012年就下发《关于加强道路交通安全工作的意见》（国发〔2012〕30号），其中第十三条规定："鼓励地方在国家和行业标准的基础上，进一步提高公路安全设施建设标准"。这为道路工程项目建设过程中"突破"规范设计提供了政策依据。当然，突破不是盲目不遵守规范、脱离规范搞设计。笔者认为首先是高于、严于规范要求的可以大胆去做，其次在交通管理实践中证实应该做的，用交警部门提供的交通事故数据分析、典型事故案例作为例证，进行优化、改进设计方案是可行的。当然在设计过程中要善于寻求工具验算、碰撞试验等手段的支持。

（三）健全交警部门全过程参与道路项目建设的工作机制

《中华人民共和国道路交通安全法》未对交警部门参与公路建设设计审查环节作出明确规定，《浙江省实施中华人民共和国道路交通安全法办法》规定了公安机关交通管理部门应当参与交通安全设施的设计审核和竣工验收，但是安全设施设计只是产生道路交通工程缺陷的部分环节。从建设程序上讲，在可行性研究阶段就会伴随缺陷产生，比如线位走向、互通间距、互通与隧道、服务区等结构物的间距等。在初步设计阶段，道路的平纵横指标、桥梁护栏、建筑界限内的结构物处理、紧急停车带建设规模等都决定着道路的安全性能或缺陷"预埋"。因此，健全交警部门全过程参与道路工程项目建设的工作机制，对提高道路建设工程项目运行期交通安全具有重大意义。

（四）做实安全性评价

首先，应当把安全性评价放在设计之前或与设计同步，设计者充分吸收安全性评价报告中结论意见开展设计，最大限度避免道路缺陷；其次，安全性评价的委托方应当是相对中立的，而不应是建设项目业主、建设施工方和设计单位，这样才能使安全性评价真正围绕"安全"开展；第三要防止工程可行性研究、初步设计、施工图设计、交工验收、竣工验收和运营等不同阶段安全性评价报告结论千篇一律地采取增加交通标志标线、限速等"无关痛痒"的措施，不同阶段应有不同的侧重点，解决不同结构性的问题。

（五）部分具体问题的解决方案

1. 护栏防护等级提升

过渡段搭接。路基护栏与桥梁混凝土护栏实现螺栓杆在混凝土体中对穿、两侧固定，可以极大提高搭接过渡段防护等级。笔者曾经在G1523沿海高速公路台州、宁波段，S13申嘉湖高速西延段与设计单位一起研究并实践改进搭接方案，将原方案中膨胀螺栓部位的孔用风钻打通，用定制长螺栓代替原膨胀螺栓，在混凝土护栏的外侧面用螺母固定螺栓，使过渡段的波形梁护栏与混凝土护栏牢牢地衔接。挖方、填方过渡段，下游为桥梁的，将桥梁护栏往上游延伸，并实现往挖方与挖方段土体的渐变与埋入；下游为填方路基的，则将波形梁护栏往后延伸。

对在用公路的老旧护栏。根据《公路交通安全设施设计细则》（JTG/T D81—2017）6.6.2条文说明："对接近现行《高速公路交通工程及沿线设施设计通用规范》（JTG D80—2006）中规定的设计使用年限的护栏，建议从护栏防护等级适用性和护栏实际防护等级两方面对其进行交通安全评价，以确定其防护等级需要提升还是继续保持，然后再确定对既有护栏是继续使用、升级改装或整体更换"的要求，对老护栏分步进行改造。路基护栏可以在原有护栏的基础上采取加密立柱、加强波形梁的方法提升其防护等级，主要有路侧SB级双层四波、双层五波、双层六波护栏结构，A级单层三波、双层四波护栏结构；中分带波形梁护栏采用双层四波、双层五波护栏结构；中分带凸缘盘立柱波形梁护栏改为桥梁混凝土护栏，原路侧桥梁混凝土护栏可采用植筋加高混凝土桥梁护栏、加强钢结构组合式桥梁护栏、包封混凝土桥梁护栏等三种改造方案。

2. 隧道内紧急停车带前后过渡段优化

按照管理经验和主线设计速度，计算车辆流入和流出紧急停车带所需要的渐变段距离来确定减速、加速过渡段的长度。至少应参照《公路路线设计规范》（JTG D20—2017）6.4.3"紧急停车带宽度不应小于3.5m，有效长度不应小于40m，并应在其前后设置不小于70m的过渡段"进行设计。

3. 制定公路路口治理技术指南和政策指导意见

按照《公路工程技术标准》（JTG B01—2014）规定平面交叉口主路优先、信号控制、无优先交叉3种交通管理方式，制定公路路口（包括平交口、路侧开口）治理技术指南，重点对接入平交口位置线形平纵指标、视距、交通渠化及信号灯控制等规定限制性条款，采取上游支路合并、加设辅道集散道、合并部分平交口和"平改立"等方式，减少平交口的数量，强化干道沿线入口管理。

4. 视距不足治理

宽容视距设计理念，在道路线形设计中多用一般值，少用极限值，增加应变视距设计。视距不足的隐患治理措施有：按照《公路安全保护条例》规定，根据安全视距等要求确定公路弯道内侧、互通立交以及平面交叉道口的建筑控制区范围。弯道视距不足，加宽外侧行车道，加大外侧车道的平曲线半径，从而增加外侧超车车道的侧向净距。同理，可以减小中分带宽度，使车道整体向内靠，增加外侧车道的平曲线半径，从而达到增加行车视距的目的。

5. 桥墩等结构物处治

桥墩或主线门架立柱位置护栏设置方案，应根据护栏最大动态变形量确定，并应进行专门的视线诱导设计，一般加强护栏长30m（上游24m，下游6m）；另外"防侧倾"门架的应用也不失为一种尝试。隧道内紧急停车带驶出端、人行车行横通道口迎车面结构物的处置，重点在土建环节予以解决，以钝化结构外形、加装可导向防撞、旋转护栏等方法进行无害处理。

6. 道路线形指标不良的处理

道路线形指标不良本质是道路工程的原因，但通过交通工程可以弥补其不足，也可以实现交通安全。道路线形不良常见形态有：连续急弯线形、曲线与直线的不良组合、平曲线半径小与竖曲线纵坡大组合在一起、凸形竖曲线顶部或凹形竖曲线底部设小半径平曲线起点、在长直线下坡路段的尽头设置小半径平曲线。这些问题，通过行车速度管理、路权规范、提高视距和视线诱导、强化防护、断面改造等交通工程措施，一定程度上可以实现交通安全。

（六）交通工程缺陷的科技治理

"科技治理"交通安全隐患或道路交通工程缺陷已成为当前各职能部门的共识，在以政府主导交通安全的大背景下，交警牵头与各大研究机构、高校和科技公司合作，签订框架协议，成立交通治理实验室等形式，开展警企、警校、警研深度协作，最大限度地治理道路缺陷。

在"以人民为中心"的安全生产新背景、新要求下，我们如何统一认识，革除以往不科学的做法，逐步消除公路建设中遗留"旧账"；健全公路工程项目建设机制，在各个环节控制道路缺陷的产生，力争不再产生"新账"，从而真正实现道路交通安全本质水平再上新台阶，这也是我们交通管理者的奋斗目标。

特殊说明：

（1）"老标准"护栏主要是指按照《高速公路交通安全设施设计及施工技术规范》（JTJ 074—94）建设的护栏。

（2）指当前公路建设项目设计中，受工程建设规模、用地等因素影响，在公路路线设计中往往选择指标相对宽松的推荐性行业标准，撇开相对具有强制性、指标要求更高的上位标准法规的现象。对"宜"的理解大部分建设方和设计者都理解为"可做可不做"。

（3）指车辆行进中，遇到非预期或复杂路况，可能影响驾驶人辨识或认知的潜在危险，驾驶人仍得以充分、有效地变换车道、控制车速、转向或停止，完成安全驾驶所需的距离。

扫一扫查看原文

预防和减少交通事故，需构建适应人能力与缺陷的本质安全道路交通系统

王　杰　长沙理工大学交通运输工程学院博士后
黄合来　中南大学交通运输工程学院教授
韩春阳　清华大学自动化系博士后

长期以来，人们普遍认为道路交通事故主要由人的过错行为导致，交通参与者只要严格遵守规则，就不会发生交通事故。然而，这种观念忽视了人自然能力的固有局限性。本文在回顾交通安全发展历程的基础上，重点阐述在道路交通系统适应人的理念下，如何主动预防交通参与者的故意危险行为与非故意危险行为、如何降低事故伤害，以期为相关部门管理工作提供思考。

一、道路交通安全发展历程

回顾全球道路交通安全发展历程，大致经历了5个阶段（图1）：

第一阶段（懵懂阶段）：在汽车出现的早期阶段，1920年以前，人们认为交通事故是偶然而无法预判的。

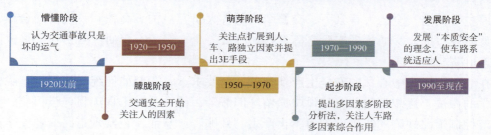

图 1　道路交通安全发展历程

第二阶段（朦胧阶段）：1920—1950年，汽车保有量及交通事故激增，人们发现交通事故的发生具有特定人群倾向性，从而开始关注与人相关的交通事故致因。

第三阶段（萌芽阶段）：1950—1970年，公路建设进入黄金时代、汽车行业也蓬勃发展，交通研究人员认识到交通事故的发生也与道路、车辆因素相关，并提出了广为人知的3E策略，即工程（Engineering）、教育（Education）、执法（Enforcement）。但事故责任的判定仍然采用单一归因法。

第四阶段（起步阶段）：1970—1990年，人们逐渐认识到交通事故是人、车、路与环境等多要素综合作用的结果，随着"哈顿矩阵"模型的提出，交通工程师开发了一系列基于多阶段、多因素的交通事故致因分析方法，道路交通安全逐渐发展成为一门科学。然而，这一阶段的道路安全改善措施仍以单因素靶向干预为主要手段，英文形象表达为"Go fishing where the fish are"，即通过事后诊断的方式，寻找具有高风险的人群、车辆及道路，进而针对高风险对象采取防治措施，达到减少事故与死亡的目的。由于缺乏对人-车-路-环境耦合协同关系的考量，这种补救式防控策略难以从根本上提升道路交通的安全水平。

第五阶段（发展阶段）：1990年以后，人们充分认识到道路交通系统是由人、车、路、环境以及管理等要素组成的动态系统，道路交通事故是多因素耦合失调所导致。以荷兰、瑞典为代表的国家率先提出了建设本质安全道路交通系统的理念，其核心思想是：以人的能力及自然属性出发，从人类工效学角度对道路交通系统进行安全设计，使系统能够适应人的能力缺陷，能够为道路使用者提供本质安全的交通出行环境，从而实现道路交通安全水平的跨越式提升。典型案例包括瑞典的"零死亡愿景（Vision Zero）"、荷兰的"可持续安全（Sustainable Safety）"、英国的"未来安全道路（Tomorrow's Roads: Safer for Everyone）"。实践证明，考虑人因缺陷的系统性道路安全改善措施，实质性地提升了这些国家的道路交通安全水平。

二、本质安全道路交通系统的构建应适应人的能力与缺陷

在我国，长期以来人们普遍认为，绝大多数情况下的交通事故是由交通参与者的过失导致，"人"是交通事故的最主要责任方。这一理念甚至得到了很多交通工程师及研究者的认同，导致我国的交通安全干预对策大多是应对道路使用者的违法行为，主要采用教育与执法手段来加以约束和控制。

以瑞典"零死亡愿景"和荷兰"可持续安全"为标志的道路安全理论认为，"人"

在生理和心理上存在局限性（如视距缺陷、身体脆弱性、感知-反应时间等），能力有限是交通参与者的共性，人不可能不犯错误，如果设计的道路交通系统不能适应人固有的能力缺陷，而一味追求交通参与者不犯错误，交通事故就不可能完全避免。

因此，本质安全的道路交通系统［道路、车辆、ITS（智能交通和运输系统）及管理等的综合系统］应首先能够适应交通参与者的能力缺陷，在此基础上要求交通参与者遵守道路交通系统的基本规则（图2）。提升道路交通安全水平是交通参与者、系统设计者的共同责任，通过两方的协同才能达到预防事故发生及降低事故严重性的目的。

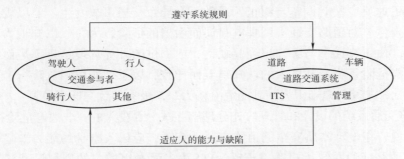

图2　本质安全道路交通系统的概念框架

1. 本质安全道路交通系统设计应充分适应人的能力与缺陷，实现交通参与者不安全行为的主动预防

1）人本身的能力具有局限性，往往会因认知错误而发生事故

道路交通事故是人-车-路系统失衡的结果，单一因素（如驾驶人不安全行为）并不会绝对导致事故发生，事故发生的更多情况是危险行为与系统缺陷共同作用的结果。由于人在生理、心理上的局限，交通参与者的危险行为不可能完全避免（特别是弱势人群，如残疾人群、儿童、老年人、患病人群等）。因此，人本身的缺陷容易导致一些非故意危险行为。根据认知行为理论，人的行为可分为三类：以知识为基础的行为（Knowledge-based behavior）、以规则为基础的行为（Rule-based behavior）、以技能为基础的行为（Skill-based behavior）（图3）。

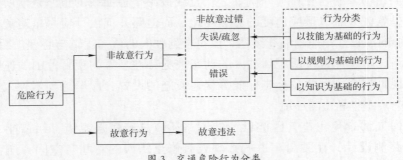

图3　交通危险行为分类

"以知识为基础的行为"是指：根据已有知识进行逻辑推理而实施的行为。例如，新手驾驶人在应对突发情况时，往往需要较长的反应时间与较强的注意力，且并不确定所采取的行为是否能达到预期目的。

"以规则为基础的行为"是指：根据基本规则及经验而实施的行为。例如，在非信号灯控制的交叉口让行右侧来车，这类行为虽然需要经过时间思考，但属于基本共识且行为决定明确，需要的反应时间较短。

"以技能为基础的行为"是指：根据以往大量重复训练或条件反射而做出的动作。例如，驾驶人根据路况自如地调整转向盘。这类行为无需思考，反应时间很短。

以上3种类型的行为均存在危险行为："以技能为基础的行为"可能发生"由于失误或疏忽而做出的危险行为"。这类危险行为往往由于人的执行/操作错误而导致，一般能够通过迅速反应及时调整与纠正，通常不会导致交通事故发生。"以规则为基础的行为"可能发生"对道路交通规则理解错误而做出的危险行为"，以知识为基础的行为则可能发生"由于交通参与者知识经验缺乏，或提供的外界环境信息不足而导致危险行为"。这两类危险行为通常由人的认知错误而导致，属于"非故意危险行为"，往往难以迅速被察觉，尤其"以知识为基础的危险行为"，极易导致交通事故。

2）道路交通系统的设计和管理应充分理解并减少驾驶人的"非故意危险行为"

整体来说，在设计本质安全的道路交通系统时，应以人本身的能力缺陷为基本立足点，通过对道路交通系统（道路、车辆及ITS等多元素组成）的规划设计和日常运营管理，引导交通参与者在完成交通任务过程中尽量少甚至不出现以知识为基础的行为，从而减少由于认知错误导致的危险行为，实现交通事故的有效预防。

具体来讲：一是在道路的设计上，道路必须符合驾驶人的认知逻辑。"人因理论"认为驾驶人如何开车，实际是由道路设计师和交通工程师决定的，因为在使用道路之前，道路的平/纵曲线、交通控制方式等都已完成设计，驾驶人是根据自身对道路环境的判断来操纵车辆的。驾驶人判断与道路情况的一致性是保障安全驾驶行为的前提。换句话说，外界提供的环境与信息是决定安全驾驶行为的重要因素，正确的驾驶行为源于正确的道路信息。荷兰最早提出"自解释道路"理念认为，驾驶人生理及心理能力的局限性是道路及交通设施设计阶段最主要的考虑因素之一（而不单是行车动力学因素），特别强调道路必须符合驾驶人的认知逻辑，即提供的道路交通环境能够引导驾驶人做出与设计预期相吻合的驾驶行为。例如，长直线接小半径曲线的道路是众所周知的高危线形，原因是驾驶人难以适应速度的突然变化，而道路几何设计应尽量避免采用这一线形，确保线形的一致性与速度的连续性，以符合驾驶人的认知逻辑与心理预期。

二是道路设施设计也应适应驾驶人的动态视觉特性。人的视野范围随速度而变化，车速越高，视野越窄，因此，标志标线等交通设施的设置，应考虑到驾驶人是处在高速行进的环境中，而非静止的环境。

三是任何人都难免犯错，因此设计的道路还应具有较强容错、纠错能力。如，通过宽容性的路侧设计，让驶出车道的驾驶人有修正错误的时间与空间，避免交通事故发生。

此外，合理运用ITS、驾驶辅助（如车道偏离预警）及车路协同等技术，帮助驾驶人更好地了解周边道路的交通环境，以及减少驾驶任务与驾驶难度，这也是减少和预防危险驾驶行为的重要手段。

3）"故意违法行为"也是事故发生的重要原因，要通过教育、执法以及科技手段来预防

除了"非故意危险行为"外，交通参与者的"故意违法行为"（如不遵守交通信号灯、酒驾、超速等）也是交通事故发生的重要原因。那么，交通参与者故意违法的原因是什么？

规范主义理论（Normative theory）与工具主义理论（Instrumental theory）分别解释了人们违反（或服从）规则的行为及动机：规范主义理论认为，人们对规则的尊重及服从源于内心的信念，只要内心赞同设定的规则就会自觉遵守，而与当时所处境地无关。这种从内心深处产生的服从规则的意愿，称之为"本质动机"。工具主义理论认为，人们是否违法取决于"违法成本"与"违法收益"。当"违法收益"大于"违法成本"，人们就倾向于选择违法。典型的行为是：当交通参与者在紧急的情况下时（如"赶时间"），往往更容易出现违反交通规则的行为。

现实当中，交通参与者在受"本质动机"影响支配的同时，也会有意识地去评估违法带来的"违法成本"与"违法收益"。因此，预防交通参与者故意违法，一方面，应培养交通参与者的文明素养，树立尊法守法理念，强化其安全意识与规则意识，同时还要完善道路通行规则、明晰路权、提升交通标志标线的可理解性，强化交通参与者对交通规则的认同感，提高其"本质动机"；另一方面，需要优化法律责任体系，对挑战秩序底线、造成事故的严重交通违法行为，用足法律手段提升"违法成本"。此外，运用科技手段（如酒精锁）限制/禁止违法人群使用车辆也是预防故意违法的重要手段。

2. 本质安全道路交通系统设计应考虑人体的最大承受碰撞能力，消除使用者因事故死亡或受重伤的可能性

1）事故中受害者的伤害严重性，由碰撞速度、撞击物质量及外物吸能三方面因素共同决定

根据能量意外释放理论：当人身体吸收的外在撞击能量超过身体的承受力时，人就可能受到严重伤害甚至死亡。根据动能定理，碰撞速度越高、碰撞对象物的质量越大、外物吸收能量越少（体现为车辆对人的保护性），则越可能导致严重伤害和死亡事故。

弱势交通方式群体（自行车及摩托车骑行者、行人）的保护性弱，一旦发生交通事故，往往更容易造成严重伤害或死亡。研究发现，不同撞击速度下，人-车碰撞事故、车-车侧面碰撞事故、车-车正面碰撞/撞固体物这3种主要交通事故类型的死亡风险各不相同，如图4所示。其中，人-车碰撞事故在碰撞速度小于30km/h，死亡事故风险小于10%，而碰撞速度大于50km/h，死亡事故风险超过90%；对于车-车侧碰事故，碰撞速度小于50km/h的死亡事故风险小于10%，而碰撞速度大于70km/h，死亡事故风险超过90%；对于车-车正面碰撞/车撞固体物，碰撞速度小于70km/h的死亡事故风险小于10%，而碰撞速度大于90km/h后，死亡事故风险超过90%。

2）本质安全道路交通系统设计，应最大限度预防严重伤害及死亡事故

了解交通事故中受害者的伤害严重性与受碰撞速度、撞击物质量及外物吸能（保护）三方面因素间的关系是预防严重伤害及死亡事故的前提。因此，本质安全道路交通

系统的设计,应科学运用不同手段,实现对车速的有效控制,这是预防严重伤害及死亡事故的关键。那么,在道路方面,应尽可能将运行速度差异大、质量或体积差异大的车辆分离。如果实际情况不容许,则应将速度控制在安全速度阈值内。考虑不同撞击速度下不同类型交通事故导致的死亡风险不同,瑞典"零愿景计划"与荷兰"可持续安全计划"中建议了不同道路类型环境下的安全速度阈值(表1)。此外,先进的ITS、辅助驾驶(如主动式车速辅助技术、自适应巡航技术)技术的合理应用,对预防因为速度过高引发的严重伤害及死亡事故具有积极作用。

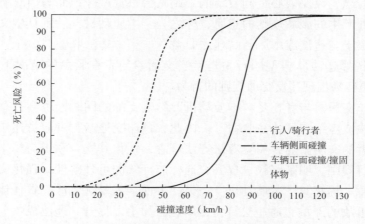

图4 在不同的碰撞速度下各类交通事故导致的死亡风险

不同道路类型的安全速度阈值 表1

道路与交通参与者类型	安全速度阈值(km/h)
可能发生汽车与行人(及非机动车)碰撞的道路	30
可能发生两车(机动车)侧面碰撞的交叉口	50
可能发生正面碰撞的道路	70
无正面碰撞和侧面碰撞冲突的道路	≥100

综上,人难免犯错,本质安全道路交通系统应尽可能容忍人的过错,尽量避免因为人的过错行为(尤其是非故意过错行为)引发交通事故;一旦某些情况下交通事故难以避免,应避免严重伤害及死亡事故发生。

三、改善我国道路交通安全水平的建议

从世界道路交通安全研究的发展历程来看,构建本质安全道路交通系统是我国交通安全发展的必然走向。那么,基于"道路交通系统适应人"的理念,应如何提升我国道路交通安全水平呢?

规范完善我国的道路交通事故采集机制,并构建基于事故深度挖掘的多元致因交通安全分析方法,明晰道路交通事故发生机理,防患于未然,形成交通参与者与道路交通系统设计者、管理者共同为交通安全负责的共识。

完善我国的道路交通安全工程技术体系,包括规范道路交通安全评审机制、完善道路交通安全设计与评估技术等,建设具有宽容和自解释特征的本质安全道路交通设施系统。

深化车辆安全尤其是主动车辆安全技术的研究与开发,包括汽车安全辅助驾驶技术、人-车安全状况监控与干预技术,以及车联网环境下的汽车主动安全控制技术等。借助先进的主动车辆安全技术,降低驾驶任务需求、提高驾驶人警觉性及规范驾驶行为以及控制安全行车速度,减少道路交通事故尤其是严重伤害事故及死亡事故的发生。

扫一扫查看原文

从源头预防应对农村道路交通安全问题

姚雪娇　公安部道路交通安全研究中心

"十三五"时期,我国大力发展乡村振兴战略,不断激发农村发展的内生动力,农村道路交通安全较以往有了长足的进步,但同现阶段社会经济发展及城乡发展的实际需要还存在着一些不适应。党中央对此高度重视,在"十四五"开局之年,发布了2021年一号文件《中共中央、国务院关于全面推进乡村振兴加快农业农村现代化的意见》,专门强调要加强乡村公共基础设施建设,强化农村道路交通安全监管,切实抓好农村道路畅通工程。部领导多次强调公安交管部门要切实做好"十四五"期间农村道路交通安全工作,巩固脱贫攻坚成效,保障农民群众安全幸福出行,防止广大农民群众因道路交通事故致贫返贫,加强对农村道路交通安全问题的深入研究。

一、"十三五"时期农村道路交通安全状况

近年来,随着城镇化率不断提高,农村人口基数逐年降低,但农村机动车保有量、交通事故量却出现明显增长,交通事故率、事故致死率等各项指标均高于城市道路,交通安全形势不容乐观。

1. 农村人口数量不断减少,但农村机动车保有量呈显著上升趋势

"十三五"以来,我国城镇化率逐年升高,由2015年56.10%升至2020年63.89%,同期农村人口基数不断减少,由2015年6.03亿人口减少至2020年末5.10亿人,减少15.52%。农村人均可支配收入持续升高、出行需求不断增长,农村机动车保有量也保持较快增长。"十三五"时期,农村机动车保有量同比增长66.18%,截至2020年底农村机动车保有量达1.66亿辆,占全国机动车总量的44.62%,农村地区千人机动车保有量已经达到327辆/千人,远高于城市地区的228辆/千人,是城市地区的1.43倍。据预测,上述趋势在"十四五"时期将进一步保持甚至提升。

2. 农村公路里程持续增长,交通事故率显著升高

2020年底,我国农村公路总里程较"十二五"期末增长10.09%,而农村每百公里交

通事故率和每万人交通事故率均呈上升态势，每百公里交通事故率由2015年1.12起增长至2020年1.47起，增长了31%，相当于农村公路每增加300km就多发生1起交通事故；每万人交通事故率也逐年升高，由2015年不断增加至2020年增幅达70.73%（图1）。

图1 农村每百公里事故率与每万人事故率变化情况（数据来源：公安部交通管理局）

3. 农村公路交通事故占全国交通事故的比重缓慢升高，事故致死率远高于城市道路

农村公路交通事故起数的增长速度大于全国交通事故起数的增速，农村交通事故占比从"十二五"时期平均23.58%增至"十三五"时期的25.48%。同时，农村地区交通事故的致死率明显高于城市道路，近10年平均每10起交通事故中，农村道路的死亡人数比城市道路多1人。"十三五"以来，农村道路事故的致死率已较峰值数有所下降，但与城市下降趋势相比，农村交通安全形势依然十分严峻（图2）。

图2 农村公路与城市道路平均每起事故死亡人数／致死率（数据来源：公安部交通管理局）

二、农村道路交通事故特点分析

过去10年农村道路交通发展中所呈现的问题，整体上仍未能明显改善和妥善解决。具体分析如下：

1. 各省农村公路每百公里事故量变化趋势不同,人均GDP较高的省份整体下降,人均GDP较低的省份明显上升

相比"十二五"时期,农村公路每百公里事故量在"十三五"时期上升的省区有16个、下降的省区为15个。每百公里事故量呈现下降趋势的省区中,超过85%的省区人均GDP高于55000元;而人均GDP小于55000元的省份中,85%的省份每百公里的事故量上升(图3)。

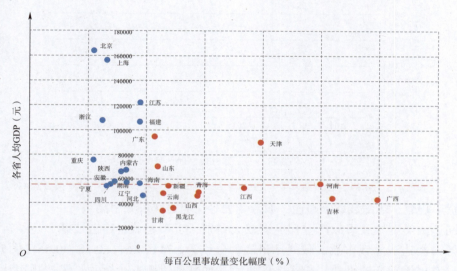

图3 各省人均GDP与农村公路每百公里事故量变化情况(数据来源:公安部交通管理局、国家统计局)

2. 农村公路驾驶货车、摩托车交通事故量突出,驾拖拉机、三轮汽车及步行交通事故占比高于城市道路

农村公路作为公路网末端连接农村地区的重要通道,道路通行的车辆复杂多样。"十三五"时期,农村地区的货车交通事故比重达28.34%,其中重型货车尤为突出,占总量比重的17.28%;摩托车事故占农村交通事故的20.89%。同时,拖拉机、三轮汽车、步行等多种交通工具(方式)的交通事故均高于城市道路。

3. 农村公路单车交通事故上升趋势明显,占比高于城市道路与国省道,侧翻、滚翻、坠车事故形态较为突出

"十三五"时期,农村公路单车交通事故占比上升明显,由"十二五"期8.26%升至"十三五"期10.19%,占比高于城市道路和国省道。其中,侧翻、滚翻、坠车事故形态较为突出,分别占单车交通事故的33.22%、8.38%、8.24%。"十三五"时期,农村公路单车交通事故致死率分别为车辆与行人、车辆与车辆交通事故致死率的1.52倍、2.41倍(图4)。

4. 农村公路交通事故中因缺乏路权概念与规则意识造成交通事故占比尤其突出

"十三五"时期,农村道路交通事故中,因缺乏最基本法律常识、未遵守交通出行规则产生的交通事故约占事故总量49.43%,无证驾驶、醉酒驾驶、未按规定让行等问题尤为突出。其中,未按规定让行、违法会车、其他操作不当、逆行及在同车道行驶中不按规定与前车保持必要的安全距离引起的交通事故起数占比达29.42%；无证驾驶、醉酒驾驶、违法超车及超速行驶的占比达20.01%。因缺乏道路出行安全规范意识、道路交通法律法规意识引发道路交通事故较为普遍。

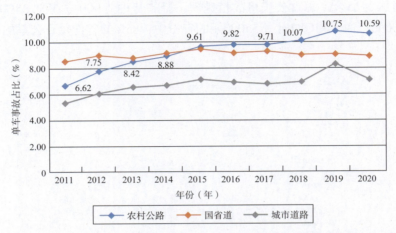

图4 农村公路、国省道与城市道路单车交通事故占比变化情况（数据来源：公安部交通管理局）

5. 货车超载、违法装载、超速、疲劳驾驶等交通违法致死率高

不同违法类型导致事故严重程度有较大差别，货车超载、违法装载、超速行驶、疲劳驾驶等四类违法导致事故的致死率最高，分别为0.71、0.61、0.58和0.55（图5红色区域），是农村道路交通事故"控大"的重点。而其他影响安全行为、未按规定让行、无证驾驶三类违法导致的交通事故虽然整体平均致死率不高（图5绿色区域），但是事故占比大，分别为23.81%、12.98%、9.88%，是农村道路交通事故"减量"的重点。

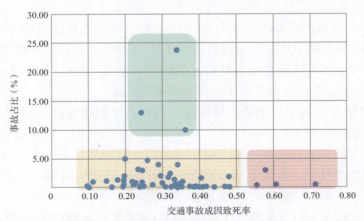

图5 不同交通事故成因的致死率与事故起数占比（数据来源：公安部交通管理局）

三、农村道路交通安全存在问题及面临挑战

近年来，广大群众收入提高了、消费观念更新了、对于交通出行的要求也更高，而农村地区路况较差、车况较差、安全意识较为淡薄、管理不到位的情况并没有得到扭

转。到2020年底，具备条件的乡镇和建制村通硬化路、通客车目标全面实现，基本形成了遍布农村、连接城乡的农村公路网络。但是，相对于人民群众日益增长的美好生活需要，农村交通安全还存在许多问题挑战。

1. 缺乏系统性、整体化的应对方略与安全体系

一是管理不到位。由于农村公路点多、面广、分布散，道路交通安全主体责任不清晰，农村交通安全组织体系不健全，组织管理力量严重缺乏，社会力量参与不足，相关经费常常不到位，甚至出现无人管、不会管、管不了等情况，交通安全综合治理体系处于探索阶段，亟须加强农村交通安全整体规划、完善顶层设计，应对农村高速发展将可能带来的风险隐患。

二是区域发展不平衡矛盾突出。农村道路技术标准普遍较低，特别是西部地区和一些经济欠发达地区，道路建得越多，相对隐患就越多，基础设施和安全防护差的情况难以得到根本改变，山区农村公路临水临崖、急弯陡坡、事故多发路段交通事故多发。

三是缺乏长期有效的"建养管"资金渠道。随着农村公路里程的不断延伸，道路养护和安全管理任务日益艰巨，资金不足的矛盾越来越突出。全国37800个乡镇对外联系的主要通道，道路安全管理缺乏专人专款及相关机制。

2. 基础设施改善滞后于交通出行需求

一是农村道路与标准存在一定差距。近年来，交通运输部、住建部分别出台了《小交通量农村公路工程技术标准》（JTG 2111—2019）、《乡村道路工程技术规范》（GB/T 51224—2017）等技术标准，但是与标准相比，已建道路普遍路基较窄，路面材质差，农村"组组通"公路的行车道宽度多为3.5m，缺乏路肩硬化，常有错车困难，造成侧翻、滚翻、坠车事故多发。

二是缺乏交通安全设施。农村公路连续坡道、弯道较为普遍，常有视距不足、防护不到位等问题，路口和弯道视线受绿植遮挡严重等现象也较为突出，道路的通行指引设施不完善，甚至缺少基本的标志标线、路侧防护栏，路口缺乏警示桩、减速垄，道路路权不明确、交通信息不完整，导致交通参与者误判错判。

三是农村道路路面交通环境、状况复杂。农村道路交通环境复杂、秩序杂乱，道路交通管理难点突出。农村道路交通环境复杂、秩序杂乱，道路交通管理难点突出。如公路开口随意，农村占道堆粮、堆建材，农村面包车超员超载、人货混装、货车违法载人，摩托车无牌、无证、无头盔，酒后驾驶等交通违法行为依然较多。同时，车型构成杂、车辆本身安全性能差、车辆管理难是农村地区的普遍问题。如各类汽车、农用车、拖拉机、摩托车、三轮车、非机动车等，还包括二手车、拼装改装车、报废再利用车辆等，较多车辆还缺少定期的检修维护。

3. 农村地区交通参与者安全意识、规则意识尚处于启蒙阶段

一是交通安全和规则意识淡薄。农村地区机动化的快速发展从根本上改变了居民传统的交通环境，老百姓延续多年的出行习惯、交通行为也出现了诸多不适应。由于交通安全知识欠缺、宣传教育覆盖程度不高，广大农民群众对交通法律法规不了解，普遍缺乏较基本的规则意识，在视距、让行、惯性、盲区等方面缺少基本理解，无法做到"知危险、会避险"。

二是农村地区传统习俗较多。农村地区因乡土人情与风土文化的孕养,乡里乡亲亲如家人,集体活动较多,一方面为交通安全法规提示提供了便利,另一方面也容易出现不遵守交通法规的情况,如摩托车、拖拉机违规载人、客车超载、"红白事"酒后开车等都较为普遍,一些农民群众也没有充分理解交通执法、交通管理工作对交通安全的重要意义,还未建立起充分的认同感。

农村道路交通安全问题是综合性的,是我国整体仍处在社会主义初级阶段的最直接体现。脱贫攻坚的胜利释放了广大农村地区蕴含的发展潜力,广大农村将进入整体高质量发展新阶段,农村道路交通流量将持续增长,伴随着对交通需求的进一步扩大,群众出行与货运流通的需求也进一步朝着多元化、个性化方向发展,道路交通安全问题亦将更显严峻。

四、"十四五"农村道路交通安全工作的措施建议

面对农村道路交通安全问题,应围绕农民、农村、农业的核心理念,以乡村振兴为主线,响应农村道路交通发展诉求,进一步完善农村道路交通安全体系建设,从源头改善预防,强化交通安全管理,加大宣传教育等方面解决农民平安畅通出行问题。

1. 明确战略目标,完善农村道路交通安全体系

目前,我国至少有5.1亿人口生活在农村,占全国公路里程84%的农村公路是农民出行的主要途径,明确高度重视农村公路和农民出行的安全,既决定了农村地区的交通安全,也决定了全国道路交通安全大局的稳定。

一是推进农村道路交通安全社会管理创新。构建"权责一致、分工负责、齐抓共管、综合治理"的协调联动机制。明确县、乡两级主体责任,形成政府领导、部门协同、社会参与的交通安全管理工作格局。出台相关指导意见,在政策上查漏补缺,从机制、监管、问责等方面为常态化工作提供具有指导意义的政策依据。

二是明确农村"两站两员一长"规范化建设。"两站两员一长"是被全国多地实践证明、行之有效的加强农村道路交通安全的有效机制,被中央政法委纳入"平安建设"考核的重要内容。应进一步完善农村道路交通安全"两站两员一长"管理机制,筑牢农村道路交通管理网,实行县、乡人民政府行政首长负责制。支持和引导村民委员会将农村公路保护要求纳入村规民约。构建管理主体到乡镇、隐患治理到乡镇、宣传教育到乡镇、矛盾化解到乡镇、便民利民到乡镇的农村道路交通安全管理机制。

三是建立职责明晰、分工合作的监管机制。定期通报监管情况,通过信息化手段协同工作信息与进展情况。落实乡镇政府对农村道路交通安全的监管,负责组织协调和督促指导农村道路交通安全管理工作。

四是结合"四好农村路"建设提高农村道路交通整体安全性。将"建设好、养护好、管理好、运营好"农村公路,同提升农村道路交通整体安全性结合起来,建立健全道路安全管理专项专款及运维机制,合理有效地筹集道路建养和设施改善资金。

2. 坚持综合治理，推进农村道路交通安全整治

在对道路交通安全体系进行全面、系统的顶层设计基础上，分步骤、分阶段组织各地推进道路交通安全隐患排查与综合治理工作的开展实施。

一是加强分析，精准防治。加强道路交通事故数据的统计及分析，把握道路交通风险隐患地点、交通方式、交通违法行为的基本特征和规律。建立事故特征分析常态化机制，从交通事故特征判断下一阶段治理重点，加强溯源交通事故、复勘事故现场，从交通事故中精准定位道路安全隐患及交通违法行为。

二是开展基于数据分析的隐患排查。进一步精准剖析"其他影响安全行为""未按规定让行"这两类事故占比大且事故成因不明确的违法行为，并针对性开展事故预防工作。详细调研并集中排查危险路段、事故多发频发路段和农村公路临水临崖、急弯陡坡、连续坡道等路段，尤其是村民出入必经道路，包括交通设施是否完善，道路交通警示、道路转弯处的反光镜、限速标识及行人过街标识等安全设施是否设置、是否合理等。

三是把握问题根源，集中综合治理。结合《公路生命安全防护指南》风险评估标准，确定风险路段分类，分情况研究确定道路改善方案。着力提高道路设施安全风险应对能力，推进建设村口"五个一"：减速带、停让设施、警示柱、凸面镜、爆闪警示灯，封闭道路中央缺口与路侧缺口，结合"千灯万带"工程和"一灯一带"安全设施，集中力量查缺补漏。

3. 注重长效管理，细化农村道路交通安全管控

长效的道路交通安全管理需要协调交通工具、道路及基础设施与道路参与者行为三者的关系，分析判断不同地区交通管理需求阶段，确定不同地区交通管理手段。

一是研判需求，精细管理。在道路基础设施较为完善、经济较为发达的地区，将城市道路精细化管理与农村交通特点结合，提出相关理念、措施和方法；在重要的道路交叉口渠化、增加行人斑马线、警示装置或信号灯，化解行人、非机动车与机动车冲突，保障行人安全便捷、非机动车通行空间明确；在交通基础设施不完善、道路标志标线缺失的农村地区，可根据相关标准规范完善道路交通标志标线，做好交通标识引导。

二是强化规则，保障秩序。制定农村道路交通通行规范指南，包括特定区域、不同交通参与者、农村学校周边、重点路段等。加强监督管控，采取线上线下结合的方式，提高交通事故的主动发现率。调动交通安全管理站与安全劝导站的积极作用，协助规范落地、维护交通秩序；交通安全协管员深入农村道路主要堵点乱点，开展交通秩序宣传教育，制止交通违法行为，严防交通秩序混乱。

三是加强车辆管理，防范"四无"。加强对各类型车辆的管理，确保上路行驶车辆的安全性能及状况良好。坚决杜绝牌证不齐的车辆、拼装车辆、长期未检车辆、登记在册无号牌、无行驶证、无年检、无保险的"四无"车辆等车辆上路。同时，要严格控制低等级道路车辆运行速度，对不同区域的交通需求与道路条件，合理设定速度要求。研究表明，行车速度每降低1%，导致的死亡人数平均降低4%。行驶速度低于40km/h的低速车辆（如拖拉机），应鼓励安装特殊反光标识，其他车辆看到后应减速行驶。

4. 重视宣传教育，推动群众交通安全习惯养成

广大农民群众的道路交通安全意识还处于启蒙阶段，还未能从细节上、行动上充分理解和认识道路交通安全。

一是注重培育，宣教融合。从细节处建立起有意识地对交通安全的概念与认识。如对摩托车驾乘人员，重点教育佩戴头盔。对农村面包车驾驶人，重点教育不超员载客、人货混装。对接送学生车辆驾驶人，重点教育不超员载客、不用货车载人。

二是分类指导，规范养成。加强驾驶人的培训监管强化交通安全，尤其是确保农村机动车、农用车、拖拉机等各类型车辆的驾驶行为培训到位、监管有力。要针对性地组织开展驾驶技能培训，提升农村面包车、学生接送车辆驾驶人的应急处置能力，有效防止因处置不当造成车毁人亡、群死群伤的事故。积极探索基于区域性交通违法和事故研判的培训考试内容设计，主动适应农村地区的车辆特点及场景要求。对重点群体的交通违法进行综合分析，根据相关统计的违法数量、内容及情节轻重，相应地采取措施，不断追踪教育警示后的改善情况。

扫一扫查看原文

三是培育广大农民群众从理解认可到主动遵守。协助群众理解基本交通知识与道路通行规则，用通俗易懂的语言和体验式方法传授交通规则"为什么""怎么做"，有效传播交通法规、营造交通安全学习氛围，提高群众的安全意识、法治意识、规则意识。

文后附有部分省市应对农村道路交通安全问题相关措施（表1）供参考。

部分省市应对农村道路交通安全问题相关措施表 表1

序号	省市/警队	主 要 措 施
1	广东省	省政府出台《关于进一步加强农村道路交通安全管理工作的意见》，完善由省领导作为召集人、省直部门参与的道路交通安全联席会议制度
2	江苏省	推广雷达测速仪，对超过规定速度的车辆进行高清的红外照相，获得车辆的车牌、速度及超速的时间、地点等；在事故多发点及易超速路段设立固定电子监控设备
3	重庆市	加强农村"两站两员"建设，纳入全市安全生产专项整治3年行动，出台《深化农村道路交通安全治理体系建设的意见》
4	浙江省杭州市	建设集交通治理数字工作室、安全体验室、宣传室、文明播报牌等功能于一体的农村交通治理站，基于数字系统建立本地人车台账，对重点对象开展一对一宣传
5	广东省佛山市	政府制定《道路交通安全综合治理行动方案》，市道安办制定道路交通安全工作责任落实负面清单
6	黑龙江省绥化市青冈县	统一制作带有夜间反光功能、电子警察等监控设备能够有效识别抓取的管理牌号，第一次免费发放给车主；与车辆检验鉴定机构建立长期合作，对违法电动车辆进行属性鉴定
7	江苏总队	创新实施"数据研判+精准查缉"勤务模式，依托"缉查布控"系统，查处逾期未减、逾期未报废等重点车辆；以执勤执法监督平台为基础，将农村大、中队日常勤务安排、警力部署等纳入系统管理，掌握民警工作情况状态，精确化协调一线勤务运作
8	广东总队	制定智慧交通大队、中队建设方案、情报指挥室指引与精准管控工作指引，立足已有信息化手段和人员装备，开展试点摸索本地方案；推进摩托车"带牌销售"向乡镇农村地区延伸，引导群众就近申领摩托车驾驶证
9	广西总队	推广"警保农邮"乡镇交管模式，推行农村交管、安全宣传、保险理赔及邮政服务一站办理
10	辽宁总队	推广"七四三工作法""宣传橱窗立起来""广播喇叭响起来""微信群组动起来""提示短信发起来""广场电影放起来""小手大手拉起来""枕边暖风吹起来"7项措施
11	江苏宿迁支队	推动交通管理与基层社会治理网络融合，全部乡镇挂牌成立交管站，乡镇长作为站长、派出所所长、交警队队长、运管所所长、农机站站长等为成员；根据交通事故情况，分级建设劝导站

续上表

序号	省市/警队	主要措施
12	江苏常州支队	联合交通运输部门，进行不停车动态称重检测系统改造，并对主要路段固定超限超载违法证据，开具通知书，督促驾驶人到站接受处罚
13	山西运城支队	在"一灯一带"的基础上，在村口设置一个警示牌、在行政村开设一个宣传阵地，形成"一灯一带一牌一阵地"
14	浙江绍兴诸暨大队	推行"安行码"系统，通过分析车辆状态、违法数量、违法时间间隔等数据，生成车辆红黄绿三色"安行码"，探索通过微信等方式方便群众查看本人"安行码"状态和交通违法情况，接收针对性的安全指南信息

农村穿村过镇路段与平交路口交通事故防控对策

孙广林 公安部道路交通安全研究中心副研究员

一、农村交通事故特征与防控痛点

（一）农村公路交通事故特征

1. 总体特征：一半量、一半车、一半人

根据2017—2019年农村公路交通事故数据统计，全国50%的交通事故发生在农村、农村50%的交通事故涉及低速车辆、农村50%的低速车辆交通事故伤亡群体涉及老年人，加上农村公路网规模与安全设施间的错配矛盾，农村交通事故防控已成为"减量控大"工作的重中之重。

2. 地形特征：农村平原和山区路段交通事故占八成以上

2017—2019年，全国农村平原和农村山区交通事故数量占比为84%，其中，平原地区路段交通事故数量是交叉口交通事故数量的3.4倍（图1）。

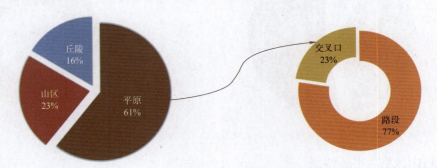

图1 全国农村平原和山区路段交通事故数量占比、农村平原路段交通事故数量与交叉口交通事故数量占比

下面，具体来分析农村平原路段、农村平原交叉口、农村山区路段以及农村山区交

叉口交通事故特征。

3. 农村平原路段交通事故特征

2017—2019年，全国农村平原普通路段发生交通事故占比达96%，窄路发生交通事故占比为2%。普通路段交通事故致因中，未按规定让行占33%、无证驾驶占19%、醉酒驾驶占15%、逆行占9%、超速占8%（图2）。整体来看，农村平原普通路段交通事故中未按规定让行、无证驾驶、酒后驾驶占比近7成。

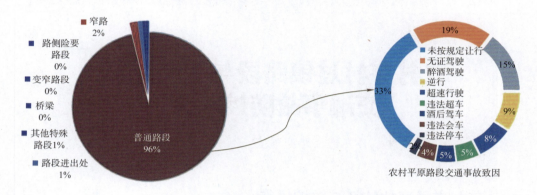

图 2　全国农村平原不同路段交通事故占比、农村平原路段交通事故致因占比

4. 农村平原交叉口交通事故特征

2017—2019年，全国农村平原地区四枝和三枝交叉口事故数量占比为92%，其中，事故多发的四枝交叉口事故中涉及小型客车的事故占比为52%、涉及摩托车的事故占比为26%、涉及重型货车的事故占比为11%（图3）。通过对四枝交叉口事故多发车型的致因分析发现，涉及小型客车事故致因中，61%为未按规定让行，其次为违反交通信号；涉及重型货车事故致因中，63%为未按规定让行，其次为违反交通信号；涉及摩托车事故致因中，57%为未按规定让行，其次为无证驾驶（图4）。

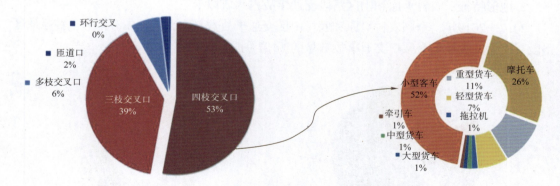

图 3　农村平原地区四枝和三枝交叉口事故占比、四枝交叉口事故中不同车型占比

5. 农村山区路段事故特征

2017—2019年，全国农村山区路段事故数量占比达85%，交叉口事故数量占比为15%（图5）。从发生事故的路段类型上看，2017—2019年，全国农村山区普通路段发生交通

事故占比为95%，窄路事故占比为2%。在普通路段事故致因中，31%为未按规定让行、18%为违法会车、13%为逆行、12%为违法超车（图6）。

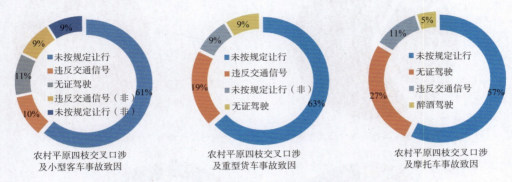

图4　农村平原四枝交叉口事故多发车型致因分析

图5　全国农村平原和山区路段事故数量占比、山区路段事故数量和交叉口事故数量占比

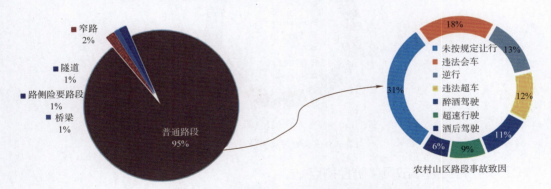

图6　全国农村山区不同路段事故占比、农村山区路段事故致因占比

6. 农村山区交叉口事故特征

2017—2019年，全国农村山区三枝和四枝交叉口事故占比92%。事故多发的三枝交叉口事故中，涉及摩托车占比为47%、小型客车占比为36%、轻型货车占比为9%、重型货车占比为8%（图7）。农村山区三枝交叉口涉及摩托车事故致因中，46%为未按规定让行，其次为无证驾驶；涉及小型客车事故致因中，50%为未按规定让行，其次为无证驾驶；涉及轻型货车事故致因中，41%为未按规定让行，其次为无证驾驶（图8）。

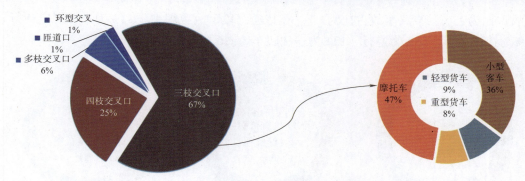

图7 全国农村山区三枝和四枝交叉口事故占比、事故多发的三枝交叉口事故所涉各种车型占比

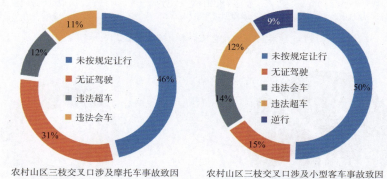

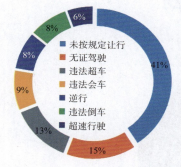

图8 农村山区三枝交叉口涉及不同车型的事故致因占比

（二）农村交通事故风险防控痛点

痛点1：交叉口未按规定让行、违反交通信号、无证驾驶违法"痼疾"难根治

农村平原四枝交叉口事故致因均涉及未按规定让行、违反交通信号、无证驾驶。农村山区三枝交叉口，未按规定让行、违法会车、违法超车是造成事故的主要原因（图9）。

痛点2：普通路段未按规定让行、超速、逆行、会车和超车违法"沉疴"难治理

农村平原普通路段，事故致因均涉及未按规定让行、醉驾、逆行、超速违法、无证驾驶。农村山区普通路段，未按规定让行、违法会车、违法超车、逆行是造成交通事故的主要原因（图10）。

第一篇 / 道路交通事故预防

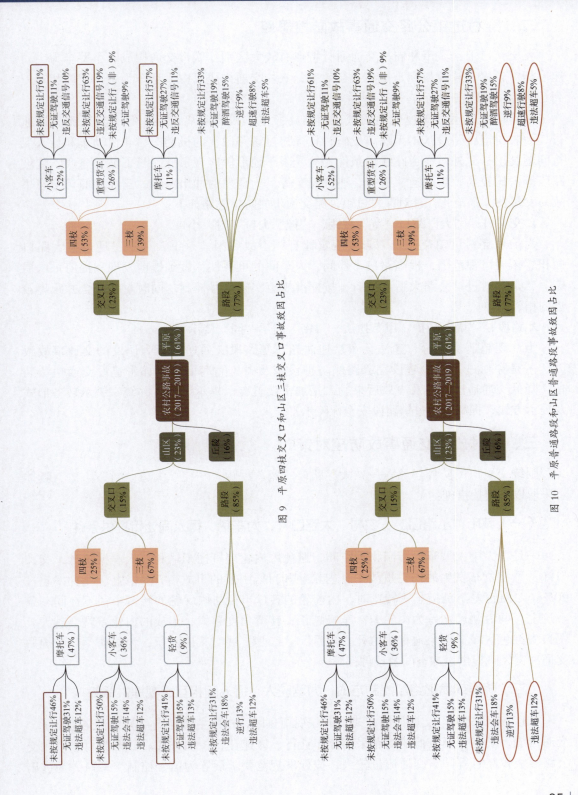

图9 平原四枝交叉口和山区三枝交叉口事故致因占比

图10 平原普通路段和山区普通路段事故致因占比

二、穿村过镇公路交通事故防控思路

在交叉口上，城市和农村交通通行特点有较大区别：城市交通构成以小型车为主，速度相对较慢，管控目标是提高通行效率；农村交通构成以中大型车为主，速度相对较高，管控目标以安全为首。

在路段上，运行车速较高的城市道路路段基本设有隔离设施，各类交通流分道通行，而农村道路路段基本无隔离设施，且穿村过镇路段上的机动车、非机动车和行人混行问题突出；此外，在道路线形条件上，受限于地形等客观条件，长下坡、急弯、陡坡路段等占比较高，由超速、逆行、违法超车等行为诱发的冲出路外，正面相撞等形态事故易发多发。基于此，针对穿村过镇公路交通事故防控思路如下：

1. 交叉口："大"路口"宽"视距、"控"大口"封"小口

为治理穿村过镇交叉口"未按规定让行"事故致因"杀手"，一是通过扩大路口面积、拓展可视范围，提高路口车辆间、人车间的可视性，做到提前发现和提前采取措施。二是穿村过镇公路大型交叉口，按标准规范实施信号控制，同时封闭或合并距离较近的相邻路口。

2. 路段："增"防护"重"执法、"密"提示"同"警示

为治理超速、逆行、违法会车、违法超车等路段交通违法行为诱发的交通事故致因，一是穿村过镇路段建设完善路侧防护设施及中央隔离设施，加密建设交通执法装备，降低交通违法行为及事故后果。二是加密设置警示提示设施，并统一警示装备形式及提示方式，提高穿村过镇路段安全保障水平。

三、农村公路交通事故防控对策

围绕交叉口的防控思路——"大"路口"宽"视距、"控"大口"封"小口，具体可采取以下防控措施：

（一）城市"小路口"、农村"大路口"，为车辆、行人间让行提供条件

一是增大中大型车辆转向物理空间，避免因内轮差剐撞车辆和行人。据统计，交叉口涉及重型货车发生的伤亡事故中，内轮差和盲区引发的事故占70%以上，死亡率超过90%。"内轮差"是指车辆转弯时，内前轮的转弯半径与内后轮的转弯半径不在同一条轨迹上，两者轨迹之差为内轮差。车身越长，转弯角度越大，形成的内轮差就会越大，图11中红色区域被形象地称为"死亡弯月"。二是扩展交叉口面积，为提前预判和规避交通冲突风险提供缓冲空间及条件保障。

（二）明确或优化路口控制方式，为驾驶人、行人间相互通视提供保障

（1）改变交叉口交通控制方式，消除视距盲区，根据主路与支路等级、交通流量、交通构成，确定等级较低的支路采用停车让行、减速让行控制方式。如果穿村过镇相交公路等级较高且等同，交通流量较大，按标准规范要求设置为信号控制交叉口，为进出

村穿越主路机非车辆、电动车、行人，以及过村车辆提供相互发现或规避冲突的道路条件。

图11　红色区域被形象地称为"死亡弯月"

（2）利用传统或先进科技装备补偿拓展安全视距，例如传统的凸面镜、智能化支路哨兵装置等（图12），补偿进入交叉口范围内机动车驾驶人、行人、非机动车驾驶人的视距。

图12　智能化的支路哨兵装置

（3）消除交叉口安全视距区域内障碍物，包括茂盛的树木枝叶、山体、墙体等人工构造物，无法清除的进行醒目涂装，提供安全提示警示信息，设置鸣喇叭标志。

（三）灯控穿村过镇大路口，引入城市路口引导线

（1）两条交通量均大，且功能、等级相同的公路相交，难以用"主路优先"的规则管理时，即交通流量大于表1中机动车高峰小时流量的，或任意连续8h的机动车平均小时流量超过表中数值的路口。

（2）采用"主路优先"的规则管理时，出现较频繁的交通事故和过分的交通延误，即3年内平均每年发生5次以上交通事故，从事故原因分析通过设置信号灯可避免发生事

故的，或3年内平均每年发生1次以上死亡交通事故的路口（表2）。

（3）交通流量和交通事故有两个或两个以上条件达到80%的，或畸形或多路交叉的路口，未进行合理交通渠化的，或行人和非机动车通行易造成拥堵或交通事故的路口。

（4）非机动车驾驶人在距停车线25m范围内，不能清晰视认机动车信号灯显示状态的路口，设置非机动车信号灯。

（5）采用信号控制的路口，已施划人行横道标线的，设置人行横道信号灯。

（6）推行城市路口引导线，明确交叉口左转车辆行车路线并规范行车秩序，减少转向车辆与其他车辆、非机动车、行人交通冲突。

交叉口设置信号控制的交通流量条件　　　　　　　　　　　　　　　表1

主路单向车道数	次路单向车道数	主路双向高峰小时流量（PCU/h）	流量较大次路单向高峰小时流量（PCU/h）
1	1	750 900 1200	300 230 140
1	≥2	750 900 1200	400 340 220
≥2	1	900 1050 1400	340 280 160
≥2	≥2	900 1050 1400	420 350 200

交叉口设置信号控制的交通事故条件　　　　　　　　　　　　　　　表2

时段	事故起数	备注
3年内	5起以上	从事故原因分析设置信号灯可避免发生的
	每年发生1次以上死亡事故	—
	每年发生5起以上交通事故	从事故原因分析设置信号灯可避免发生的
	平均每年发生1次以上死亡事故	—

（四）封闭或合并临近交叉口，系统设置大型车辆左转和掉头交叉口

穿村过镇公路主路沿线商户或村民，常常为一己一时便利，擅自在主干道上开设路口，使得多设置的"开口"成为"祸口"。

（1）根据公路功能、等级，及其对行车安全、通行能力和交通延误的影响确定平面交叉口间距，封闭或合并穿越主路且相邻距离较近的交叉口，确需开设的在满足安全条件情况下设置为允许右转进入主路的接入口。

（2）一级干线公路平面交叉口最小间距一般值2km，最小值1km，一级集散公路平面交叉口最小间距500m。

（3）二级干线公路平面交叉口最小间距500m，二级集散公路平面交叉口最小间距300m。

（4）结合信号控制交叉口位置和无信号交叉口条件，系统设置允许大型车辆左转、掉头的交叉口位置，并进行安全设计保障转向、掉头车辆行车安全。

（五）兼顾老人儿童等群体需求，正确引导安全通行

采用警示提示或隔离设施，防止任意穿行主干路走捷径的危险行为；要为儿童配备反光外衣、反光书包、荧光贴等物品，增强夜间可视性；行至交叉口或离开交叉口，引导老人儿童要面向机动车来车方向靠边行走，至少与机动车保持1.5m以上的安全距离；引导老人儿童经过交叉口前先停下来举手示意，确保自己被驾驶人看见并让行后通行（图13）。

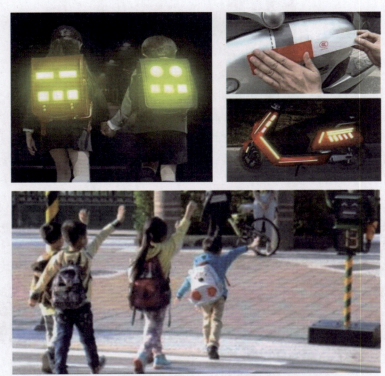

图13　正确引导儿童及老年人等群体安全出行

四、围绕路段的防控思路——"增"防护"重"执法、"密"提示"同"警示，具体可采取以下防控措施

1. 持续推进防护工程行动，补齐急弯、陡坡等线形不良路段防护设施短板

农村公路急弯、陡坡、长下坡、临水临崖等线形或视距不良路段路侧增设防护栏、防护墙等必要的安全防护设施；农村公路下坡接桥梁或隧道路段、长直线接小转弯半径路段、弯坡组合路段等，增设高等级路侧防护设施；穿村过镇主干路增设中央隔离栏及照明设施，商铺或民居密集、行人和非机动车流量较大路段路侧增设隔离栏（图14）。

图 14　针对急弯、陡坡等线形不良路段，增设防护设施

2. 穿村过镇路段超速、违法会车和超车等违法突出路段增设非现场执法设备

超速、违法会车、违法超车等影响行车安全或易引发交通事故的路段增设非现场执法设备；进入村镇前的过渡路段增设超速执法设备，进入村镇内交通流量较大且无中央隔离的开放路段，增设逆行和超速执法设备；穿越村镇主干路设置信号灯的交叉口，增设闯红灯执法设备；有条件的农村地区或终点区域主要道路执法设备全覆盖（图15）。

图 15　针对穿村过镇路段超速违法、违法会车超车、逆行等违法突出路段，增设非现场执法设备

3. 线形突变路段或有隐蔽路口路段增设安全提示设施

接入出入村路口的主路路段设置交叉口预告、村镇警示提示标志，以及警示柱、爆闪灯等警示提示设备；在互联网地图导航中，增加穿村过镇路段注意行人、非机动车、交叉口等安全提示（图16）。

图 16　针对线形突变路段或有隐蔽路口路段，增设安全提示设施

4. 存在交通冲突的路段，统一警示装备形式及提示方式

统一不带电警示提示装置样式，重点是穿村过镇路段内交叉口和接入口的警示提示标识；统一带电的警示提示装置样式，重点是爆闪灯、可变信息标志等科技装置（图17）。

图 17　针对存在交通冲突的路段，统一警示装备形式及提示方式

扫一扫查看原文

轮胎掉落引发交通事故，专家探讨应对措施

公安部道路交通安全研究中心交通言究社

良好的车辆状况是保证道路交通安全的重要因素之一，但近年来车辆在行驶过程中因轮胎掉落导致的交通事故并不鲜见，给道路交通安全带来了隐患。车辆正常行驶中轮胎为何会掉落？管理部门又应该采取哪些措施进行预防呢？对此，交通言究社对公安部道路交通安全研究中心车辆室主任周文辉，同济大学汽车学院教授、博导王宏雁，长安大学汽车学院教授、博导陈涛，欧洲汽车工业协会（比利时）北京代表处高级工程师冯峰，绍兴市公安局高速公路交通警察支队一大队副大队长吴松，山西省公安厅交通警察总队高速五支队二大队副大队长乔治进行了采访，请看他们的探讨分析。

一、轮胎脱落造成沈海高速公路4车相撞致11人死亡

2021年4月4日0:30许，李某驾驶冀J7J828大货车在G15沈海高速公路行驶过程中，右后侧一轮胎脱落在行车道上。0:48许，董某驾驶辽BHH576大货车行至该处，紧急避让时，失控冲过中央隔离护栏，与对向沪DL4452大客车相撞，大客车后方行驶的冀JW8295大货车追尾碰撞大客车、鲁FBZ268大货车追尾碰撞冀JW8295大货车（图1）。事故造成11人死亡，19人受伤。根据公安部交管局事故通报，这起重大交通事故的主要诱因为前车轮胎脱落。

从本起交通事故中可以看出，脱落的轮胎造成了极其严重的后果。导致轮胎等车辆零部件掉落的常见原因有哪些？又该如何避免？

图1 轮胎脱落造成沈海高速公路4车相撞致11人死亡

二、轮胎掉落可能造成的危害

王宏雁：轮胎掉落会给自身车辆及周边环境带来安全隐患

轮胎掉落后的货车操控稳定性变差，很可能导致车辆失稳引发事故。掉落的轮胎还会造成后方跟随车辆不得已紧急避让，严重影响其正常行驶，可能会造成非常严重的后果。且一个大货车的轮胎质量在50~60kg，有的载货汽车的轮胎甚至超过70kg，如果车辆以80km/h的车速行驶，此时掉落并被抛射出去的轮胎其动能巨大，危害力可想而知。

吴松：轮胎掉落的情况并非偶发，一旦发生交通事故易造成不同程度的伤亡

截至2020年底，我国总货运量为463.5亿t，载货汽车新注册登记416万辆，比2019年增加65万辆，增长18.43%，再创10年来新高。而一直以来都存在货车轮胎掉落的事件，据统计，绍兴高速公路内关于轮胎掉落的接警数2018年有69起、2019年108起、2020年94起、2021年1~3月也已发生11起。

轮胎掉落引发的事故也并非个例，且极易造成不同程度的人身、财产伤害，危害极大。这里给大家介绍两个案例：2013年12月1日凌晨2:41，G3京台高速公路安徽往衢州方向，一辆货车在行驶过程中，备用轮胎掉落，后方驶来的一辆槽罐车压到掉落轮胎，导致侧翻，后方行驶的厢式大货车撞上路中罐体并引发车辆自燃，造成4人死亡。2017年12月12日18:00许，胡某驾驶重型货车经过G92杭州湾环线高速公路绍兴段，由于起保护作用的螺栓没有拧紧，承受备胎质量的铁链断裂后，造成备胎掉落；后面驶来的一辆货车撞到掉落的备胎，撞向右侧护栏，导致坐在副驾驶位上的陆某高位瘫痪。

此外，我们日常工作中还在辖区内发现过传动轴、挡泥板、栏板立柱、制动蹄片等车辆零部件掉落的情况，不过最常见、危害最大的要属轮胎掉落。

三、导致轮胎等车辆零部件掉落的原因

王宏雁：外力冲击、轮胎受损等引发轮胎掉落

大货车在行驶过程中所处的交通环境比较复杂，轮胎掉落的原因是多种多样的，较常见的有几点：一是在行驶过程中轮胎受到了过大的外力冲击，造成轮胎紧固螺栓断裂而掉落；二是轮胎老化、胎面磨损过度致爆胎而掉落；三是在长期使用过程中紧固螺栓因振动磨损松动，但维保修理工作不到位而造成脱落。

此外，路况和载货质量也有影响，路面不平整和过载都会造成在上述原因下轮胎的掉落概率增大。

周文辉：违规运输、不合理使用车辆

王教授刚才对轮胎掉落的分析很到位。我想接着王教授分析补充两点我对行车中轮胎及相关零部件掉落的看法。

一是超载超限运输加大了轮胎及相关零部件掉落的风险。在超载超限的情况下，轮胎及相关零部件承受的载荷加大，往往超过了其设计载荷，在这种情况下，轮胎及其零部件疲劳强度急剧降低，非常容易断裂、脱落。

二是不合理的使用加大了轮胎及相关零部件脱落的风险。如部分车辆加装淋水器，为制动器降温，但发热的轮胎零部件在水流的反复刺激下，非常容易出现龟裂、断裂、突然掉落等现象。又如，现在的货车很多是双排轮胎，若双胎气压不一致，也容易导致另一轮胎承受过大的载荷，导致轮胎及其零部件断裂、掉落。再比如很多驾驶人长时间行车，导致轮胎及其零部件持续处在高温状态，强度降低，非常容易因冲击产生裂纹、掉落情况，而又得不到及时的检查，掉落风险进一步加大。

吴松：部分固定部件有隐蔽性，检查容易忽视

货车零件掉落具有一定的偶然性，以下几种情况都可能诱发零部件掉落：违法装载造成爆胎、减振钢板断裂、轮毂掉落等情况；驾驶人行驶前未尽认真检查机动车安全技术性能的义务，甚至驾驶安全设施不全或者机件不符合技术标准等具有安全隐患的机动车上道路行驶造成的；机动车一些隐性不易检查的部件经过长年累月运转后出现掉落风险。

针对辖区内较常出现的掉落备胎，通过分析发现造成其掉落的原因主要有以下几点：一是货车备胎放置在车底下（图2），固定部件具有隐蔽性，不利于驾驶人检查，容易疏忽；二是货车驾驶人不重视备胎固定的重要性，在实际操作中省略固定备胎的相关环节，或在固定螺栓生锈的情况下锯掉螺栓，增加了安全隐患；三是现有的车辆备胎固定方式较为简易，目前，国内货车备胎固定方式有两种，挂车类货车主要以铁链支撑备胎的质量，并以两颗螺栓辅助固定；非挂车类货车以铁链支撑备胎的质量。

a) 国内备胎固定方式　　　　　　　　b) 国外备胎固定方式

图 2　备胎固定方式

四、预防、应对车辆零部件掉落的建议

（一）从驾驶人角度而言

王宏雁：驾驶人应了解车辆技术状态并及时调整

第一，驾驶人要做好车辆的定期维护和修理，轮胎有一定的使用寿命，需根据行驶里程和胎面磨损情况，定期更换经过国家质量认证的合格轮胎。第二，在行车上路前，尤其是长途营运前，一定要做好安全检查工作。第三，提高自身驾驶经验和技能，遇到危险时能采取正确、有效的避让措施。

（二）从车辆生产、运输企业角度而言

周文辉：落实各方责任，尽可能避免或提前发现并解决安全隐患

生产企业应落实产品安全责任，改进车辆设计和生产制造水平，提高产品一致性保障能力，尤其是不给以超载为目的车辆非法改装留下空间；条件允许的话，鼓励车辆配备超载预警、胎压报警装置等先进设备。

运输企业应落实安全主体责任，严格遵守交通安全和道路运输有关法律法规，杜绝超载和疲劳驾驶。另外，应健全安全生产责任制度，落实各相关人员安全责任，加强从业人员特别是驾驶人的安全教育，重点把控好车辆出车前检查、装货后检查以及行车检查等关键环节。

王宏雁：采取合理手段及时警示驾驶人车辆异常情况

如果大型车辆轮胎在行驶过程中掉落，驾驶人精力集中是应该能够感受到车身发生振动的，是否能够反应是轮胎掉落就因人而异了。其实目前按照国家相关规定，许多营运企业都在安装各自的车辆运行监控中心，如果在监控系统中增加轮胎脱落监控报警，就能比较及时地警示驾驶人。

吴松：加强备胎固定设备研发

结合辖区实际情况看，建议加强备胎固定设备研发，从消除备胎掉落多发原因出发，采取多重保护措施，达到即使掉也不落的最低要求，还要满足货车驾驶人使用备胎实际需求，防止驾驶人为贪图省事、嫌操作步骤繁琐，出现省略固定备胎的相关环节，或弃而不用，增加了备胎掉落的安全隐患，因此固定设备还应当具备备胎防盗、方便装卸等优点。

（三）从管理角度而言

周文辉：加强执法环节监管力度，保障车辆运行安全

一是加大对货车超载超限和疲劳驾驶的执法力度，为轮胎及其零部件"减重减压"，防止其以断裂、掉落等方式"消极怠工"。二是在道路执法中，加大对货车轮胎螺栓磨损、松动，胎面花纹磨损过浅、龟裂，轮胎气压不合格等的检查。三是针对超载超限、疲劳驾驶、疏于车辆安全检查、疏于驾驶人安全教育等方面的"顽疾"，加大对运输企业落实安全主体责任的监管力度。

陈涛：多维度提升管理水平

从管理角度出发，有以下几点建议：促进运输市场车辆技术水平提升，并明确运输公司的安全监管责任，特别是长途运输货车的安全检查，加大事后联合处罚力度；建立驾驶人全国信息库，在事故处理时同步记录安全相关事件，并提供公众查询服务；加强高速公路巡查养护，及时处置抛洒异物、路面不平等问题。

（四）从宣传教育角度而言

王宏雁：提升驾驶人安全意识及应急处置能力

当遇到紧急情况时，不同驾驶人所采取的避让措施不同，这和驾驶人的经验及当时

精神状态有关。应做好对驾驶人的安全培训：遇到紧急情况最稳妥的避让措施是首先制动，因为在高速行驶过程中，急转方向极易造成车辆失去稳定性，车身倾斜导致轮胎与地面的摩擦力大大减小，车辆易不受控。此次沈海高速公路发生的事故中，若驾驶人采取紧急制动措施，可能导致的仅仅是单车碰撞事故，而不会造成后果更严重的连环撞车交通事故。

此外，如果在高速公路上遇到掉落的车辆零部件，后方驾驶人首先必须保证自身安全，不建议随意停车采取什么措施提醒其他人，应让同车人及时报警。如果单人驾驶能够找到合适的停车处，可停车报警。如果是在一般道路上，在保证自身安全并不违反交规的前提下，可将掉落物移出道路或者在掉落物后设置明显的提示警示装置，来提醒后方来车。

陈涛：保证驾驶人全面了解行车前的检查内容

培训货车驾驶人行车前应目测检查车轮的螺栓、螺母是否齐全、生锈，或者轮胎是否有龟裂或破损；注意轮胎胎体，要检查轮胎是否存在划伤、破损及异常磨损，检查轮胎花纹沟的深度，同时测量轮胎气压是否在规定范围之内。

乔治：加大宣传力度，提升驾驶人对车辆安全检查的重视程度

针对轮胎等车辆零部件掉落问题，应进行宣传教育，加强驾驶人的安全意识：

一是让驾驶人了解车辆零部件掉落可能造成的危害，在出车前、行车过程路过服务区休息时，驾驶人要做好自身车辆检修，尽可能避免出现轮胎等车辆零部件掉落的问题。

二是交通参与者遇到轮胎等车辆零部件掉落的情况时，在保证自身安全的情况下，要及时通知公路运营部门，并详细说明掉落物位置、品类等信息，有助于尽早消除此类隐患。

（五）国外可供参考的经验

冯峰：建立机动车路边检验制度，促使驾驶人在行车途中自觉主动检查车辆

世界各国针对商业性运输行为都有一个Roadside inspection（路边检）制度，政府规定管理者（警察）定期和不定期地在定点或不定点的地方实施这个检查，包括轮胎花纹深度、轮胎紧固情况、紧固件是否有松动、行驶记录仪记录的数据以及上一次维修等。有了这个制度，使得驾驶人在出车前、途中休息地都会主动检查车辆。

超载超限的情况会加大对车辆零部件的损害，国外非常注重此类检查，且不仅检查总重量是否超限，各轴是否超限也在检查之列。

疲劳驾驶危害极大，驾驶人对周边环境观察不到位，可能无法及时发现潜在的危险。欧盟对于疲劳驾驶在法规层面规定得很细，在执法环节也有相应的措施和程序，欧洲货车都安装有行车记录仪，在执法环节，由警察通过不同的方式调取行车记录仪内的数据，确认驾驶人是否违规。

扫一扫查看原文

利用篷布防范货物遗洒，预防交通事故

吴　松　浙江省公安厅高速公路交警总队绍兴支队一大队副大队长

随着社会经济发展，交通流量增大，交通需求多元化，对于货运的需求也与日俱增。截至2020年底，我国全年总货运量为463.5亿t，全国汽车保有量达2.81亿辆，2020年全国新注册登记汽车2424万辆，其中载货汽车新注册登记416万辆，比2019年增加65万辆，增长18.43%，再创10年来新高。货车数量快速增长，给道路交通管理也带来一定挑战，例如，种种因篷布使用不规范引发的道路交通事故时有发生。货车篷布具有良好的防水性能，被广泛用于载运货物，若能规范货车篷布使用标准、统一货车篷布规格样式，就能充分挖掘出货车篷布在道路交通事故预防中的作用，本文结合实际工作经验对此进行了思考。

一、高速公路上时常出现各类遗洒物成为重大安全隐患

笔者所在浙江高速公路总队绍兴支队一大队管辖的G92杭州湾环线高速公路长96km，双向8车道，日均车流量10万辆次，日均处置遗洒物23件，清扫设备"吸铁车"每次在辖区作业均能吸取近20kg铁类遗洒物。

据绍兴高速公路监控接警数据统计，近几年，遗洒物接警占事故接警总数比例均超过10%（表1）。遗洒物引发的事故也并非个例，2016年以来，笔者所在大队辖区道路，遗洒物造成的事故占事故总量10%；绍兴高速公路辖区因遗洒物诱发伤亡事故4起，死亡5人。遗洒物还具有处置难的问题，给道路保畅人员也带来一定危险，近年来，浙江省内高速公路发生过2名道路保畅人员处置遗洒物过程中死亡的情况。

绍兴高速公路监控统计的遗洒物接警数据　　表1

年份（年）	事故接警总数（起）	遗洒物接警数（起）	遗洒物接警占事故接警总数比例
2018	16954	2080	12.27%
2019	18701	2568	13.73%
2020	22536	4242	18.82%
2021（1~8月）	14938	3268	21.88%

二、未使用货车篷布遮盖货物是出现遗洒物的主要原因

1. 货车篷布多仅在雨天使用，使用率较低

经统计，绍兴高速公路辖区内遗洒物90%来自货车掉落的货物，究其原因，主要因为

货车驾驶人未遮盖篷布，捆扎货物不严实，致使所载货物发生遗洒。

货车篷布是一种防水材料，强度高且具有良好柔韧性。通常在篷布角部或边缘有坚固的索环，以方便用来穿绳索捆绑、悬挂或覆盖。捆扎严实、牢固后的篷布，能紧紧包裹住货物，防止货物在运输途中出现位移，发生遗洒、随风飘飞等情况。

但是现实中，是否使用随车携带的篷布覆盖车厢，驾驶人通常根据运载货物品种、路程长远、天气等综合因素决定，多仅作为防雨布使用。经统计，G92杭州湾环线高速公路绍兴段，普通货车、仓栅式货车、平板货车、自卸货车、挂车等载货部位裸露的货车运载货物时，90%随车携带篷布，晴天未使用篷布率达50%，雨天未使用篷布率达21.5%。

2. 法律无明文规定必须使用货车篷布覆盖载运物

货车篷布使用率不高的主要原因之一是目前我国并未对货车篷布覆盖载运物作明确规定，发生机动车货物脱落、遗洒等后果时属于违法行为，但关于货车篷布的使用并未强制要求。《中华人民共和国道路交通安全法》第四十八条规定：机动车载物不得遗洒、飘散载运物。《中华人民共和国道路交通安全法实施条例》第六十二条规定：驾驶机动车不得向道路上抛撒物品。

同时，遗洒行为具有发现难的特性，查处率极低，即便发现，处罚也较轻，根据《中华人民共和国道路交通安全法》第九十条规定，处以200元罚款，《机动车驾驶证申领和使用规定》附件《道路交通安全违法行为记分分值》中没有对机动车载物不得遗洒、飘散载运物的违法作出记分规定，所以对该违法行为只罚款不记分。

三、货车篷布未规范使用可能形成新的危险因素

1. 货车篷布捆绑不当可能导致车辆抛锚

未使用货车篷布容易导致货物掉落，使用方法不当也可能出现安全隐患：货车篷布下垂高度太长，致使遮挡反光标识、轮廓灯、尾灯等安全部件；捆绑不规范致使篷布飘落绞住传动轴，导致车辆抛锚停车。

随车携带而未使用的篷布，该篷布也可能成为众多遗洒物中的一类，表2为近几年绍兴高速公路篷布为遗洒物的接警数。而以上种种因篷布使用不规范引发的事故并不鲜见。

绍兴高速监控统计的篷布为遗洒物接警数据　　　　　表2

年份（年）	遗洒物接警总数（起）	篷布自身为遗洒物接警数（起）	占遗洒物接警总数比例
2018	2080	67	3.22%
2019	2568	103	4.01%
2020	4242	121	2.85%
2021（1~8月）	3268	159	4.87%

2. 驾驶途中违法停车遮盖篷布易诱发事故

驾驶人运输货物的过程中较多仅把篷布作为防雨布使用，因出发前天气晴好，所以

并不会遮盖篷布，途中遇到下雨，驾驶人便会匆忙停车遮盖篷布。

这类违法停车，多见于隧道内、桥底下，甚是危险。2021年7月24日，福银高速公路九江段，驾驶人张某驾车行驶中遇到雨天，将车辆停在一跨线桥梁下的应急车道内，给货物捆绑篷布，就在驾驶人张某捆绑好左侧篷布，走向车的另一侧时，一辆大货车突然撞了上来，所幸张某在车辆内侧，事故未造成人员伤亡（图1）。

图1　大货车撞上张某正在捆绑篷布的货车

3. 货车篷布规格不一、性能各异且大多反光率低，影响辨识

目前，货车篷布的材质、颜色、尺寸五花八门，防水、防晒、防静电、抗风、抗老化、耐撕、耐磨、韧性、蜕皮褪色等性能也各异。市面上货车篷布颜色普遍较深，加上使用过程中积灰等原因，篷布的反光率低，影响辨识，特别在晚上辨识度更低，存在安全隐患。

四、挖掘货车篷布在道路交通事故预防中的积极作用

1. 货车"篷布化"预防货物遗洒事件

近年，笔者所在大队辖区试点货车"篷布化"。收费站工作人员发现装载易发生遗洒情况货物的货车实行劝返，并建议驾驶人遮盖篷布、捆扎牢固货物后再驶入高速公路。2019年大队试点货车"篷布化"以来，未发现从笔者所在辖区收费站进入高速公路的货车发生货物遗洒的事件，货车"篷布化"试点预防货物遗洒效果明显。具体做法如下：

车厢敞开的货车运载货物时必须遮盖篷布，未规范使用篷布的货车禁止驶入高速公路。高速公路的通行条件比普通道路优越，但是，高速公路上车辆的行驶速度、气流速度快，货物迎风阻力大，货车若不遮盖篷布，所运载的货物容易被吹落；还会产生气流漩涡，使货物失去稳定性；若车辆颠簸得越厉害，容易发生货物遗洒事件。货车篷布不仅能防雨，还能防风、防气流旋涡、防侧漏，防止遗洒事件，因此，未规范使用篷布的货车禁止驶入高速公路。

遮盖篷布基本要求：捆扎货物牢固后再遮盖篷布，做到货物不外露，各部位不超限。车身较短时，篷布多余部分可折叠并对角拉紧拴固，篷布下垂部分不得遮挡反光标

识、轮廓灯、尾灯等安全部件（图2）。篷布外应当系绳，确保绳结牢固，无松弛脱落，确保车辆紧急制动、急转弯、颠簸时车上的货物不发生遗洒。

a) 篷布遮挡反光标识

b) 整改后露出反光标识

图2　篷布遮挡反光标识整改前后对比

2. 建议统一货车篷布规格样式

统一货车篷布规格样式具有引导性，是安全体系不可缺少的重要元素。统一货车篷布的形式、尺寸、化学成分、物理性能、功能等规格样式，并强制要求执行，保证篷布质量的可靠性和行车安全性，保障人民生命财产安全。相关建议有"亮化篷布"和建成流动的"篷布宣传"平台。

"亮化篷布"，即在篷布上喷涂反光材料，增强货车尾部及侧面的反光率，清晰标识出货车轮廓，提高货车通行安全性。目的与意义类似张贴车身反光标识，据美国相关研究权威报告指出，使用车身反光标识可以减少41%的追尾事故、37%的侧面碰撞事故；如果车辆没有反光标识，发生交通事故的概率增加30倍。货车"亮化篷布"还有以下几点重要作用：

一是在雾霾、阴雨、沙尘等恶劣天气下篷布上的反光材料具有良好的透视性，可减少空气中泥土或其他污物对车辆可识别性的影响，弥补车辆尾灯的不足，特别是车身侧面可视性的不足。二是在夜间无照明或照明比较差的条件下，篷布上的反光材料可提高车辆在夜间的可识别性，减少夜间碰撞交通事故。三是在白天光线明亮时也可以使车身轮廓显得清晰，高亮度反射光提醒过往车辆、行人注意避让。四是弥补车辆信号灯不足，虽然信号灯也具有标识车身轮廓功能，但当车辆抛锚、停靠路边、熄火等未开启信号灯时，就失去了标识车身轮廓的功能，无法保证后车能及时发现停车，而篷布

扫一扫查看原文

上的反光材料能弥补这一不足。

建成流动的"篷布宣传"平台。货车具有保有量多、车体面积大、流动性强等特点,把交通安全标语喷涂在篷布上,让交通安全宣传在全国遍地开花,起到良好的宣传效果。比如:"安全带　生命带　前排后排都要系"(图3),九字警句"车靠边,人撤离,即报警"。让货车车体成为流动的交通安全宣传平台。

图3　交通安全标语喷涂在篷布上

浙江:研发"扫码报警"系统,破解高速公路次生交通事故预防难题

顾煜峰　湖州市公安局高速交警支队直属大队副大队长
阮召剑　湖州市长兴县公安局局长
王文君　浙江省公安厅交警总队政工室主任
诸葛小华　湖州市公安局高速交警支队直属大队大队长
张　岳　湖州市公安局高速交警支队直属大队民警

高速公路次生交通事故因其发生概率高、防控难度大、后果危害重等特点,一直困扰着各地的高速公路交通管理部门。据不完全统计,2018年至2020年浙江高速公路次生交通事故碰撞发生的平均间隔时长为4.8min,其中5min以内发生的占86.3%。"时间就是生命"的含义,在次生交通事故预防中体现得尤为深刻。如果可以尽可能缩短接报警时间,及时采取科学有效的预警措施,将大大降低次生交通事故的发生概率。

浙江高速交警总队湖州支队坚持问题导向、目标导向,在2019年自主研发了一套集"精准定位、即时预警"于一体的"扫码报警"系统。报警人可通过路侧轮廓标"扫码",实现快速精准定位,部分交通事故多发点段还能自动触发"物联网"控制的多个声光预警装置,有效预防了辖区次生交通事故,最大限度保障了人民群众生命财产安全,提升了辖区高速公路"智能化"水平。

一、当前高速公路次生交通事故预防中存在的短板

1. 警情定位不准的短板

接警是整个警情处置过程中的首要环节。对高速公路上的交通事故、抛锚类接警而言,如何在最短的时间内,准确掌握警情的具体位置、伤亡情况、车辆信息等关键要素,对后续指挥调度、处置效率,甚至成功与否至关重要。但在实际中,由于当事人路况不熟、发生交通事故后精神紧张等原因,报警人往往不能快速有效确定自己的位置。虽然高速公路上有百米桩可以确定位置,但两个百米桩的间隔是100m,间距过远;如果报警人所在位置距离百米桩较远,还需要在高速公路上来回跑动寻找百米桩,不仅会损耗大量时间,还存在很大的安全隐患。此外,百米桩功能单一,包含信息有限,只有简单的桩号,没有路段方向指示功能,也没有提供电子设备的读取方式。这些因素都会造成接警人员在反复确认警情位置上花费大量时间,最后不得不让路面巡逻力量在沿路搜寻,还有的当事人提供了错误的路段信息,造成预警处置力量不能第一时间到达实际位置,延误了救援和防范次生交通事故的最佳时机。

2. 当事人预警措施的短板

警情发生后正确到位的预警措施,是预防次生事故的关键。根据《中华人民共和国道路交通安全法》规定,机动车在高速公路上发生故障,需要停车排除故障时,驾驶人应当立即开启危险报警闪光灯,将机动车移至不妨碍交通的地方停放;难以移动的,应当持续开启危险报警闪光灯,并在来车方向150m以外设置警告标志。但现状往往是,部分当事人在高速公路上发生突发情况后,根本不知道如何采取正确的预警措施,往往会站到车道上拨打报警电话,有的甚至连报警电话都不清楚;部分安全意识较强的当事人可能会开启危险报警闪光灯,但往往没有设置警告标志或设置距离不足,预警作用十分有限;即便在最理想的状态下,当事人从行李舱取出警告标志后并放置到150m以外位置,这也存在较长的无预警"真空时间";再加上很多事故车辆不能移动,滞留在行车道上,遇上夜间、隧道、弯道、上下坡、恶劣天气等特殊情况,传统措施也很难达到理想的预警效果,易引发次生交通事故。

3. 救援力量预警的短板

指挥中心接到警情后会指令就近的巡逻民警及联勤施救力量赶赴现场,并做好预警、施救、勘察等各项现场处置工作。2019年至2020年两年,通过增加施救力量、优化布点、推行责任勤务等一系列措施,湖州高速交警支队辖区第一处置力量到达现场效率已有显著提高,但是从指挥中心发布指令到预警车到位依然有10min左右的空档期,而不少次生交通事故恰恰发生在这个时段。此外,长时间预警、夜间预警、恶劣天气预警等,对预警车辆和预警人员本身也存在很大安全风险。

二、研发"扫码报警"系统,破解高速公路次生交通事故预防难题

为解决当前高速公路次生交通事故预防中存在的短板问题,2019年,湖州高速公路交警支队首创了"智能报警预警系统",通俗说就是高速公路"扫码报警"系统。截至2021年4月26日,已完成辖区全覆盖,即:已经在G25长深高速公路、G50沪渝高速公路、S12申嘉湖高速公路、S13练杭高速公路、S14杭长宜高速公路和S43杭州绕城西复线6条高速公路主线448km和9个枢纽及43个出口互通共310条匝道完成报警二维码铺设,共安装报警二维码48307块;在辖区事故多发点段安装了与"扫码报警"系统物联的智能预警装置67套。"扫码报警"系统在预防次生交通事故方面效果显著:

1. 警情定位更精准

传统的高速公路定位方式主要依靠百米桩,两个百米桩的间隔是100m,而路侧"扫码报警"的两个二维码间隔仅是24m,大幅缩短了当事人在高速公路上来回跑动寻找定位标牌的距离和时间。采用"扫码报警"后,用户端和指挥中心接警后台都可直接显示警情位置,而且定位精度由原来的百米级跃升至十米级(图1、图2)。

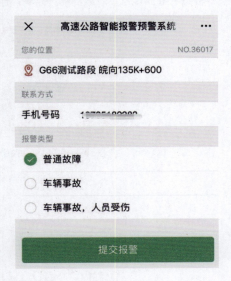

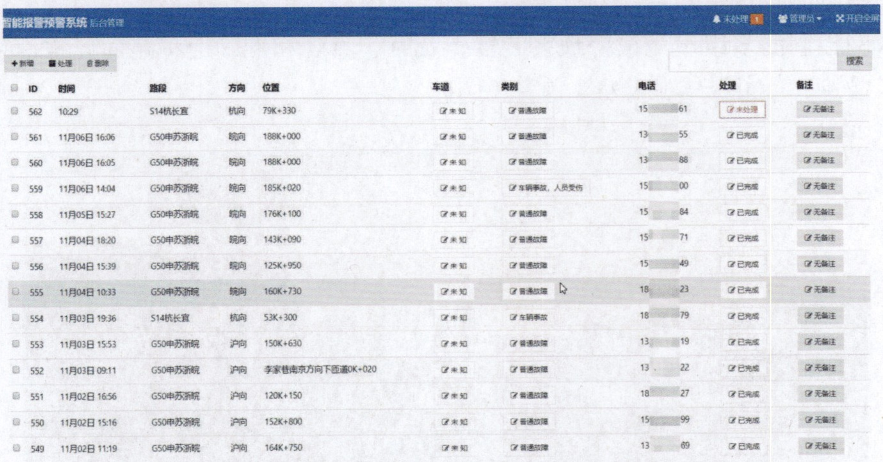

图1 扫码后,用户端可直接显示警情位置

图2 当事人扫码报警后,指挥中心接警后台可直接显示警情位置

2. 出警速度更快捷

传统的电话报警一般用时90~120s,而"扫码报警"平均用时30s左右,还能避免当事人在高速公路上来回跑动寻找百米桩的时间损耗和不安全因素,指挥中心也可以更快地下达出警指令,第一处置力量到现场时间已经由原来的13.8min缩短到现在的6.5min,为警情处置赢得宝贵时间,有效降低次生交通事故发生的风险。

3. 安全指引更全面

用户端在完成扫码报警后,手机界面立即会出现"车靠边、人撤离"的安全操作指引,在临水、临崖、桥梁、隧道等特殊路段还有不适宜撤离至边护栏外的安全提醒(图3)。指挥中心后台收到报警信息后,可立即通过电话引导、确认当事人"车靠边、人撤离"的情况,采取必要预警措施,形成工作闭环。

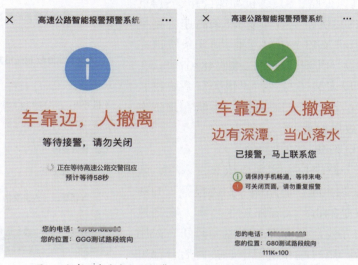

图3 当事人在完成扫码报警后,用户端出现的安全指引和提示

4. 预警措施更到位

如果当事人在特定路段内发生事故、抛锚等警情,可在扫码报警的同时,自动触发后方物联网控制的多组声光报警预警装置,及时、直观和准确地将路面异常信息传递给后方来车驾驶员,实现"零时差"预警(图4)。

图4 预警装置

统计数据显示,2019年9月至2021年4月,共有1.5万余名报警人通过"扫码报警"实现快速报警、精准定位。另据统计:2019年8月至2019年年底,扫码报警仅占铺设路段交通事故、故障类报警总数的8.6%,平均每天仅5起;但是随着二维码辅助标识覆盖范围

逐步扩大和"扫码报警"知晓度的不断提高，自2020年1月至2021年4月，扫码报警次数占铺设路段交通事故、故障类报警总数的比例激增至70.6%，平均每天达50.2起。特别是2021年清明小长假期间，"扫码报警"系统接收交通事故、故障类报警共277起，平均每天达到了92.3起。

与此同时，自"扫码报警"系统投入运行以来，湖州高速公路交警辖区因车辆故障、轻微交通事故等异常事件诱发的伤亡事故共9起，环比"扫码报警"应用前减少6起，下降40%。其中，受伤事故5起5人，环比减少3人，下降37.5%；亡人交通事故4起4人，环比减少2人，下降33.3%。

三、"扫码报警"在下一步交通管理中的探索应用

未来，湖州高速公路交警将继续探索"扫码报警"在道路施救、事故处理、道路养护、指挥调度等方面的深度应用，努力推动高速公路交通管理更快、更准、更人性化。

1. 与施救车辆GPS深度关联

报警人扫码报警后，施救车辆信息和实时定位可以传递到扫码报警系统后台，报警人在手机界面可实时收到施救车辆与报警点的距离和预计到达时间，使报警人可以安心等待救援。

2. 与交通事故远程快速处理深度关联

新建"交通事故快处"模块，遇有纯经济损失的简易交通事故，报警人可通过扫描二维码，上传交通事故基本信息经后台审核后生成事故认定书，实现交通事故自助处理，减轻民警工作负担，提高交通事故处理效率。

3. 与日常道路养护深度关联

利用每个二维码的前台接口，通过业主养护App可查看附近的道路设施信息，随时掌握现场历史管养情况，也可上报路产损失、维修申报、维修进度，形成工作闭环。

4. 与情指勤督平台深度关联

将扫码报警、12122平台报警以及其他电话报警等全部接入情指作战平台，并融合到一个报警处理模块，实现统一的操作、筛选、分类、分析、统计等功能。

扫一扫查看原文

第二篇

道路交通安全设计

从交通工程角度改进道路条件，提供安全驾驶环境

梁康之　美国资深交通工程师

从交通工程上尽可能减少驾驶人犯错误的机会，最大限度为驾驶人提供舒适和安全的驾驶环境，是提高道路交通安全的手段之一。但不合理的设计方案不仅不能实现预期目标，还可能存在安全隐患。本文以实例来讲解从交通工程的角度如何分析道路上的"危险"，又该如何改进。

作为交通工程师解读"知危险会避险"这一主题，应该是找出道路上存在或潜在的问题，用工程方法消除问题，防患于未然。简单说，"知危险"就是找出道路上的安全问题，"会避险"是消除那些安全隐患，不要把问题留给使用者。

交通工程的目标是安全和有效率地运送货物、人员。在道路交通发展过程中，交通工程的开拓者们总结出一套交通流理论和工程实践经验，用于分析和解决道路上车辆运行和行人行走的安全和效率问题。由于交通工程是动态分析车辆运行、行人行为，配置合适的车道使用和道路连接，并从流动性及连接性考虑路网结构，因此不论运输规划、道路设计、交通控制和管理，还是道路养护和施工，都离不开道路交通工程的数据、分析、反馈意见及改进方案。

近年来我们对道路安全意识提高，开始重视数据搜集、积累。在一些道路安全改进项目中找到近1~2年的交通事故记录，其中较多的是车辆追尾、侧面剐蹭。这类事故发生较多就在告诉我们要知道哪里有"危险"，这类事故背后普遍存在车道使用不合理、速度差别过大、过多或过快变换车道等问题。我们在路上驾车行驶，在必须要变换车道时应有足够的距离，保持与邻近车道上行驶车辆相近的速度，逐渐驶入相应车道，才能够很好地减少追尾、侧面剐蹭等事故。下面就以几个实例来解释交通工程是如何分析道路上的"危险"并改进的。

一、案例一

1. T形交叉口车道布置

图1是T形交叉口的一种设计类型，采用右转渠化分割岛，在向左方向的出口段增加一条很短的加速车道，应该是为左转车辆提供一段距离加速，然后并入直行车道。

这种设计看似增加了通行能力，并在右转车道前为行人跨越道路提供了分隔岛，但实际上存在以下几点"危险"：

如果有向左方向直行的车辆接近交叉口时，从支路停车线起动的左转车辆也同时进入左转加速车道，侧面冲突的可能性会增加很多。而且如图1中这样设置很短加速车道和

并道距离，会容易造成车辆突然采用大的加速度和急速变道。因为这样短的距离并不足以提供有效的加速和安全并道，反而增加了发生碰撞的可能性。

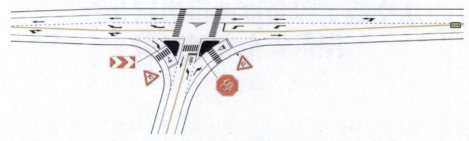

图1　T形交叉口右转渠化设计例

右转渠化看似分离了右转车辆，但在右转分离之前没有减速车道，右转后也没有加速车道，驾驶人右转时可能要回头观察左后方行驶过来的车辆，再转身看前方是否有行人。这样设置并没有起到右转渠化的实际作用。

行人利用右转渠化岛停顿并观察来往车辆，看似增强了行人安全保障。但右转的转弯半径较大，右转车辆可以较快速度进入渠化右转车道，而且在进入转弯后才能面对人行横道，较难有清楚的视线观察行人；而行人较难判断右转车辆的行驶速度。

另外，"让"标志的位置并没有涵盖避让行人，正确的位置是在人行横道之前。

这种类型的交叉口设计会增加对驾驶人和行人的"危险"，反而会增加车辆侧面冲突的概率，以及机动车、行人和非机动车的碰撞事故。

2. 改进方案

图2是交叉口改进建议方案概念图。建议取消右转渠化岛和左转加速车道，利用左转加速车道的空间增加分割岛，用于行人过街安全岛。

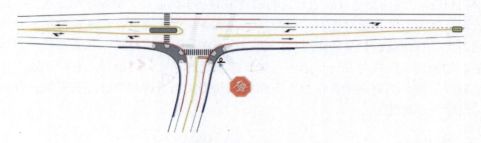

图2　T形交叉口改进设计概念图

这样设计的优点在于，一是降低车辆侧面冲突的机会。车辆从支路左转、右转都必须在"停"标志前停车，观察左右驶来的车辆，在有足够的间隔时，直接驶入主路；从主路右转的车辆在交叉口减速，直接进入支路，驾驶人只观看正前方交叉口内是否有车辆冲突，以及是否有行人在车道上行走，不需要转身观察左后方车辆的影响。二是增加了行人过街安全。降低右转车辆的速度，便于观察是否有行人正在跨越道路；行人在跨越道路时，减少了暴露在行车道的时间和跨越车道的数量，降低了碰撞行人的可能性；增加了行人跨越主路的安全区域，行人可以分段过街，并有利于改善驾驶人视线，观察行人的活动，行人也能有效地观察来往车辆。

其相对缺点是因为取消了右转渠化，可能降低了一点交叉口的通行能力。但图1中右转并没有加速和减速车道，渠化右转车道也很短，并不能有效地分离右转车辆对直行车辆的干扰，对增加交叉口的通行能力作用也很小。这样的建议设计是以交通工程方法，主动地为交通参与者"避险"。

二、案例二

1. 十字形交叉口车道布置

图3是十字形交叉口的一种设计类型，从设计图的右侧可以看出道路断面是6车道、无中央隔离带，两侧非机动车道与机动车道有物理隔离，在接近交叉口的路段增加了左转车道。

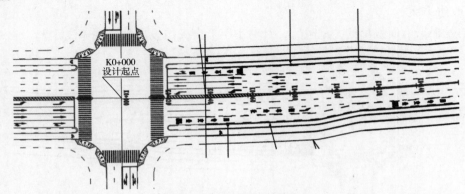

图3　十字形交叉口设计例

在接近交叉口的路段增加左转（或右转）车道，分离转弯车流，是增加交叉口通行能力和降低不同速度引发冲突的方法之一。但我们应该如何布置和连接这些车道？如何兼顾行人和非机动车穿过交叉口？如何知道"危险"并帮助交通参与者避免危险呢？

先来分析一下图3中存在的危险。

不必要的行车道会增加危险。在接近交叉口的路段，可根据设计交通量适当加宽道路，分离出一条或几条左转车道。但在交叉口另一侧的出口段并不需要有同等数量的车道，保持同等数量的直行车道即可达到维持通行能力的目标。因此，从图3左右两边出口的4条车道中，各有一条是不必要的车道。其缺点为：一是增加了行人和非机动车穿过道路的距离；二是增加了机动车从支路穿过交叉口的时间，降低了通行能力；三是在出口后的路段，必须减少一条车道后连接到之后的路段，一些车辆必然并道交织，增加了侧面冲突的机会。

不合适的转弯设置会增加危险。在交叉口内，机动车的左转和右转行走路线应该是从机动车道进入机动车道；同样，非机动车是从非机动车道进入非机动车道。所以转弯半径，特别是右转，应该根据设计车型的转弯曲线和行驶路线来确定。图3中交叉口的右转半径和位置是根据机动车从支路右转进入非机动车道设计的。其缺点，一是没有为机动车驾驶人提供明确的转弯路线，引导模糊；机动车驾驶人难以确定非机动车行走路线,增加了观察、避让的困难。二是交叉口过于宽阔,没有为非机动车提供必要引导进入对向非机动车道,也拉长了行人的行走距离。

左转车道位置不佳会增加危险。不论是信号灯控制,还是以"停"或"让"标志牌控制的交叉口,都要为各个方向提供良好视线。在配置左转车道时,尽可能不要让对向车辆遮挡视线,"头对头"的左转车道布置是常见的解决视线遮挡的方法,可以让左转车辆的驾驶人清楚看到对向行驶来的车辆,并在有足够间距时左转,提高了交叉口运行的灵活性和通行能力。图3中的布置造成左转车辆在左转车道中相互遮挡视线,只能用信号控制中的保护相位限制左转,降低了交叉口的通行能力。

短距离变道会增加危险。车辆以一定的速度行驶时,变换车道需要一定的距离才能安全进入邻近车道。变换车道所需的安全距离需要根据车速和横向位移的距离计算得出。在图3中的标线划出的车道变换区域太短,而且标线布置也显得混乱。

2. 改进方案

图4是根据上面找出的"危险",针对十字形交叉口设计的改进建议方案。

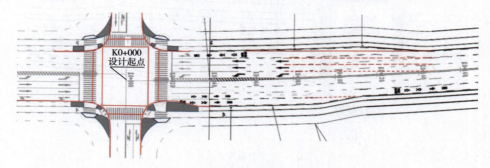

图4 十字形交叉口改进设计概念图

改进的具体有以下几点。利用出口多余的车道布置左转车道;提高左转车辆的视线,减少行人和非机动车跨越道路的距离,以及机动车通过交叉口的时间。同时还可以对齐从左向右的直行车道。

延长非机动车隔离带到交叉口内,以机动车(设计车型)从机动车道进入机动车道的右转半径设计隔离带的终点,适当向外倾斜,可约束非机动车行走路线,也提高机动车驾驶人的视线。

合理设计隔离带和施划标线,分离出左转车道,分离公交车道,可以让不同车速的车辆在不同车道分离出来,降低干扰,同时将三条直行车道顺直连接,降低驾驶人的负担。

这样的交叉口设计和车道布置可以明确车辆使用的车道,减少驾驶人寻找车道和不必要换道的负担,并让不同速度的车辆可以分离在不同的车道上,减少了侧面冲突和追尾的可能性。行人、非机动车跨越道路的距离缩短,等待区域在交叉口内接近行车道的位置,便于行人和驾驶人观察。非机动车行走的路线有了约束和引导,也便于驾驶人观察和避让非机动车,降低了行人和非机动车与机动车的冲突。

三、案例三

1. 互通匝道连接

图5是一段高速公路匝道进口和出口现状，进口匝道是两条车道，右车道直接连接单独直行车道，而左车道则需要向左（或向右）换道后才能进入高速公路。出口匝道也是两条车道，高速公路的右车道直接驶入匝道，而第2右车道的车辆必须换道后进入匝道。这样的布置存在的"危险"是什么？又如何才能避免呢？

图5 某高速公路匝道进口和出口现状

1）进口匝道

当车辆行驶在匝道上接近高速公路时，我们希望车辆逐步加速，在进入高速公路与直行车道并行时，开始观察直行车道上的车辆间隔并做必要的换道。进口匝道的右车道直接进入连接车道，车辆可以顺畅加速行驶。但左车道必须进入左侧直行车道，然而现有换道距离很短，驾驶人很难在短时间内观察左侧车辆间距，完成换道。其结果是驾驶人有可能降低车速，等待合适间距换道，或者换道进入右侧车道。这样的设置存在的危险是：

匝道上两条车道会出现较大的速度差，一旦有车辆换道，会导致后面的车辆在短时间内改变速度，追尾和侧面碰撞的危险性增加。

匝道上的左车道换入左侧直行车道的距离太短，驾驶人很难在达到合适的速度后再向左换道。一旦高速公路上车流量较大、间隔较小时，驾驶人只能减速，等待时机，但由于前方没有加速车道，只能低速度进入高速公路直行车道，会导致后面的车辆在短时间内改变速度，追尾和侧面碰撞的危险性增加。

高速公路上右侧的行车道与左侧邻近车道以白色实线限制换道。当车辆较多又有低速车辆进入时，在直行车道上的车辆只能尽快减速而不能向左换道避让，导致追尾碰撞的危险性增加。

2）出口匝道

当车辆行驶在高速公路上接近匝道时，我们希望车辆保持原有速度驶入匝道，不干扰不进入匝道的直行车辆。图5中最右侧直行车道可以直接驶入匝道，但如果右2车道上的车辆要进入匝道时，必须向右换道，但可以换道的距离很短，驾驶人必须很准确地在最后一刻换入匝道的左车道。这样设置存在的危险是：

公路上右2车道的车辆在进入匝道时较难判别换道时间，特别是不熟悉这段道路的驾驶人。驾驶人可能会提前减速，在最后一段道路上犹豫，或突然向右换道。这会导致后面的车辆难以判断前车行为，造成后车在短时间内改变速度，增加追尾和侧面碰撞危险性。

最右侧车道的车辆直接驶入匝道时是顺畅进入，驾驶人不会注意左侧有干扰，但右2车道的两条点标线是三角形，驾驶人有可能难以判别应该进入哪条车道从而直接插入右侧车道，增加追尾和侧面碰撞的危险性。

在接近匝道的路段，行车道之间都是以白色实线限制换道。当准备进入匝道的车辆出现犹豫和减速时，直行车道上的车辆只能尽快减速而不能向左换道避让，导致追尾碰撞的危险性增加。

2. 改进方案

图6是建议改进方案概念图。根据找出的"危险"，建议改进匝道的连接方式，让驾驶人避开"危险"。

图6　某高速公路匝道进口和出口改进设计概念图

下面介绍具体改进方案。

1）进口匝道

提前将匝道的两条车道并为一条车道，利用现有匝道的长度，给出足够的警告，告示车辆由右车道并入左车道。当匝道由右侧进入高速公路时，驾驶人注意力通常会集中左侧，并向左侧换道。因此，从右向左并为一条车道符合驾驶人注意左侧车辆行驶的习惯，便于驾驶人在有合适间距时进入左侧车道，然后进入直行车道。这样的布置可以控制匝道上的车辆以相近速度行驶，并入一条车道后顺畅进入高速公路，对高速公路上行驶的车辆干扰最小。

因为车辆从匝道进入高速公路时对直行车道的干扰很小，不需要用白色实线分割车道，也不需要点虚线提示换道进入直行车道，所以车道是按照正常行驶的标线分割，车辆可以更灵活地在高速公路上行驶，减少不必要的换道，也不将车辆限定在一条车道内行驶，减少追尾和侧面碰撞的机会。

2）出口匝道

在进入匝道前用白色实线分割最右车道和第2右车道，不允许在这两条车道间换道。右车道直接进入匝道，第2右车道可进入匝道也可保持直行，符合现有箭头指示的功能。两车道上的车辆均可保持原有的速度进入匝道，然后根据匝道上的后续道路情况调整速度。将追尾和侧面碰撞的可能性降低。

对直行车道的干扰最小，行驶速度不会因出口匝道而有明显的干扰变化，所以不需要用白色实线分割左侧2条车道，也不需要点虚线提示换道和减速标线提示减速进入匝道。追尾和侧面碰撞的机会降低。

如果出口指示和直行指示信息能清楚地告诉驾驶人应该行驶的方向，左侧车道的车辆不会在短距离内突然换道，公路上的减速标线和点虚线是不必要的。车道的分割应该使用正常行驶的车道分割标线。建议的引导指示标志如图7所示，提前并多次标明各个车道的行驶方向，反复提示驾驶人选择应该按要去的方向选择车道。

图7 直行和出口匝道车道指示

交通安全要从工程、教育、执法入手。从交通工程上尽可能减少驾驶人犯错误的机会，最大限度为驾驶人提供安全和舒适的驾驶环境，提高道路交通的安全。我们要在良好的道路环境中教育驾驶人如何安全驾驶车辆，并对违反交通规则的驾驶行为进行执法，这才是道路交通安全的实质内涵。

扫一扫查看原文

道路自解释视线诱导系统的设计理念

杜志刚　武汉理工大学交通与物流工程学院教授
焦方通　武汉理工大学交通与物流工程学院博士研究生

一、自解释道路设计理念对驾驶人极为友善

自解释道路（Self-Explaining Road，SER），并非指实体性的道路结构，而是道路交通工程规划设计时应追寻的崇高理念。自解释道路基本核心理念与目标在于，强调使道路交通工程设计更接近实质安全的境界，且符合驾驶人的生理及心理特性。

"自解释道路"设计理念可归纳为下述3点：

驾驶人操控车辆时操作简易的驾驶环境，即符合驾驶人的心理与生理层面。

道路几何线形须与驾驶人期望（Driver Expectation）一致。

对驾驶人而言，道路应极为友善（User-Friendly），即使驾驶经验不丰富的人也可在其上轻松驾驶车辆，此外，道路交通工程设计绝不可迫使驾驶人改变已经习惯的驾驶状态来适应道路本身的缺陷。

这3项特点，在道路交通工程设计的实务中，与"人因理论"的内容不谋而合，也是

以"人"为中心本位的设计（Human-Oriented Design，HOD）。

进一步来说，"自解释道路"的深层内涵主要有以下几点：

道路设计时要适应正常的人，正常人都要能够适应它，不可以加大驾驶信息负荷（Driver Information Load，DIL）。

驾驶人工作负荷（Driver Work Load，DWL），即驾驶人在车辆行进过程中的工作（即操控车辆）负荷。驾驶人工作负荷太大也间接表示道路安全隐患必然较为突出，应尽可能降低驾驶人工作负荷。

在设计中，不可以迫使驾驶人改变长期积累的驾驶习惯，来适应道路的缺陷。应该是路适应人，不应人去适应路。

自解释道路的程度越高，交通安全设施越少。例如一条道路上标志越多，交通安全设施越多，代表这条道路根本就不是自解释道路的理念，图1中标志内容太多、字体太小，"信息过载"导致驾驶人在短时间内无法看清标志的信息。驾驶信息负荷过大会间接形成安全隐患。

图1 隧道入口前交通标志繁多

二、道路环境自解释视线诱导系统可降低驾驶人负荷

如何基于上述自解释道路理念设置道路环境自解释视线诱导系统呢？下面先来看看常见的诱导做法。

（一）部分常见的诱导做法

1. 转弯标志及诱导

图2是常见的弯道标志或诱导方法，包括文字型标志、图案型标志、线形诱导标。表1是三类做法在视线诱导方面的优劣对比，可以看出图2a）文字型标志道路纵向/横向线形不清晰，纵向/横向路权不清晰，对于视距、视区无优化，驾驶人需要的视认反应时间长，不能降低驾驶任务；图2c）线形诱导标纵向/横向路权表达最为清晰，能优化视距、引导、调控视区，且较密的线形诱导标能降低距离错觉，对于分解并降低驾驶任务最有效。

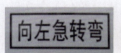  

a) 文字型标志　　　　　b) 图案型标志　　　　　c) 线形诱导标

图2　转弯标志及诱导做法

转弯标志及诱导做法评价　　　　　　　　　　　　　　　　　表1

方案	评价指标		
	路权	人因	驾驶任务
a)	道路纵向/横向线形不清晰，纵向/横向路权不清晰	视距、视区无优化，视认反应时间长	不能降低驾驶任务
b)	纵向/横向路权较清晰	对视区有一定引导作用，视认反应时间短	适当缓解驾驶任务
c)	纵向/横向路权很清晰	对视距优化，引导、调控视区，较密的线形诱导标能降低距离错觉	有利于保持车距，分解并降低驾驶任务

2. 追尾事故提醒及诱导

图3是常见的追尾事故提醒标志或诱导方法，文字型标志、图案型提醒标志、警示型线形诱导标，表2是三类做法在视线诱导方面的优劣对比，警示型线形诱导标对于纵向/横向路权表达最清晰，有利于保持车距，分解并降低驾驶任务。

a) 文字型标志　　　　　b) 图案型标志　　　　　c) 警示型线形诱导标

图3　追尾事故提醒及诱导做法

追尾事故提醒及诱导做法评价　　　　　　　　　　　　　　　　　表2

方案	评价指标		
	路权	人因	驾驶任务
a)	道路纵向/横向线形不清晰，纵向/横向路权不清晰	难以看清前车，对视距、视区无优化，视认反应时间长	不能降低驾驶任务
b)	纵向/横向路权较清晰	难以看清前车，对视距、视区有一定引导作用	适当调节驾驶任务
c)	纵向/横向路权很清晰	有助于看清前车，对视距优化，引导视区，警示型线形诱导标能降低距离错觉	有利于保持车距，分解并降低驾驶任务

3. 交叉口标志及诱导

图4是常见的交叉口标志或诱导方法。图4a）仅可体现出两路十字交叉，并未标出主次路；图4b）用线条的粗细体现出主路、次路；图4c）用颜色及线条的粗细体现出相交各路的优先级。表3是三类做法在视线诱导方面的优劣对比，图4c）主次路显著，优先路权清晰、明确，对于驾驶人而言视认反应时间短，有助于完成驾驶任务。

a）十字相交　　　　b）合流标志　　　　c）主次路相交

图4　交叉口标志的部分做法

交叉口标志及诱导做法评价　　　　表3

方案	评价指标		
	路权	人因	驾驶任务
a)	主次路不显著，优先路权不明确	视认反应时间较长	不容易操作
b)	主次路显著，优先路权不明确	视认反应时间较短	较容易操作
c)	主次路显著，优先路权清晰、明确	视认反应时间短	容易操作

图2、图3中的文字型标志在一定程度上可以起到提示驾驶人的作用，但总体而言文字相对于图案视认反应时间较长，过多文字增加了驾驶人的驾驶信息负荷，同时无法体现道路纵向/横向线形及路权，路权不清晰，对视距、视区无优化，不能降低驾驶人的驾驶任务。如果简化为图案型标志，纵向/横向路权较清晰，对视距、视区有一定引导作用，但驾驶人无法具体预判前方道路的线形等情况，无法达到驾驶人的心理预期。如果将交通标志进一步优化为连续设置的线形诱导标，不仅可以向驾驶人更好地提示道路信息、优化视距、引导调控视区，并且能够使驾驶人降低距离错觉，进一步降低驾驶人的驾驶任务。图4表明，图案型标志还可通过尺寸、色彩的差异来明确优先路权，同时也可对人因及驾驶任务进行优化。

（二）自解释视线诱导系统设计理念及主要特性

基于上述分析，可以将自解释视线诱导系统做如下定义：符合驾驶人的生理及心理特性，通过自解释设计引导安全行为的交通运行环境，使驾驶环境适应人的驾驶习惯，避免驾驶人信息负荷和工作负荷过载。

自解释视线诱导系统具有3个特性（图5）：

操作简易性，符合驾驶人的生理及心理层面，提供操控车辆时操作简易的驾驶环境（驾驶任务）。

期望一致性，诱导线形、轮廓与驾驶期望一致，符合驾驶人的心理期望（路权清晰、无视错觉）。

环境友善性，视距视区清晰、反应时间充足，提供极为清晰、友善的道路驾驶环境（视距、视区、无视错觉）。

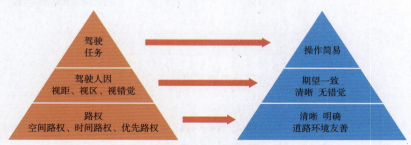

图5　自解释视线诱导系统特性

（三）典型的视线诱导设施及评价

《公路交通安全设施设计细则》（JTG/T D81—2017）对视线诱导设施规定：①应对驾驶人进行有效视线诱导；②应加强视线诱导设施的设置；③不同视线诱导设施之间应协调设置。

《公路交通安全设施设计细则》中规定的视线诱导设施包括：线形诱导标、合流诱导标、轮廓标、隧道轮廓带、示警墩（示警桩）等。实际应用中的视线诱导系统设施包括：突起路标、标线、立面标记、弹性交通柱等具备视线诱导功能的设施。

自解释视线诱导系统可以从路权（包括空间路权、时间路权、优先路权）、人因（包括视距、视区、视错觉）、驾驶任务（包括车速控制、车距保持、车道保持）三方面进行评价，表4是各类评价的具体要求。

各类评价的要求及指标　　　　　　　　　　　　　　　　　表4

评价	分类	要求
路权	空间路权	路侧、路中、前进方向等空间范围内路权清晰
	时间路权	允许通行的时间明确
	优先路权	通行的优先级清晰明确
人因	视距	前方的安全距离清晰明视
	视区	前方的动态视野广度清晰明视
	视错觉	对速度、车距、方向的感知偏差较小
驾驶任务	车速控制	车速变动、车速差控制在一定范围
	车距保持	前后车辆车距控制在一定范围
	车道保持	车辆控制在当前车道内

表5是典型视线诱导设施的主要作用，不同作用的设施设置密度也不同，例如突起路标主要作用是警告、诱导或告知驾驶人道路轮廓或道路前进方向，明确路权，作为标线的辅助设施，某些情况下，密集排列的突起路标也可取代标线的功能，适合高密度设置。立面标记主要作用是体现线路走向及轮廓，防止发生碰撞，适合低密度设置。

典型视线诱导设施及其作用　　　　　　　　　　　　　　　　　　表5

视线诱导设施	设置密度	主要作用
突起路标	高密度设置	警告、诱导或告知驾驶人道路轮廓或道路前进方向，明确路权，作为标线的辅助设施，某些情况下，密集排列的突起路标也可取代标线的功能
标线	连续设置	管制引导交通和分散交通流
立面标记	低密度设置	体现线路走向及轮廓，防止发生碰撞
弹性交通柱	高密度设置	警示危险物和分隔车流，对行驶的机动车辆起到警示作用
线形诱导标	低密度设置	引导或警告驾驶人根据前方线形变化，适当调整行驶方向，促使安全运行
轮廓标	中等密度设置	显示道路边界轮廓、指引车辆正常行驶
轮廓带	中低密度设置	提高隧道轮廓辨识度，提升空间感、方向感，可辅助驾驶人判断车距
示警桩	高密度设置	警告道路前方存在危险路段，提高驾驶人警惕性
防撞桶	高密度设置	警示、隔离危险物，减小碰撞冲击

扫一扫查看原文

图6是各类设施的自解释重要程度，可以看出标线、突起路标等线形诱导自解释程度最高。视线诱导设施相对于普通标志而言，设施文字少、需要驾驶人反应时间短、可以更好地体现道路线形及轮廓。

图7是视线诱导系统中线形诱导、轮廓诱导的性能比较。对于一般的直线路段，点状、短线段等设施具有较好的线形诱导作用，而对于桥、隧、急弯路段等危险地形则需要较多的轮廓诱导。要实现较高的自解释程度，需要线形诱导与轮廓诱导的有效结合，表6是各类设施的设置形式、诱导功能及适用路段。

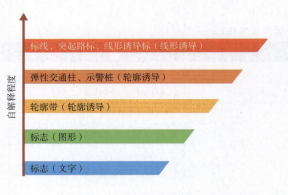

图6　自解释程度排序

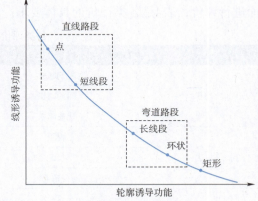

图7　轮廓诱导与线形诱导

各类设施的设置及诱导性能对比　　　　　　　　　　　　　　　　表6

设施信息形状	设施名词	设置密度	设置高度	线形诱导功能	轮廓诱导功能	适用路段
点	突起路标	高	低	强	弱	无护栏的普通路段
短线段(<2m)	路缘轮廓标、护栏立柱立面标记、弹性交通柱、轮廓桩、警示柱、普通线形诱导标	较高	较低	较强	较弱	有护栏的普通路段

续上表

设施信息形状	设施名词	设置密度	设置高度	线形诱导功能	轮廓诱导功能	适用路段
长线段（≥2m）	条形轮廓带（反光条）、警示型线形诱导标、桥墩立面标记	中等	中等	中等	中等	桥梁、隧道、急弯路段或其余危险地形
环形	环形轮廓带/隧道反光环、隧道洞门端墙立面标记	低	高	弱	强	隧道
矩形	门架立面标记、逃生通道立面标记	很低	高	弱	强	高速公路出口、隧道逃生通道、隧道出入口

利用视线诱导设施提升交通安全

杜志刚　武汉理工大学交通与物流工程学院教授
焦方通　武汉理工大学交通与物流工程学院博士研究生

不良道路环境导致驾驶人无心失误操作而造成的交通事故并不少见，亟须通过有效的方式降低驾驶人失误。以自解释理念为基础，利用具备视线诱导功能设施，设计的道路环境自解释设置方案可有效明确路权、优化视距视区、降低驾驶人的驾驶信息负荷和工作负荷，是一种简单、高效、低成本的交通安全改善方法。本文结合不同道路环境的实际案例，具体介绍道路环境自解释视线诱导设计方案的应用。

一、含方向指示的荧光黄绿菱形警示标志能更好地明确行人过街位置及方向

路段人行横道由于穿路而过，在视距视区不佳及缺少预警信息情况下，驾驶人极易决策失误导致无法避让行人。同时，路段行驶环境单调，空间路权、优先路权信息不明确，机动车行驶速度高，驾驶人警觉性低，行人过街风险进一步加剧。图1是国内常规行人过街指示标志。

图1　人行横道设置现状

图2是美国部分地区的人行横道过街设施设置方案,在人行横道两端迎车方向设置行人过街标志,并设置箭头标志,行人的过街路权位置及方向更清晰。菱形荧光黄绿标志的逆反射系数更高,增加标志可视距离,优化机动车驾驶人视距。人行横道两端对称的行人过街警示标志有助于远端驾驶人确定行人过街位置,可以压缩视区,使驾驶人将注意力集中于人行横道。路侧行人等候区还可增加设置多个警示柱,加强对行人等候区的警示及诱导,帮助驾驶人与行人相互感知,在白天和夜间更能起到良好的效果。同时菱形警示标志、箭头标志、立柱立面标记更好地勾勒路侧障碍物(标志结构),增加驾驶人对路侧障碍物的可视距离。

图2 美国人行横道的做法

表1是上述两种人行横道视线诱导的评价,可以看出含方向指示的荧光黄绿菱形警示标志能显著提高驾驶人注意力,提前分解驾驶任务。

人行横道视线诱导评价　　　　　　　　　　　　　　　　　　　　　表1

方案	指标			
	物理特征	路权	人因	驾驶任务
图1	蓝底白字矩形指示标志	行人过街位置明确,方向不明确,路侧障碍物不明确	标志显著性一般,可视距离一般,对视距、视区优化作用不显著	作用较小
图2	荧光黄绿菱形警示标志(含方向指示标志)	行人过街位置及方向都明确,能勾勒路侧障碍物轮廓	标志显著性高,对视距、视区优化作用显著	显著提高驾驶人注意力,提前分解驾驶任务

二、中央分隔带视线诱导设置方案具有更好的线形诱导功能

图3中行人安全岛是提高行人过街安全性及人行横道通过能力的有效且必要措施,但目前还是存在一定问题,主要如下:占用行车道影响车辆正常通行;安全岛诱导效果不足,夜间驾驶人难以及时发现安全岛,容易造成车辆频频撞击安全岛;安全岛成为路中合法而致命的障碍物。

图4是基于自解释视线诱导的中央分隔带视线诱导设置方案,设置有菱形反光片、路缘座式轮廓标、立柱立面标记,岛头反光片与岛头座式轮廓标体现更好的障碍物轮廓诱导,路权很清晰,长距离的轮廓标具有更好的线形诱导。此外,我国台湾地区还利用弧

形岛头体、轮廓标、黄黑立面标记、突起路标等诱导分向行驶，避免安全岛线形对驾驶人转向的不良影响。

图3　中央分隔带安全岛设置现状

a) 白天效果

b) 夜间效果

图4　中央分隔带自解释视线诱导设置方案

表2是对上述两种中央分隔带安全岛视线诱导方案的评价，可以看出图4的方案各项指标更优于图3的方案。

中央分隔带安全岛视线诱导评价　　　　　　　　　　　　　　　　　　　　表2

方案	指标			
	物理特征	路权	人因	驾驶任务
图3	岛头多个警示柱	岛头有一定警示性，路权较清晰，但岛与中分段诱导性不连续、不一致	对视距有一定引导作用	方向指示标志可降低驾驶任务
图4	岛头菱形反光片、路缘座式轮廓标、立柱立面标记	岛头反光片与岛头座式轮廓标体现更好的障碍物轮廓诱导，路权很清晰，长距离的轮廓标具有更好的线形诱导	菱形反光片位置较高，驾驶人识别视距可视	方向指示标志、座式轮廓标可分解并降低驾驶任务

三、隧道紧急停车带视线诱导设置方案可分解并降低驾驶任务

我国高速公路隧道紧急停车带端墙不少都没有做立面标记,与周边环境缺少色差及对比度,故障车辆很难发现并停入紧急停车带;同时端墙垂直于车辆前进方向,为典型的障碍物,由于紧急停车带照度一般为相邻路段的3倍左右,会对驾驶人产生不良的方向诱导,极易造成撞击紧急停车带端墙等重大交通事故(图5a)。为避免上述隧道紧急停车带端墙存在的问题,现有部分隧道采用端墙大面积立面标记的改善方法(图5b),但是大面积立面标记增加了工程成本与养护难度,容易诱发驾驶人不舒适眩光及失能眩光,同时也是一种非对称的诱导(右强左弱),容易导致驾驶人错判方向,进而发生交通事故。

a) 无立面标记　　　　　　　　　　　　b) 大面积立面标记

图5　公路隧道紧急停车带事故及大面积立面标记

图6是自解释视线诱导设置方案:在紧急停车带端墙设置反光面积较小的弧形立面标记与箭头反光标识,勾勒出隧道紧急停车带轮廓,提升其方向诱导性。同时,端墙前设置波形梁护栏以增大端墙的过渡防护能力。为构成对称的诱导系统,于端墙左侧设置反光条。弧形立面标记、反光条建议设置高度为4~4.5m,紧贴隧道建筑界限。

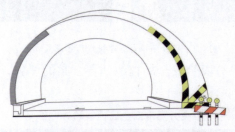

图6　公路隧道紧急停车带自解释视线诱导设置方案

表3是上述针对公路隧道紧急停车带视线诱导方案的评价,可以看出公路隧道紧急停车带自解释视线诱导设置方案可以分解并降低驾驶任务。

公路隧道紧急停车带视线诱导评价　　　　　　　表3

方案	指标			
	物理特征	路权	人因	驾驶任务
图5 a)	端墙无立面标记	横向、竖向路权不清晰	难以看清紧急停车带端墙,对视距、视区无优化	不能降低驾驶任务

续上表

方案	指　　标			
	物理特征	路权	人因	驾驶任务
图5 b)	端墙大面积立面标记	横向、竖向路权较清晰（右侧清晰，左侧不清晰）	大面积眩光干扰视区，非对称诱导易产生方向错觉	大面积眩光会干扰驾驶任务
图6	端墙弧形立面标记与箭头反光标识、对称设置反光条	横向、竖向路权很清晰（左右侧都清晰）	压缩视区、优化视距、降低视错觉	分解并降低驾驶任务

四、桥隧结合段自解释视线诱导设置方案可优化视距

桥梁路段视线开阔，进入驾驶人视线的是开阔的江河湖海或高山深谷，而隧道内空间狭窄，存在驾驶人视觉环境及明暗适应问题。尤其是在山区，由于自然环境条件较差，如雨雾多、降水多、冬季路面结冰、天气变幻无常等，造成交通环境差异和悬殊更大，桥隧连接段存在诸多交通安全隐患。

图7是基于自解释视线诱导的方案设置，桥隧连接段的设施设置需要重点考虑车辆的防护及诱导车辆保持在当前车道行驶，利用警示型线形诱导标（与隧道内轮廓带保持视线诱导的一致性、连续性，同时在一定程度上实现隧道路段空间的缓和过渡）、柔性警示柱（推荐采用荧光黄绿柔性反光膜）、防撞桶进行综合改善，通过对连接段的视觉环境进行改善设计，以达到桥隧连接段交通工程设施安全与效益的统一。表4是对桥隧结合段自解释视线诱导的评价。

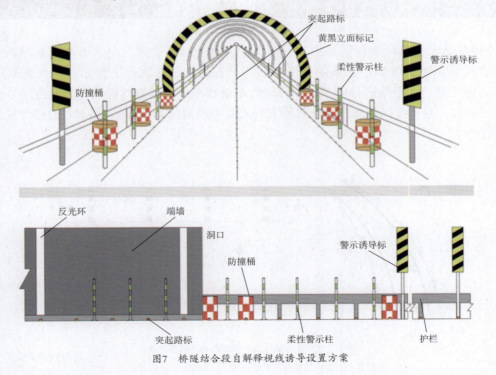

图7　桥隧结合段自解释视线诱导设置方案

桥隧结合段自解释视线诱导评价 表4

方案	指标			
	设施组成	路权	人因	驾驶任务
图7	警示型线形诱导标、弹性交通柱、防撞桶、突起路标、立面标记、隧道内轮廓带	桥隧路段连续设置，纵向、横向、竖向路权很清晰	压缩视区、优化视距、降低视错觉	分解并降低驾驶任务，提升车道保持、车距保持能力

五、邻水弯道路段视线诱导设置方案可提高驾驶人车道保持能力

目前，较低等级的公路邻水路段缺乏相应的防护设施和照明设施。夜间水面反光系数较高，当前道路反射系数较低，驾驶人由于趋光性极易驶向亮度较高的水面，造成撞向路边护栏甚至冲入水中的情况（图8）。

图8 邻水弯道路段问题现状

图9是基于自解释视线诱导的改善措施，将当前道路前进方向的弱视觉参照系改善为强视觉参照系，并提供更多的视觉参照（突起路标、轮廓标、警示桩、反光环结构物），便于驾驶人根据诱导信息选择合理的车道和车速，提高驾驶人在转弯道路处的车道保持能力，避免夜间邻水弯道处驾驶人驶入湖中的情况。表5是对邻水弯道路段视线诱导的评价。

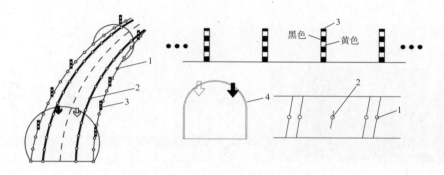

图9 邻水弯道路段自解释视线诱导设置方案
1-轮廓标；2-突起路标；3-警示桩；4-环形类反光环结构物

邻水弯道路段视线诱导评价　　　　　　　　　　　　　表5

方案	指标			
	物理特征	路权	人因	驾驶任务
图8	设施缺失、水面反光	纵向、横向、竖向路权不清晰	反光水面易产生视错觉	不能降低驾驶任务
图9	轮廓标、突起路标、警示桩、环形结构物	纵向、横向、竖向路权很清晰	压缩视区、优化视距、降低视错觉	分解并降低驾驶任务

六、桥下阴影路段视线诱导设置方案可有效改善视觉参照系

两条道路X形斜交，上跨为桥梁时，晴天在桥下路面会产生大量阴影，驾驶人看不清桥下路况。同时，上跨桥梁提供了斜向诱导，下方道路驾驶人较容易产生方向错觉，导致车辆偏离正常轨迹。高架桥下方道路白天由于阴影效应在前进方向为弱视觉参照系（图10），而在夜间桥下道路如无照明，会产生"灯下黑"现象。

图10　桥下阴影问题现状

图11是基于自解释视线诱导的方案设置，采用正交限高架（或者门架式标志结构）遮挡上跨桥梁立面，避免驾驶人斜向移动。路侧设对称的中等频率护栏立柱立面标记（设高等级反光膜），对称的高频突起路标、低频高杆立柱（设高等级反光膜的立面标记）。变前进方向弱视觉参照系为强视觉参照系，变斜交形成的非对称视觉参照系为对称视觉参照系。表6是对桥下阴影路段视线诱导的评价。

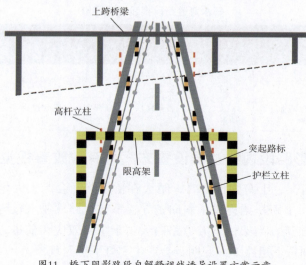

图11 桥下阴影路段自解释视线诱导设置方案示意

桥下阴影路段视线诱导评价　　　　　　　　　　　　　　　　表6

方案	指标			
	物理特征	路权	人因	驾驶任务
图10	桥梁斜交视错觉、桥下阴影,为弱视觉参照系	纵向、横向、竖向路权不清晰	阴影下视距受限、斜交桥梁易产生方向错觉	不能降低驾驶任务
图11	设正交限高架,突起路标、高杆立柱、护栏立柱立面标记;为对称强视觉参照系	纵向、横向、竖向路权很清晰	正交限高架压缩视区、路侧设施优化视距、降低视错觉	分解并降低驾驶任务

总结：

不良的道路环境会导致驾驶人无心之误，是导致交通事故的重要原因（国外统计为20%~40%），亟需利用自解释视线诱导设计来降低驾驶人的失误。

自解释视线诱导设计有助于低成本提升交通安全，能提供清晰路权，符合驾驶人因，降低驾驶任务，提升交通系统的安全，使道路交通有序且高效率。

自解释视线诱导设计对设计人员有更高的要求，需要更多的调研、分析与方案比选，更有赖于在长期工程实践中持续改进。

扫一扫查看原文

长隧道的交通控制逻辑和技术思路

官　阳　3M交通安全系统部首席交通安全教育与政策联络官

关于隧道的运营安全对策和逃生设计，有很多专业标准和规范，本文重点从最基本的道路运行管理角度，探讨长隧道的交通控制逻辑和技术思路。

交通控制是任务，无论使用多先进的手段，目的是要实现交通流的顺畅和安全移动。从这个角度讲，再先进的监控设施、智慧运算和通信手段，都是服务于最基本的交通流控制任务的，这个核心任务不能被喧宾夺主。按照这个基本而朴素的逻辑，隧道里的交通流控制，首先要解决的就是"通"和"顺"的问题，也就是说，最致命的交通控制错误就是当交通流在隧道内发生阻滞时，对隧道上游驶入隧道的交通流不实施限流，任由上游走廊的车辆源源不断地涌入隧道，在隧道里形成排队和积压，直到隧道里装不下而出现秩序混乱、挤占救援通道和排队溢出的情况，这在隧道运行管理上是灾难性的现象，因为一旦发生意外，施救力量将无法被快速投放进去，也无法实现快速疏散。

所以，对长隧道的交通控制技术配置而言，一个是要围绕"通"和"顺"建立基本的、正确的交通流控制逻辑，一个是要配置对应的技术方案和措施手段，监控、信号灯、警示标志、标线、应急处置人员等，都是最基本、也是最有效的设施，并不需要太花哨和高昂的投入，其顺序是这样的：

1. 隧道下游的"通"

在隧道内和隧道出口，特别是隧道下游，要有实时监控和处置能力，无论是配监视员还是使用监控设备，要确保及时发现隧道出口被堵住的情况和风险。除了配置监视巡查员和监控外，还应该在隧道沿途和隧道口等位置设置告知标志，提示驾驶人一旦遇到隧道拥堵无法驶出隧道的情况要及时报警。目前我国隧道沿途都设置有报警电话，但是缺乏醒目的、明确的提示人们什么情况下应该使用的标识。通常情况下，隧道下游仅仅依靠监控是不够的，也未必可靠，所以即使无法常设巡查员，也应该确保在发生意外后的短时间里就能有应急管理人员被投放到位，以进行必要的指挥和处置。我国一些隧道里设置了高音喇叭，但是因为回音很重，大多很难听清。

2. 隧道上游的"通"

在隧道入口位置、包括入口前的一段距离上，就开始设置车道信号灯组以及警示标志，前置的距离和层次以及视觉强度应根据道路条件和流量等决定，这样一旦隧道内发生拥堵，或者隧道下游路段出现意外堵住了隧道出口，或者更远处有意外可能堵住隧道出口的区域，应该第一时间控制住隧道入口的车流继续进入，避免隧道内车辆聚集。同时要在上游为隧道内救援或避险逆行驶出的车辆提供行驶空间，比如临时逐级压制出一条车道或路肩为安全救援服务。在这里要注意一个问题，由于很多隧道是建立在高等级公路上，递减速度和逐级压减车道的措施和视距要充分考虑，动态信息板和固定的警示标志应该配合使用，确保驾驶人从高速状态下能安全降速直到停稳，等待险情排除或进一步的通行指示。

3. 隧道内的"顺"

隧道内的车道使用是根据本地的交通流特征进行布置的，不能千篇一律。通常情况下，如果是单向双车道以上，应该强制大型车辆靠右行驶，并根据隧道的长度等做出交通工程评价，看是否应该提供被低速车辆压制的排队车辆的超车条件——对长隧道而言，不允许超车的弊端也很多，不仅会导致浪费，也会因为长期抑制车速导致驾驶人失去耐心而冒险和违法，引发风险；但允许超车的前提是详尽的交通工程调查和设计，要确保超车秩序，用标线和标志控制超车的行为规范，并明确禁止从右侧超车。

4. 隧道内外的安全冗余

隧道内一旦出现事故或意外导致交通中断，首先要确保能阻止隧道上游车辆继续驶入，指示已经进入隧道的车辆和人员如何尽快撤离隧道；如果情况紧急，应该先考虑人员撤出问题和危险车辆的防护问题；如果隧道很长且尚有条件撤出车辆，要考虑顺行或逆行的条件配置，如果需要清出逆行车道，不仅要在隧道上下游进行交通流控制，为隧道内的车辆撤出提供空间，还要投放应急指挥人员和配备临时设施进行指示引导。安全冗余措施和成本关系很大，取决于预案的设计水平，但任何一个长隧道，都应该有多套针对多种情况的应急预案，避免突发状况时的慌乱。

5. 成本效益的考虑

隧道的建设成本非常高，特别是长隧道，做了大量的安全配置，但从目前的技术能力有效性看，最可靠的仍然是人，特别是监控巡逻和指挥，经过训练的专业岗位是最可靠有效的安全配置。所以，任何以高科技为名义的监控和智能设施配套，首先应该做的就是成本效益分析，看看这些投入能替代多少人工，都有什么人工是无法替代的，特别是能否替代现场指挥和临场救援，再测算这些投入比建立一支具备多种功能和灵活运输工具应急小队的财务效益如何。有了这些评价的思路，才能为隧道安全找到最合理和可持续的安全方案。

上述5点，是针对长隧道交通流控制逻辑和思路进行的探讨，其基础是交通工程最原始和朴素的措施和手段，在追逐炫目的高科技洪流之中，我们的目标并没有发生变化，促通保畅，服务人民，依然是我们的初心。

扫一扫查看原文

提升隧道应急管理水平，要优先解决制度、技术层面问题

郭　敏　交通工程师

隧道的大部分设计都是针对风险防范的设计，花了很多钱，设置了许多逃生通道和报警装置，但当隧道里突发紧急情况时，几乎没有人使用这些设施，甚至有些人什么都不做，只是坐在车里或站在原地，最终导致人员伤亡。在隧道中针对风险的防范设计并没有实现让人们去使用的目的。可见，让人们在紧急情况下能够做出正确的反应，且能够使用隧道内的防灾、救援设备，远比先进和智慧的隧道系统、数量极多的隧道设备重要得多。这也是近20多年来逐步发展起来的方向，称为面向人因（human factors）的设计。

一、遇到紧急情况时,人是怎样反应的

1. 人在隧道中遇紧急情况时比较被动,且往往对逃生设施视而不见

先来看几起发生在隧道中的事故案例。1999年,法国和意大利交界处的勃朗宁隧道着火,造成39人死亡,事后发现许多人死在车里,且并没有打算逃出车辆的迹象;同年发生的奥地利陶恩隧道火灾也是同样的情况。通过搜索世界上发生在隧道内的灾难性事故案例,可以看到有一些事故中,人们原本有逃生机会,却没有抓住,譬如2011年发生在挪威的一起海底隧道事故,有3人挤在紧急电话亭等待救援而死亡。1982年发生在美国Caldecott隧道的火灾事故,有5人在向洞口奔跑的过程中,经过了多个逃生门,却没看到,最终因吸入过多浓烟而死亡。除了上述事故外,2021年7月发生在浙江西华岭隧道的一起火灾事故现场,也有2人在逃生奔跑过程中路过2个逃生门而不入,最后利用第3个和第4个逃生门逃生获救。

人因研究发现,人们在隧道里遇到紧急情况时,经常是被动的,并不会立即采取行动。当开始逃跑时,不知道往哪儿跑,也不确定跑过去的目的是什么,路过逃生设施时会视而不见。此外,现在有些隧道中的许多声光电引导,不仅不一定支持人们在逃生自救时的需求,有时甚至会干扰人们在紧急状态下的判断,出现了设施越多越无效的现象。真正有利于人们逃生的设施应该是简单、简洁、明确的,如图1所示的欧洲勃朗宁隧道内的紧急逃生路线标志:绿色背景上配以白色跑步图标指示,并有指示方向、距离最近的紧急出口(以米为单位)。这一标示图案通用,容易理解,同时,隧道壁背景简洁、干净,逃生门显著且容易辨别,即便人们在慌乱中也非常容易看见并且理解。隧道壁上的标示,如果颜色、图案繁多,或者逃生门灰暗、不干净等都是不利于人们逃生的。

图1 欧洲勃朗宁隧道内的紧急逃生路线

2. 人在隧道里遇到紧急情况的反应可分成3个阶段:识别、反应、自救

人因研究认为,人在隧道里遇到紧急情况的反应可分成3个阶段:识别、反应、自救。当然,并非所有的紧急事件都会经过这3个阶段。当发生一些小事故时,大部分人可能会迅速处理,不需要采取过多行动;当发生灾难性事故时,不是所有人都能够完成这3个阶段。

当隧道中发生事故时,等待外部救援需要时间,而隧道里的人首先要根据各种提示

信息进行自救，人们自救所能坚持的时间与隧道所在位置、长度、风险等因素有关。紧急情况下，无论政策、工程、教育的规定，时间是不可绕开的指标，没有时间指标，救援的政策、工程、教育就无从谈起。我国相关标准里没有明确自救时间长短的说法，但一般认为，如果自救时间超过20min，普通人就难以坚持了。在一些欧洲国家的相关规定中，清晰明确地标明了人们坚持自救的时间一般不超过10min（图2）。

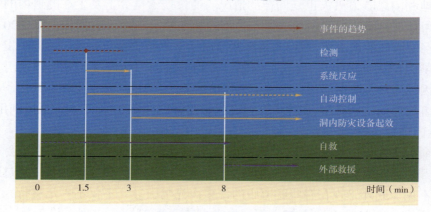

图2　隧道紧急事件救援过程时间分配示意图

1）阶段1：识别

个体识别灾难的来临需要花费时间，尤其在群体中，大部分人会认为这是"别人的问题"。同样，家庭或者团队在识别灾难的速度上，也要慢于单独个体的识别时间。总体上，当灾难来临时，大部分人都在等待或者模仿别人的反应行为。在隧道里发生事故，如果没有第一个理性且能指挥的人出现，识别灾难需要较长时间，也许是5min，也许更长。

因此，隧道里一旦发生灾难事件，隧道管理部门应该快速发出警报。根据我国相关规定，大部分长隧道或者一些中短隧道，都装有声、光报警装置，通过这些声、光的报警装置，缩短人们识别灾难事件的时间。但在国内的相关手册上，很少看到事件识别时间究竟是多长。在国际上一些隧道里，识别时间是3min，即：必须在3min以内发出警报，这是黄金3min。这种能力主要体现在隧道管理部门内部的制度和经验上，投资并不多，只需要一些探测器和警报器即可。

2）阶段2：反应

在一些演习的记录里可以看到，隧道里发生事故，人们需要5~15min的时间做出反应，决定是否应该做些什么。一些关于应急救援的早期研究结果显示，人们在隧道中遇到事故的典型反应行为模式具有不确定性、混乱和低效等特征。对普通人来讲，大家都不太擅长预测灾难的实际发展趋势。尤其在每日通勤的道路上，人们即便判断出有灾难迹象、有各种各样的紧急情况出现，但大部分通勤者也会遵循日常模式，熟悉路况的人的反应速度经常会比第一次到隧道的驾驶人要慢。因此，在以通勤为主的隧道里，隧道管理部门的识别和反应能力要求更高。

对"反应"阶段的一些研究结果认为，在一群人中，占主导地位的人的反应行为通常可以主导这群人的行为，但是如果不是占主导地位的人，如一些小孩的正确反应，经常不会影响人群的行为，甚至会被阻止。因此，人们在"反应"阶段的行为，亟需来自隧道管理者的信息进行引导，这通常被认为是权威信息。隧道管理者的信息可以通过派人穿着制服到现场来引导，或者通过可变信息标志、喇叭等方式提供。

3）阶段3：自救

许多隧道事故调查认为，当人们并非因提前通过趋势预测或外部警告而采取自救行为，而是在明确感受到灾难威胁时才自救，可能已经太晚了，逃生机会也随之减少。

人们自救一般会按照自己熟悉的方式进行，走熟悉路线，或者寻找自己认为的安全地带躲避。这种情形下，标志的指引起到至关重要的作用，良好的指引系统有助于加速人群的疏散。隧道里的警告系统可以催促躲在车内以为就是安全的人离开车辆。自救的情形经常是混乱的、跟随的，在焦虑状况下，大部分人只能做些简单明确的行为。复杂的信息在自救时不仅没有用，甚至会减少人们的逃生机会。譬如隧道壁上有很多装饰性图案，会让自救者分不清方向、看不见邻近的逃生通道。给自救者的信息，无论是声音还是图案，只能是简单、明确、坚定的，只要复杂，就是害人。

虽然这3个阶段是人们在隧道里遇到灾难时的自主反应，但自主既不意味着结果正确，也不意味着需要后果自负。人们在隧道里的自主反应始终需要隧道管理者提供信息和引导，也依赖工程设施提供救援场所和设备，隧道管理者的责任仍然重大且起主导作用。人们自救的含义，是延缓被伤害的时间，坚持到救援人力进入隧道来救援，这并没有减少隧道管理部门在自救阶段的迅速反应、决策的责任，更不能缺少自救阶段所需的信息、引导以及工程设施的完好、有效。

二、如何提升隧道管理者的反应能力和应急管理水平

1. 隧道管理者的作用至关重要，要重视培训和演习来避免隧道管理者不反应或做出错误反应

隧道的管理系统设计，通常会用来应对两类情形：一类是正常交通状态下的运行系统支撑，另外一类是灾害情形下的运行系统支撑。遇到紧急情况时，更多人会关注隧道管理者的行为，而非隧道管理系统本身。应急救援系统虽然需要先进的设备，但这些远不如隧道管理制度、隧道管理者本身的能力和专业性重要。当前诸多追求智能、智慧的系统，经常会脱离系统中的关键角色——管理制度、管理者去设计，以致智能、智慧设备除了用于展示，在实际中并无多大用处。应急救援的先进性应该体现在制度上，而非设备上。

遇到紧急情况时，公众希望管理者能够快速反应和处置，譬如能迅速判断紧急情况的趋势，依据趋势来操作系统，如：启动洞口信号灯关闭隧道，将隧道内设备切换到"紧急模式"（灯光、通风、限速、逃生门等），将信息发送给交警、消防人员、隧道里的驾驶人等。但是，有一点大家要知道，隧道里的紧急情况并非经常发生，管理者也面临着对紧急情况的认知负荷、教育、培训和经验的局限。因此，管理制度中的培训和演习是极其重要的。

培训和演习可以帮助管理者理解紧急情况下人的行为、理解自身的角色定位。在紧急情况下，人的行为很难预测，因为压力会使当事人用好奇心、恐惧、群体恐慌取代了理性，慌乱和低效是必然的，同样的情形也会出现在没有经验的隧道管理者身上。

分析以往发生过的隧道事故案例可以发现，管理者通常会有以下几种错误的反应行为：

（1）忙于日常事务，忽视已经发生的紧急情况，即便看到了，也按照正常模式处理，未及时发出警报，延误了逃生和救援时间。

（2）受自身专业和经验的限制，一些隧道管理者大多停留在观察阶段，犹豫、紧张，未及时做出决策；或者即便有解决思路，也一直处在向上汇报、等待的过程中，这种管理制度延误了救援时间。

（3）一些及时做出救援决策的管理者，因管理系统和设备操作的复杂、设备操作的失误等原因延误了救援时间。

2. 提高隧道管理者的反应能力和应急管理能力，需从制度和技术上改进相关工作

隧道管理者的行为不一定总是妥当的，可能每次都会有遗憾。这往往和隧道的管理制度、系统设计有关，也和整个行业的知识积累和普及有关。重大灾害发生后，需要反思的并不只有当事管理机构，还应该反思整个行业诸多的政策、标准、规范、制度的可行性和有效性。政策、标准、规范、制度应该根据每次灾害的具体情况进行改进和优化。而且，对隧道灾害而言，一两家管理机构的经验并不足以应付未来可能面临的挑战，如果整个行业不能及时调查研究，积累需要改进的知识，最终在政策、标准、规范、制度上调整和普及，灾害还会发生。

为提高隧道管理者的反应能力，从制度和技术来看，当前应该改进以下相关工作：

（1）及时修订相关的隧道设计、建设、维护、巡检的标准规范、制度等政策性文件；

（2）研究制定以人因为基础的隧道应急管理指南；

（3）研究制定针对驾驶人的培训教育宣传资料；

（4）研究制定针对隧道管理者的培训、演习制度，制定评价演习的规则；

（5）使用风险管理方法，形成隧道安全检查、维护、响应的制度；

（6）搭建全行业的事故调查、研究、总结的沟通平台。

在实际中，有很多因素会阻止隧道管理者做出正确的事情，如忙于日常事务或忙于请示汇报等待指令等。如果没有适当的培训机制和制度支持基层隧道管理者积累经验，快速决策，他们可能一直不会做出及时的决策，或者做出错误的决定，而参与救援的各方同样也会发生类似的错误，也会错误地期望另一方作出回应、决策。也许，隧道里遇到紧急情况时，所有人可能都在等待，直至灾难来临。

扫一扫查看原文

城市长大隧道交通安全应急设计典型问题及对策

杜志刚　武汉理工大学交通与物流工程学院教授
焦方通　武汉理工大学交通与物流工程学院博士研究生
郑号染　武汉理工大学交通与物流工程学院博士研究生

城市长大隧道线形、光环境、应急车道、应急设施等常见存在的问题，导致隧道安全隐患大，事故发生后救援困难，可能诱发群死群伤。本文综合考虑用路人应急需求（路权、人因、驾驶任务）、应急交通管理需求、工程建设养护需求、应急产品设备更新需求等方面，提出城市长大隧道交通安全应急设计优化思路：在保障用路人的应急路权、车辆的应急路权（紧急停靠、应急通行）基础上，考虑基础设施、附属设施全寿命周期成本最小的原则，采用成熟的、耐久性好、可靠性高、易维护的应急产品设备，帮助用路人辨识危险、及时避险，并结合国内外的城市长大隧道优化方法及案例，针对典型隧道交通安全应急设计的不足给出了改善建议。

一、城市长大隧道存在的主要问题

1. 线形条件不良，存在交通安全隐患

城市长大隧道（长度大于1000m）多为下穿隧道，即隧道主体深埋于水平面或外部路面以下（图1）。受地理条件、土地利用的限制，城市长大隧道入口多为连续下坡、出口为连续上坡，隧道内部弯道、变坡较多，隧道中部纵深长且空间相对封闭。城市长大隧道先天视区受限，视距不良，驾驶任务较重，驾驶人容易紧张，长时间行驶易疲劳。城市长大隧道特殊的线形，容易诱发不良驾驶心理与行为。同时，一旦发生交通事故、洪涝、火灾等事故或灾害，救援难度大。

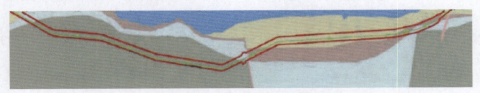

图1　城市下穿隧道线形示意图

2. 出入口光照环境过渡剧烈，易诱发不良驾驶行为

城市隧道内部无法获得自然光照，仅能通过人工照明设施为行车提供必要的照明。隧道内外照度差会导致隧道入口、出口产生"黑洞效应"和"白洞效应"（图2），驾驶人会出现视觉适应滞后现象，难以准确辨识隧道内车辆、路侧障碍物等交通信息，易诱发超速、车距不足等驾驶行为，甚至导致追尾、撞隧道侧壁的交通事故。

图2　隧道出口段白洞效应

3. 应急车道缺失，车辆撤离救助困难

《公路隧道设计规范》（JTG 3370.1—2018）规定"特长隧道、长隧道内不设硬路肩或硬路肩宽度小于2.5m时，单洞两车道隧道应设紧急停车带，单洞三车道隧道宜设紧急停车带，单洞四车道隧道可不设紧急停车带。单向行车隧道紧急停车带设置间距不宜大于750m，并不应大于1000m。"《城市地下道路工程设计规范》（CJJ 221—2015）规定"长或特长单向2车道城市地下道路宜在行车方向的右侧设置连续式紧急停车带（按照世界道路协会规定名词，下文统一称为紧急停车道），当设置连续式紧急停车带困难时，宜设置应急停车港湾（按照世界道路协会规定名词，下文统一称为紧急停车带），间距宜为500m。"

国内城市长大隧道一般会设置通往对向隧道的车辆及交通参与者（含驾驶人、乘客及任何行走于道路上的行人）的联通道，但绝大多数没有设置应急车道，也少有紧急停车带；少量长大水下隧道会在接近隧道出入口位置设置紧急停车带，隧道中间段未能设置。导致抛锚车辆、事故车辆难以快速离开当前车道停入紧急停车带或连续式紧急停车道；发生交通事故、火灾、水灾之后，事故车辆无法通过应急车道快速驶离，救援车辆也难以实施救助，往往可能造成群死群伤等严重后果。

4. 应急逃生设施可靠性不高，用路人疏散逃生仍存在困难

城市长大隧道目前设置的逃生通道多为逃生至对向隧道，有利于交通事故的疏散和救援，但在浓烟、大火、洪涝等事件中是否有效存疑，大多数用路人是否能充分了解并利用这些逃生设施也存在不确定性。虽然隧道内的应急逃生/疏散标志、紧急电话、消防设施、逃生通道等安全应急设施（图3）不断完善，但发生重大灾害后，隧道内往往停电，各种电子设施失灵，用路人难以辨识逃生方向、逃生通道，极易错过最佳逃生时机。

5. 通行能力较低，易形成交通瓶颈

城市长大隧道可有效缩短两个区域间的通行距离，提高通行效率，但部分隧道或新建隧道存在交通流量分配不均、通行能力低下的问题。以某市跨江通道为例，过江隧道的交通量普遍远小于跨江桥梁交通量。如公铁隧道（双向六车道）日均车流量（2020年7月—2020年11月统计，约3.3万辆/天）只有毗邻的长江二桥（双向六车道）流量的23.3%、长江一桥（双向四车道，单双号限行）流量的44.8%，并没有发挥出其最大运营效率。同时由于不良线形，过江隧道超速违法率显著较高。究其原因：隧道不良线形、相邻道路级配不合理，容易形成严重的车速差，诱发超速行为，也容易形成交通瓶颈，导致通行能力下降；不良隧道通行视觉环境，导致驾驶人普遍不愿意选择隧道通行，导致隧道利用率不足。

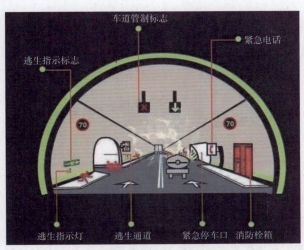

图3　隧道中安全应急设施示意

6. 智能设施高配低用，耐久性和适用性不足

目前，随着智慧隧道理念的提出，隧道控制中心、电子监控、可变信息板、多级控制照明系统等智能设施的应用不断普及，一方面寿命周期不长，耐久性不够，另一方面在突发事件下此类设施的适用性存疑。特别是在洪涝灾害中，能否及时辨识水位高度，并将交通管控信息及时发布给隧道外的驾驶人，避免车辆误入，以及有效指引隧道内的交通参与者应急疏散？

二、应急安全改善思路及建议

在城市长大隧道的交通安全应急问题改善中，应明确以下思路，首先满足交通参与者的应急需求（路权、人因及驾驶任务），其次满足交通管理的应急需求，然后是工程建设养护的需求，最后才是各种应急产品设备的更新需求（图4）。

1. 提供应急通道，保障交通参与者应急路权

有关应急路权的优先级关系如下：交通参

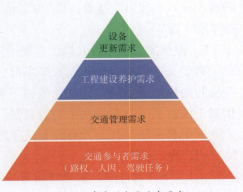

图4　应考虑的各类应急需求

与者应急逃生路权＞车辆应急停靠路权＞车辆应急通行路权（图5）。

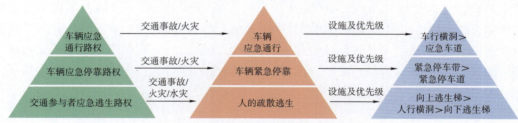

图5 应急路权的优先级

1）增设向上逃生梯，提升行人应急逃生能力

在交通事故，火灾、水灾等灾害发生时，逃生门、逃生梯、逃生井及检修道等可有助于人的疏散逃生，可保障交通参与者的应急路权。目前，城市隧道大多设有通往对向隧道的人行通道或通往下层的逃生梯（图6），主要为交通事故或火灾情况下的救援和人员疏散。但考虑人行横洞、向下逃生梯对水灾不一定有帮助，也不符合交通参与者习惯，而直通路面的向上逃生梯对交通事故、火灾、水灾等均有较好作用，更符合交通参与者的习惯及心理预期，便于迅速撤离隧道，因此推荐优先设置向上逃生梯，间距不大于500m，可与紧急停车带相结合设置在同一位置。

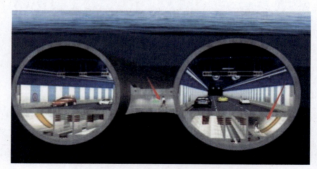

图6 人行横洞及向下逃生梯示意图

例如，新加坡MCE隧道，全长约5km，双洞双向10车道，限速80km/h，每100m有1处人行横洞直通门，可以帮助逃往反方向隧道，每250~500m有1处逃生梯隧道，可通往上方陆地；日本大和川线隧道，长约9.7km，双向4车道，限速60km/h，每500m设置有1处向上逃生梯（图7）。

2）设置紧急停车带，提供车辆避险空间

对于交通事故或车辆起火等事故，紧急停车带、连续的紧急停车道可满足车辆紧急停靠的路权，减少对主线交通流的干扰；车行横洞可便于借用对向隧道逃生，应急车道相当于预留了一个车道便于应急救援，这两类措施可确保车辆的应急路权。目前城市长大隧道中普遍缺少甚至没有设置应急车道或者紧急停车带，抛锚车辆或事故车辆缺少避险空间，建议如下：

（1）条件允许时，宜单独设置应急车道；条件困难时，也应设置紧急停车带（间距不大于500m）；

（2）宜在外侧设置较高检修道（>60cm），提升防撞能力和交通参与者逃生能力；

（3）宜设置较宽侧向净距，形成紧急停车道（世界道路协会规定：小汽车≥2.45m，大型货车≥3.2m），提升车辆行车容错能力（图8）。

a) 新加坡隧道中通往上方的逃生梯

b) 日本隧道中通往上方的逃生梯建筑

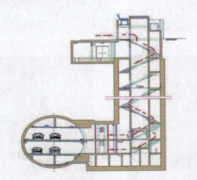
c) 法国A86隧道向上逃生梯

图7　向上逃生梯

a) 日本高速公路隧道，左侧设置应急车道

b) 日本城市隧道（宽侧向净距、高检修道）

图8　隧道中路侧安全设计

2. 信息设置满足人因需求，引导合理交通行为

信息能否被交通参与者迅速感知、准确判断，是及时决策与疏散逃生的基础和保障。城市长大隧道路段由于其地理位置、结构特殊，受灾害影响的情况较多，需要预防为主，帮助交通参与者识别危险，避开危险，隧道内部一旦出现水灾、火灾或交通事故，应确保在隧道内外的用路人都能够及时、准确地感知到通行路权信息的变化，建议如下：

隧道入口前设置大型可变信息板及拦阻设施，平时帮助驾驶人合理选择路径，采取合理驾驶行为，在交通事故及灾害气候下及时发布相应信息，禁止驾驶人驶入隧道，并拦阻车辆进入；

隧道内设置可变信息板与多道车道指示器，保证交通参与者在每一个点位至少能看到一组，提供适时交通管控信息；

适当设置应急广播，及时告知交通参与者应急信息，引导疏散逃生；

设置显著性高的静态应急逃生诱导系统，确保灾害条件下良好可视性（图9）。

a) 隧道内可变信息板　　　　　　　　b) 隧道入口前应急诱导及阻拦设施

c) 日本隧道人行道通道逃生诱导系统　　d) 世界道路协会推荐人行通道应急诱导系统

图9　隧道内外应急提示设施

3. 做好应急预案与宣传，满足交通管理需求

城市长大隧道交通管理目标是确保交通安全、有序、畅通，相关安全设计落实之后，应同时做好交通事件应急预案与宣传，并进行多部门联动的应急救援演习。而驾驶人普遍不了解城市隧道内各种应急逃生设施，也缺少隧道应急逃生演练，应注意加强城市隧道应急设施的宣传教育、提升出行者的安全理念；将隧道应急逃生引入驾驶培训，培养驾驶人在城市隧道发生紧急险情时应急应变处置能力，提升自救能力。

4. 降低全寿命周期成本，满足工程建设养护需求

城市长大隧道设计使用寿命一般不小于100年，交通量较大，必须充分考虑全寿命周期内（100年）的建设与运营养护成本。附属工程设备也应尽量采用使用寿命更长的产品，以降低经济成本、社会成本。如隧道灯具更换的显性成本有灯具成本、运输成本、现场维持次序成本、工人安装成本、工程车辆使用成本等；隐性成本有行政成本、时间成本、影响使用成本、形象成本。

5. 采用成熟方案，适应应急产品设备更新需求

城市长大隧道中弱电强电设施建安费加上各种控制中心、指挥大屏、配套软硬件产品的建设与维护，每年所需费用不低。特别需要注意，很多电子产品（如照明灯具、监控设施）的使用寿命周期只有2~5年，使用成本较高，因此高配低用现象较为普遍。这也导致一些典型问题，如城市长大隧道中各种炫目时尚的景观照明方案是否为交通参与者所急需；各种先进复杂的照明控制系统，是否能为普通工程师掌握；各种大屏电脑是否是交通管理所急需。电子产品、智能设备生命周期相对较短，灾害情况下同时也容易失效，不能及时给交通参与者提供信息服务功能。对于不太成熟的新技术、新产品需慎用，尽量采用成熟的、易维护、耐久性好、可靠性高、容易更新的应急产品设备，帮助驾驶人辨识危险、避开危险。

国内不少城市设置了隧道积水自动拦截系统，并包括传感监测系统、视频监控和AI分析系统，具备监测、预警、警告功能，但灾害条件下电子设施较容易失效。水位标尺是一种简单、直观的水深测量设施，且不受电力等条件的制约。如图10所示，美国某地在最易积水路侧，设置醒目的水位标尺；英国某地在路侧设置警示标志，"灯闪路淹、禁止驶入"；我国也有在隧道侧壁设置水位标尺及积水警戒线的案例。因此，建议如下：

隧道出入口、隧道中部设置水位标尺，建议每500m设置一道，隧道内与紧急停车带协同设置，确保隧道内外驾驶人能准确感知水位高度及变化；

水位标尺采用荧光铝背基高等级反光膜，确保低照度下的可视性。

a) 美国水位标尺

b) 英国水位警告标志

图10　水位标尺使用实例

总结：

城市长大隧道由于不良的线形条件及出入口光照环境等特点，加之应急车道、紧急停车带、紧急停车道缺失、行人逃生通道不足、应急诱导不足，一旦发生灾害及事故后，易造成群死群伤。

城市长大隧道交通安全应急设计应充分考虑交通参与者的需求，路权、人因、驾驶任务应为应急改善中最先考虑的需求，其次是应急交通管理需求，然后是工程建设养护需求，最后是应急产品设备更新需求。

城市长大隧道交通安全应急设计应首先确保交通参与者的应急路权，以便确保在紧急事件下的行人疏散逃生；其次为车辆的应急路权，确保突发事件下车辆的紧急停靠或应急通行。

扫一扫查看原文

结合国内外的案例及成功经验,建议城市长大隧道增设:①紧急停车带(紧急停车道)或应急车道;②直通路面的向上逃生梯及一侧高路侧检修道;③隧道内外可变信息板、车道指示器、应急广播系统;④隧道路段水位标尺;⑤提升安全措施宣传与个人应急逃生能力培训等。

美国对于隧道应急管理有哪些规定

梁康之 美国资深交通工程师

根据美国联邦公路管理局(FHWA)和联邦捷运管理局(FTA)的数据,美国共有350多条公路隧道。很多隧道是在公路发展时期建造的,第一个发展时期是在20世纪30到40年代,大萧条时期公共工程计划的一部分;第二个发展时期是在20世纪50到60年代州际公路系统的建设过程中。其中约40%已有60多年的历史,约5%已经超过了100年的服务年限,许多超过了预期的设计使用寿命。在隧道自身老化和交通量不断增加的情况下,需要进行例行检查,确保公共道路上的隧道保持安全状态,并提供可靠服务。

2006年6月,美国联邦公路管理局组织有关技术人员对欧洲几条隧道进行了实地调查,了解更多有关隧道应用的设计和运营管理理念,评估了若干创新设计和应急管理计划。作为欧洲调查的结果,团队对隧道提出了以下9项建议:

(1)为逃生路线开发通用、一致且更有效的视觉、听觉和触觉标志。

(2)为现有和新隧道制定美国国家公路交通运输协会(American Association of State Highway and Transportation Officials,AASHTO)的设计和运营指南。

(3)研究制定包含人因工程(Human Factors)的隧道应急管理指南。

(4)开展驾驶人应对隧道事故的教育。

(5)评估智能事故检测系统和隧道智能视频的有效性。

(6)制定隧道设施设计标准,以促进驾驶人最佳驾驶状态和事故响应。

(7)探讨启动应急响应的一键式系统和确定响应的自动传感器系统。

(8)运用风险管理的方法对隧道实施安全检查和维护。

(9)实施发光二极管(LED)照明,确保安全车距和隧道边缘划定。

美国联邦公路管理局也制定了国内的发展政策:

为公路隧道制定标准、指南和最佳实践。

为每个隧道设施制定独特的应急响应系统计划,其中考虑到人的特性、设施通风和火灾缓解。

与隧道业主共同制定和分享检查细则。

在设计阶段要考虑检查和维护操作。

为道路隧道的安全和高效运营制定具体规范。

隧道应有长期保证的资金，用于预防性维护、系统升级以及操作员培训和聘用保证。

共享行业内现有隧道设计的技术知识。

提供隧道设计与施工方面的教育培训。

下面介绍部分美国联邦公路管理局为确保公路隧道安全运行制定的具体规定。

一、公路隧道运行净空

美国联邦公路管理局2009年出版的《公路隧道设计与施工技术手册——土建要素》（Technical Manual for Design and Construction of Road Tunnels — Civil Elements）中对设计提出要求，第2.3节，运行净空：公路隧道横断面必须能够容纳水平和垂直交通净空，以及其他所需要求。典型的横断面（图1）包括：行车道、路肩、人行道/路缘石、隧道排水、隧道通风、隧道照明、隧道管道和电力、消防供水管道、软管卷盘和灭火器柜、车道上方的信号和标志、闭路电视监控摄像头、紧急电话、通信天线及设备、有害排放物和能见度的监测设备、低位的紧急出口照明标志（在发生火灾或烟雾情况时可见）。

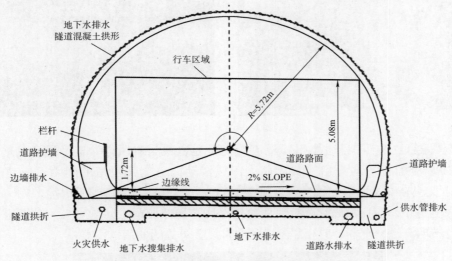

图1 公路隧道典型的横断面

二、紧急出口通道及紧急出口设置

《公路隧道设计与施工技术手册——土建要素》第2.4.3节，人行道、紧急出口通道：尽管行人通常不允许进入公路隧道，但公路隧道中需要人行道来提供紧急出口和维修人员的通道。美国国家公路交通运输协会（AASHTO）出版的《公路与街道几何设计政策》（A Policy on Geometric Design of Highways and Streets, 2018）第7版建议：对于长度小于200ft❶（60m）的短隧道，人行道的最小宽度可能为3.5ft（1.1m）；在长度为200ft（60m）或更长的长隧道中，人行道宽度必须至少为4ft（1.2m），每200ft（60m）应有交

---

❶ 英尺，1ft=0.3048m。

会路段，宽度至少为5ft（1.5m）。在路肩区域之外凸起的，或用路缘石分割的人行道用于紧急出口，并建议将安装凸起的护栏来防止车辆装载物损坏隧道墙壁饰面或隧道照明灯具。此外，《公路隧道、桥梁和其他有限出入高速公路的标准》（NFPA 502 – Standard for Road Tunnels, Bridges, and Other Limited Access Highways）要求横跨通道内的紧急出口走道的最小净宽为3.6ft（1.12m）。

第1.3.6.1节，紧急出口：应为使用隧道的人员提供有固定间距通往避难场所的紧急出口。在整个隧道中，应提供功能齐全、标记清晰的逃生路线，以备紧急情况使用。如图2所示，出口应有明显标记，在逃生路线到逃生出口的距离不应超过1000ft（300m），并应符合最新的NFPA 502要求。紧急出口提供通向安全、可靠的地点，紧急出口走道应至少有3.6ft（1.12m）宽，并应防止面向迎面驶来的车辆。指示到最近逃生门的方向和距离的标志应有合理的间隔（100至150ft，30.48至45.72m），安装在紧急走道上方，在紧急情况下是可见的。紧急逃生路线应有足够的照明，与应急电源系统连接。

图2　紧急出口标识

在双管隧道中，可将通往相邻隧道的交叉通道视为避风港。交叉通道的防火等级至少为2h，应配备双向开启的自闭防火门或滑动门，交叉通道的间距不应超过656ft（200m）。应在交叉通道的每一侧提供至少3.6ft（1.12m）宽的应急走道。

在长隧道中，应为故障车辆提供紧急停车区（局部加宽，见图3）。一些欧洲隧道还设置紧急转向车道，车辆转向相邻隧道（通常设置可关闭的门）。

图3　隧道紧急停车区

三、应急响应和事件管理

美国联邦公路管理局2015年出版《隧道运营、维护、检查和评估（TOMIE）手册》（Tunnel Operations, Maintenance, Inspection, and Evaluation（TOMIE）Manual）中的2.4节，应急响应和事件管理：隧道中可能会发生需要立即采取行动的紧急情况，例如火灾、燃料泄漏、危险材料泄漏、地震、洪水、岩石滑坡、山体滑坡、恶劣天气和犯罪行为。应建立预案程序，以便能够及时处理紧急情况。某些事件可能需要立即联系应急响应人员（消防、警察和公用事业公司）。其他较轻事件可能由隧道设施人员处理。应定期针对诸如停电、车辆事故、超高车辆撞击、危险货物泄漏、紧急疏散等对隧道设施有威胁的情况进行演练。

1. 火灾

《隧道运营、维护、检查和评估（TOMIE）手册》第2.4.2节，火灾：火灾事故通常需要采取紧急通风措施来排烟、控制过热气体并提供可行的逃生路线。发生火灾时应考虑许多通风问题，例如烟雾的分层、增加了着火点的氧气、排出过热气体、为逃生路线加压以排斥烟雾和过热气体。为了最大限度地减少火灾事件期间潜在的通风错误，应为机械通风系统在各种情况下的操作制定操作指南。

隧道火灾可能很难扑灭，还会产生大量有毒烟雾和危险热量充满隧道，如图4所示。首要任务是快速检测，监控设备、火灾和烟雾探测器以及监控和数据采集（Supervisory Control and Data Acquisition，SCADA）系统在快速检测火灾方面发挥着重要作用。现代隧道安装有灭火器、喷水灭火系统和强水喷淋系统的保护，见图5的消防设备和无障碍逃生路线。

图4 隧道起火产生大量烟雾

图5 消防设备和无障碍逃生路线

火灾发生时应立即通知消防支持人员和其他急救人员。但在紧急救援人员到达现场前，应鼓励自救。事故现场前方的车辆应按行驶方向驶出隧道。隧道内被困在火灾和事故车辆后面的人通常必须步行撤离。设置在墙壁上的标志、声音信息和灯光将引导逃生者到指定的通道、安全门、逃生路线和避难区，降低人员伤亡。显示到最近紧急出口的方向和距离的标志已被证明是最有效的。相关规范可从世界道路协会（Permanent International Association of Road Congress，PIARC）和美国国家公路与运输权威协会（AASHTO）获得，这些机构正在研究在模拟的紧急情况下标志的有效性对用路人行为的影响。

2. 洪水与排水

《隧道运营、维护、检查和评估（TOMIE）手册》第1.3.6.1节，洪水：洪水是由于大雨、河流溢流、水位上升和波浪高度增加、大坝或堤防破裂以及水管破裂而从入口处进入隧道造成的。为防止供水和下水道供应管线发生洪水，应定期检查隧道附近的公用设施。大多数隧道都有防止洪水的泵水系统，但当洪水迅速进入隧道时，仍有可能发生隧道洪水。一些隧道在入口处安装了防洪闸门，防止极端天气的洪水，图6为隧道防洪闸（左）和发生洪水事件的照片（右）。在预计将会发生洪水时提前关闭隧道，以免危及使用隧道的人员。隧道设施人员应准备好对潜在的洪水事件做出快速响应，最大限度地减少对隧道设备和系统的损坏和人员伤亡。

a) 隧道防洪闸　　　　　　　　　　　　b) 隧道发生洪水事件

图6　隧道防洪

洪水事件发生后，应检查隧道周围的防护堤和斜坡，可能会因水饱和而不稳定。必须检查隧道设备功能系统，确保正常工作。电力系统可能会被洪水破坏，特别是被盐水浸泡。在重新进入隧道之前，还需要评估是否有触电的可能性。

公路隧道的运营以大众出行的安全为重中之重，还应提供可靠的服务水平。由于隧道是资源密集型的，应该由具有明确职责范围的称职人员操作。操作程序应适合隧道设施的所有要求。隧道设施的应急响应要适当解决各种情况，并充分考虑关闭隧道的后果。因此为隧道制定健康和安全计划非常重要。

《公路隧道设计与施工技术手册——土建要素》第2.4.4节，隧道排水要求：公路隧道必须配备排水系统，包括管道、渠道、集水坑/泵、油/水分离器和控制系统，安全可靠地收集、储存、分离和处置隧道中可能会聚集的液体和污水，处理地表水和渗漏水。排水管线和污水泵的尺寸应适合水侵入和消防要求。设计的管线应有隔离设施，不会在火灾时通过排水系统蔓延到相邻的隧道中。出于安全原因，不应使用PVC、玻璃纤维管或其他可燃材料。污水坑应配备收集和去除固体杂物的陷阱。应设置集砂器以及油和燃料分离器。在确定集水坑的大小时，可以假设火灾和风暴不会同时发生。污水坑和水泵应位于隧道的低点和入口处，以处理可能流入隧道的水。污水坑的大小应与排放泵的占空比相匹配，流入量不会导致污水坑容量过载。设计的污水坑应能够定期清洁。

混凝土护栏主要型式及设计原理

徐耀赐　台湾逢甲大学运输科技与管理学系所副教授

道路工程中使用的混凝土护栏种类众多，依设计速率、设计车辆、道路等级、几何线形等各条件而异。在各式混凝土护栏中，最负盛名的是新泽西混凝土护栏（New Jersey Concrete Barrier，New Jersey Safety Shape Concrete Barrier，简称Jersey Barrier，NJ Barrier）及其后来衍生的其他较新型式混凝土护栏。时至今日，在各式混凝土护栏中，新泽西混凝土护栏及其后续衍生的改良式护栏（尺寸稍有不同，安全设计理念相同）是全球各式混凝土道路护栏使用量最大者，对道路交通安全贡献极为卓著。

一、新泽西混凝土护栏

1. 研发背景源于高发的道路交通事故

新泽西混凝土护栏于1950年由位于美国新泽西州的斯蒂文斯理工学院（Stevens Institute of Technology）最早开发，经一连串理论分析、实车撞击测试与安全验证，最终正式尺寸于1959年经由美国联邦政府运输部（US Department of Transportation，US DOT）认可确立。

第二次世界大战结束后，美国境内高速公路建设如火如荼，其累积高速公路里程举世无双，但也衍生出众多道路交通事故，付出极大社会成本。基于此，美国政府对高速公路车辆肇事问题的研究经年不断，其中，为避免高速公路相邻对向车道车辆正向对撞，研究在道路中央分向带较窄无法进行植栽的地区，设置双倾斜面混凝土护栏，以达到避免或减轻车流对撞事故的效果。经研究及实地设置在高速公路的比较资料显示，效果极为良好。美国联邦公路管理局（Federal Highway Administration，FHWA）由50个州的应用与试验得到以下结论："由试验与经验显示，双倾斜面混凝土护栏的性能明显优于其他型式护栏"。

新泽西州是美国最先使用此种混凝土护栏的，因此工程界以新泽西混凝土护栏通称，图1为其横断面示意图。该州曾在1949年以车祸统计方式统计其使用成效，在某一交通量每天高达60000~70000辆的公路上，未装设该护栏之前3年内有11人死于对撞车祸；装设后，再无对撞事故和死亡事件发生。可见此种混凝土护栏完全隔离区分对向车流的效果极佳，可有效避免相邻对向车流产生对撞事故。

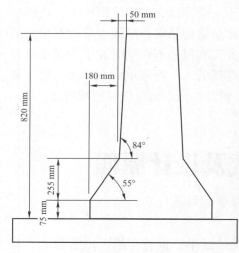

图1 典型双面防护式新泽西混凝土护栏

美国加利福尼亚州（California）是美国最先采用混凝土护栏之一州（1946年），但当时仅是单纯考量以坚硬耐撞的混凝土连续块状结构取代早期木制护栏。当新泽西混凝土护栏知名度大增，拦阻与导正车辆功效倍受肯定后，该州于1957年也开始针对新泽西混凝土护栏进行一连串试验，并得出结论：此种护栏为相当理想的狭窄型分向岛，能有效改变碰撞车辆的前进方向，车辆爬升后会因为重力关系下滑至路面而不致受损或受损极小，仅在护栏侧面留下轮胎擦痕，而护栏本身不受损坏。此种护栏比以往使用的金属护栏可节省相当可观的养护费用，混凝土护栏不易因车辆撞击而破坏毁损，但金属护栏易被撞凹损且易锈蚀（例如未热浸镀锌处理的），修复成本高。

2. 力学考量重点在于充分利用能量转换原理

新泽西混凝土护栏的设计内涵在于充分利用能量转换原理（Energy Transformation Theory），即将高速行进车辆造成的冲击能量（Impact Energy）经由护栏倾斜面转换为位能（Potential Energy），进而有效降低事故严重性，车辆外壳钣金可能有毁损，但是车内乘员承受的冲击力将大为降低。

整体而言，新泽西混凝土护栏的特殊功能可归纳如下：

体积、结构强度与质量都非常大的混凝土护栏可有效在极短时间内承受车辆撞击能量，而护栏本身不至于破裂毁损。

混凝土护栏面向行车道的两个倾斜面（即迎撞面）可快速逼使撞击车辆速度下降，能正面助益降低事故严重性。

在某撞击角度前提下，发生撞击车辆产生的冲击能量能被有效转换成位能。车辆虽因高速冲击护栏而沿倾斜面爬升，但是车辆也因本身重力的原因，可由护栏倾斜面下滑至路面，车辆还有较大机会可安全返回原来行车路径，即此种护栏具有导向功能。

图2为车辆撞击新泽西混凝土护栏时，轮胎爬升致摩擦护栏倾斜面而造成痕迹的实例。冲击时车速越快，爬升高度越高。

新泽西混凝土护栏底部3in❶（7.5cm）垂直面主要目的在于提供护栏与路面间的清晰界面，同时兼具吸收铺面刨除重铺时的空间与收集路面横向排水的功能。车辆撞击7.5cm高垂直面的效应如同车辆撞击7.5cm高垂直式缘石。此7.5cm垂直面在车辆冲撞时也可吸收小部分冲击能量，例如车速快，冲击角度大，由于冲击能量较大，车轮在撞击垂直面后极可能沿着下倾斜面往上爬升，但是因为车辆质量大，车辆最终须沿着倾斜面下滑至路面。当然，如果冲击能量大于垂直面与下倾斜面可吸收的总位能，此时车轮将爬升至上倾斜面，其倾斜角度更陡（84°），且倾斜混凝土表面对轮胎而言十分光滑，因此车

---

❶ 英寸，1in=0.0254m。

轮继续爬升的机会微乎其微，车辆终将因重力而下滑至路面，这是新泽西混凝土护栏可完全阻止车流跨越至对向车道而发生与其他车辆对撞的理论依据。

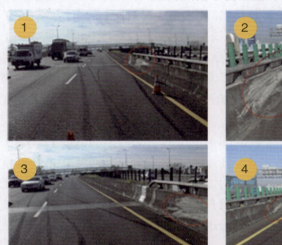

图2　车辆撞击新泽西混凝土护栏遗留的擦痕

我国台湾地区采用的新泽西混凝土护栏在底部垂直面处通常高7.5~10cm。从防撞性能与吸能效果而言，将底部垂直面由7.5cm提升至10cm对新泽西混凝土护栏耐撞、原始车辆撞击能量转换为位能的功能应无影响或仅有所增强。

某些情况下，为了达到行车道路面横向排水功能，可每隔一段距离施作一开孔，例如位于曲线弯道的内侧（曲率半径较小者）。但是开孔的高度不宜延伸至下倾斜面，即排水孔高度最多只可与护栏底部垂直面同高，以免妨碍甚至破坏新泽西混凝土护栏的正常功能（图3）。

a) 正确　　　　　　　　　　　　　　b) 错误

图3　新泽西混凝土护栏底部开孔

二、衍生的其他型式护栏

1. F型混凝土护栏

新泽西混凝土护栏研发采用的原始尺寸参考GM Type Barrier而来，见图4a），其中

GM是美国通用汽车General Motor的简称，下倾斜面由原来13in（33cm）减至最终定案10in（25.5cm）。

新泽西混凝土护栏最重要设计参数是底部7.5cm垂直面及上、下两倾斜面（下层倾斜角度为55°，高度10in，即25.5cm；上层倾斜角度为84°，高度19in，即48cm）转折点与护栏底部垂直面顶点的距离。当小汽车以某一冲击角度侧向高速撞击新泽西混凝土护栏后，车辆前轮会急速接触护栏垂直面，然后紧贴下倾斜面快速爬升，当爬升高度越高，随着小汽车高速继续前进，车辆侧倾（轮胎撞击护栏一侧高，另一侧低）程度剧增，其往路面侧翻（内翻）的机会越大。

基于此，美国联邦公路管理局（Federal Highway Administration，FHWA）又主导进行原新泽西混凝土护栏断面研究改良，将上、下两倾斜面转折点离护栏底部垂直面顶点距离由10in（25.5cm）与7in（18cm）等尺寸，制造编号A至F的各式预铸混凝土护栏，然后进行一系列实车撞击试验，最后确定编号F的效果最佳，因此工程界称为"F型混凝土护栏"，简称F型护栏（F-shape Concrete Barrier），图4c）为其横断面。

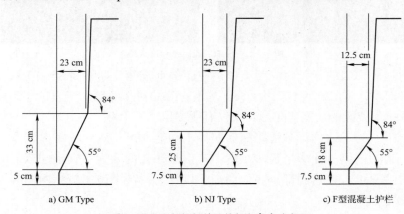

图4　混凝土护栏倾斜面转折点高度的变化

经FHWA及相关研究单位实车撞击试验结果证实，F型护栏耐撞或吸能效果比传统新泽西混凝土护栏更佳，同时也可更有效降低小汽车冲撞护栏时的翻覆几率，主要原因在于F型混凝土护栏下倾斜面高度只有7in（18cm）。现今新辟道路都以F型混凝土护栏取代较早期的新泽西混凝土护栏，随着F型混凝土护栏问世，新泽西混凝土护栏已正式步入历史。有些道路主管机关甚至通令今后不准再使用新泽西混凝土护栏，例如我国交通运输部及美国大部分州政府。

2. 单斜率型混凝土护栏

传统新泽西混凝土护栏与后续研究改良F型混凝土护栏都有3个斜率的表面，即高度7.5cm底部垂直面与倾斜角55°、84°斜面。当道路沥青铺面刨除重铺后，底部垂直面高度可能改变，改变量如太大可能破坏原护栏迎撞面撞击吸能、缓冲机制。因此有些道路主管机关（例如美国得克萨斯州、澳大利亚）索性将多斜率表面改为单斜率型混凝土护栏，图5b）为典型例子，此断面由美国得克萨斯州运输局（Texas Department of Transportation，TX DOT）开发定案。

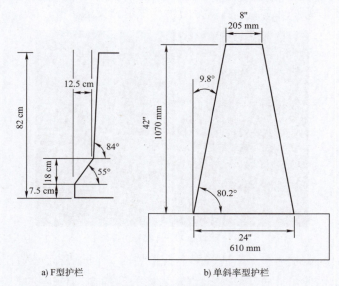

a) F型护栏　　　　b) 单斜率型护栏

图5　F型与单斜率型混凝土护栏差异

单表面斜率混凝土护栏与F型混凝土护栏一样都具有优异的耐撞功能与吸收车辆撞击动能的功效，且单斜率护栏表面斜率不会因沥青路面刨除重铺而有所改变，因此单斜率型混凝土护栏在新设道路工程中也极获青睐。此外，随着车辆动力与尺寸越来越大，为进一步保证车辆不至于跨越护栏，单斜率型混凝土护栏的高度提高至42in（107cm）。这高度是根据一连串实车撞击试验确定，比传统新泽西混凝土护栏高约10in（25cm）左右。

3. 混凝土、钢管组合式护栏

混凝土、钢管组合式路侧护栏指护栏下方为钢筋混凝土基座，上方是钢管（可能圆形或矩形钢管），图6是圆钢管组合式护栏典型案例。

图6　典型圆钢管组合式护栏

钢管护栏下方混凝土基座应具有连续性，即使为了路面横向排水效率，其开口也应仅局限于基座下方，不得破坏混凝土基座连续性，图7为典型错误案例。完全断开的混凝土基座对路面横向排水效率可能有助益，但却极易造成车辆轮胎的"绊阻效应"（Tire Snagging），即驶离行车道的车辆一旦撞击此开口，轮胎易塞进此开口中，致使车辆瞬间减

扫一扫查看原文

速度太大，易造成车辆瞬间弹跳、侧翻，衍生严重道路交通事故。

图7　混凝土基座开孔错误案例

图8也是极为错误的例子，凡是采用钢管护栏时，钢管表面必须比混凝土基座更靠近路面，因为当车辆撞击此种护栏时，钢管表面为迎撞面，可提供摩擦、拦阻车辆的功能；此外，基座全纵深开口也可能造成"绊阻效应"。

图8　钢管表面应比混凝土基座更靠近路面

混凝土护栏功能发挥的影响因素

徐耀赐　台湾逢甲大学运输科技与管理学系所副教授

一、混凝土护栏拦阻功能的发挥受坡面与高度综合影响

任何型式的混凝土护栏迎撞面受车辆撞击时能否发挥预期拦阻功能，主要取决于三大重点，即"三度"：

单位长度混凝土护栏的"劲度"，或称"结构强度"。

混凝土护栏面对行车方向迎撞面的坡度。此坡度可能是单一坡度或多重坡度，不同护栏存在差异，通称为"坡面"。

混凝土护栏高度。高度不足，车辆撞击护栏时，跨骑与往护栏外翻覆（外翻）的机会大增。

1. 护栏结构强度

混凝土护栏结构强度最基本要求是当车辆撞击护栏时，混凝土护栏本身不得破裂、毁损，更不得崩解。具体来说，车辆绝不可因撞击而穿刺、穿透或毁损混凝土护栏。

为保证混凝土护栏能够承受车辆撞击，工程实务上都以"降伏线破坏分析"（Yield Line Failure Analysis）理论作为基础，保证混凝土护栏极限强度可承受车辆侧向冲击力，此理论在混凝土结构力学分析中已被证实可行且已广泛应用于各式混凝土护栏的撞击能力分析中，例如美国《公路桥梁设计规范》（AASHTO）中桥梁混凝土护栏设计都是依托于此理论。

除了混凝土本身具备合格抗压强度外，混凝土护栏结构中一定有数量足够且抗拉强度、握裹强度都符合规范要求的竹节钢筋，加上降伏线破坏分析理论已极成熟，因此道路工程实务中，除非情况特殊，混凝土护栏受车辆撞击时，护栏表面可能有些微刮痕或微小坑洞，全盘性破坏崩解致使车辆全然穿透护栏几乎不可能发生。图1是不合理桥梁混凝土护栏损坏模式，纵横双向钢筋的布设明显不足。

图1 不合理桥梁混凝土护栏损坏模式

2. 护栏坡面

图2为4种不同坡面的混凝土护栏，图2a）是道路工程界最早期采用的直壁式混凝土护栏，迎撞面与路面垂直。在结构强度与高度良好的前提下，这种护栏对车辆的拦阻能力最强。同时因迎撞面垂直的原因，在车辆撞击条件（车重、车型、撞击角等）都相同的前提下，车辆与此种护栏迎撞面接触时间最短，但此种护栏撞击历程，由撞击开始至车辆完全停止的过程）太短，无法提供吸能、缓冲机制，车辆撞击时减速度较大，例如

车速瞬间由100km/h剧降至10km/h，甚至瞬间停止。减速度越大，对车内驾乘人员伤害越大，因此高、快速公路绝不可设置直壁式混凝土护栏。

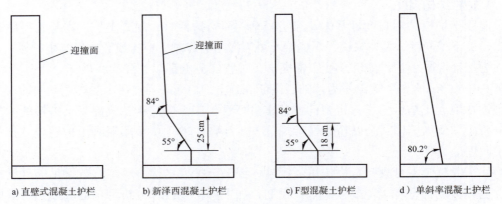

图2 不同坡面混凝土护栏

与直壁式混凝土护栏比较，斜坡面混凝土护栏可延长撞击历程时间，车辆轮胎沿斜坡面爬上，而后因车辆本身重力下滑至路面，消耗车辆的冲击能，斜坡面混凝土护栏具有明显的缓冲、吸能效果。混凝土护栏斜坡值背后有其实质意义，这些坡度是经过一系列理论分析与实车撞击试验得知的结果，因此其吸能、缓冲效果毋庸置疑。

3. 护栏高度

传统新泽西混凝土护栏、F型混凝土护栏原始高度都为82cm（32in），但在迎撞面不改变的前提下，护栏底座宽度与护栏高度可根据设计所需调整，其高度可与单斜率型混凝土护栏高度一致，即将原82cm（32in）调高至107cm（42in）。

图3是当车辆以高速撞击混凝土护栏迎撞面时，可能发生的车辆运动状态为三维度空间动态：弹跳，针对车辆行进方向上方垂直向，易造成车辆摇摆现象，车速越快，车头弹跳越高，车辆摇摆程度越复杂。波动，车辆撞击后在行进方向的不稳定行为，可能导致车辆左右两侧有明显高低差，甚至快速翻转。侧移，由车辆撞击护栏造成的侧向反弹力所导致，可能导致车辆腾空而被抛飞。

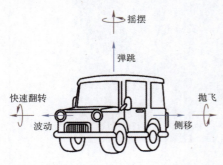

图3 车辆撞击护栏时可能发生的运动状态

当车辆撞击护栏发生弹跳现象时，速度越快，冲击能量越高，弹跳高度也越高，此时若护栏高度不足，则车辆可能骑跨护栏上，甚至翻覆于护栏外。

混凝土护栏立面不可太低，因其可能无法发挥拦阻车辆的功能，但也不宜过高，徒增工程费用，甚至有碍景观美感与妨碍视距。一般来说，结合设计功能所需与考量设计车辆及护栏防护等级，合适的混凝土护栏高度通常可参考有公信力的设计规范来决定。

需要注意，前述车辆撞击护栏后的运动状态仅针对车辆撞击混凝土护栏面对行车道的迎撞面而言。

二、刚性护栏特性及适用性

从护栏单位长度的结构劲度而言,前述新泽西混凝土护栏、F型混凝土护栏及单斜率型混凝土护栏都属于刚性护栏。

1. 刚性护栏优缺点

刚性护栏具有特定的断面形式,单位长度质量大,受车辆撞击时不至于发生明显变形,最常见为混凝土制,如前述各种连续墙式结构的钢筋混凝土护栏,适合于场铸、预铸吊装与现场扣件相互连接。主要存在以下优缺点:

优点:刚性护栏对防止车辆驶出路外、防止与对向车流产生正面对撞的效果极佳,且因受车辆撞击后的变形微乎其微,如有受损仅止于表面擦伤,长期而言,其养护维修费用极低,符合生命周期成本最小化的理念。

缺点:当车辆与刚性护栏撞击角度越大,车辆瞬间速度剧减量越大,例如25°以上,则其对车辆与乘客的伤害越严重。此外,连续墙式刚性混凝土结构可能造成路面横向排水功能不佳,且视线通透性较差,对道路整体景观较易有负面影响,对长途驾驶人的心理压迫感较大。

2. 刚性护栏适用性

刚性混凝土护栏适用于双向车流量都较大的路段,例如:高速、快速公路的中央分向带或分向岛;也适用于山区道路几何线形复杂路段外侧,或路侧为悬崖深沟等车辆驶出易有严重事故路段,不过山区道路雨量较大,山区道路的排水功能不得因设置刚性混凝土护栏而受影响。

刚性混凝土护栏景观性与环境协调性较差,强调景观功能与环境和谐的道路应谨慎采用。此外,刚性混凝土护栏易阻碍积雪清除,易下雪地区宜避免采用。

不论是早期研发的新泽西混凝土护栏,还是较晚新研发的F型混凝土护栏或单斜率型混凝土护栏,其原始开发适用对象都是针对四轮或以上机动车,因此其对仅有前后双轮的摩托车防护效果较为有限,尤其对快速冲撞护栏的摩托车并无实质拦阻功用。其主要原因是摩托车撞击混凝土护栏时,摩托车虽可被拦下,但因车速骤减,驾驶人极易被弹飞,造成致命性伤害。此外,自行车也是如此,不过自行车速度较低,造成的伤害也相对轻微。

扫一扫查看原文

自行车道并非越宽越安全

官 阳 3M交通安全系统部首席交通安全教育与政策联络官

一、为什么自行车道不宜过宽

自行车也是车辆,骑行也是一种高速运动状态(可以超过30km/h的自行车很多,美国的自行车道设置规范在顺风和下坡方向要考虑40km/h的停车视距），所以自行车道设计时也需要识别视距参数、运动轨迹参照坐标和行驶空间的合理宽度。

为了能确保效率和安全，自行车也需要排队行进，而不是毫无规则地你追我赶，否则在交叉口位置就会造成多点冲突，增加机动车驾驶人和骑车人的操作难度。在这方面，可以辅助思考的例子是田径的短跑和长跑比赛（图1）。为什么短跑需要分跑道，而长跑不需要呢？因为人在高速运动时非常需要提前判断运动轨迹坐标，与障碍物或者同行者保持横向间距，在突然加速时，人体还会因为左右肢体轮流发力而出现摆动。所以，有大脑和眼睛参与的运动，速度越高，对各行其道的要求就越高，越希望避免横向干扰，因为需要在更短的时间里判断前进的轨迹，不提前预判就来不及了。而速度慢了，距离拉长，人们可以调整轨迹和速度、避免冲突的条件会从容很多，此时最危险的是变速超越。所以竞赛规则制定了跑道的概念，也制定了超越的规则——这和自行车流的控制逻辑很像。

图1　不分跑道的田径长跑和分跑道的短跑

图2所要展现的就是在交叉口直行时的自行车（蓝色箭头）与右转弯机动车（黑色箭头）的冲突点：可以看到，一辆右转机动车一次遇到一辆自行车做交织，冲突是1×1；遇到两辆就是1×2，不应该让一辆机动车右转弯时遭遇$1\times N$的困境，而是做1×1、顶多是1×2的有序设置，再多了就会严重影响通行效率，增加事故几率。所以自行车道不是能多宽就多宽，而是要精打细算其宽度，而且自行车道要画明确位置和车道线。

图2　交叉口直行时自行车与右转机动车的冲突点（图片来自王德林）

图3是自行车直行通过交叉口时车道理想的施划方式，双雪佛龙箭头加自行车标识表示这里是机非混行空间，自行车拥有优先权。这条车道的关键就是不能太宽，如果是两三辆自行车几乎并排行进，那将导致更多的冲突点，加大风险，降低安全和效率（除非有专用信号灯禁止机动车右转）。图4展示了更多机非共享空间内各种标识的含义和用法。

图3　自行车直行通过交叉口时车道理想的施划方式（美国）

图4　机非共享空间内各种标识的含义和用法（美国）

对于高速运动的物体来说，最有价值的宽度是与运动线路上的威胁保持距离，并不是多人的并驾齐驱。所以无论是行进中的骑车人还是临侧的机动车驾驶人，会希望旁边有一个缓冲区来降低干扰和压力感受，一般骑行人会选择与道外最近的障碍物保持0.8~1m的距离，这也是自行车骑行时需要考虑的有效宽度。如果自行车道基础宽度是1.2~1.5m，外侧再有0.8~1m的隔离区，是更理想的自行车道设置方式，而不是只用一条0.15m宽的标线分割机动车道和自行车道，错把隔离空间用来加宽自行车行车道。下面列举几个国外自行车道设置实例。

图5中路侧机动车停车位和缓冲标线区再加上弹性柱组成了保护自行车道的组合措施（美国）。

图6中自行车道放在了机动车道和快速公交车出租车专用道之间，两侧做了缓冲区，这样自行车几乎可以用与机动车同样的速度排队快速行进（美国）。

图7中双向自行车道外侧的弹性柱和绿色路面强调了路权界限（美国）。

图8为居住区小路上很窄的单侧双向自行车道（英国）。

图5　自行车道保护措施实例（美国）

图6　包含缓冲区的自行车道设置实例（美国）

图7　强调路权界限的自行车道设置实例（美国）

图8　居住区自行车道设置实例（英国）

通过在路上观察不难发现，在通勤和带着任务的骑行里，很少有人能在长途骑行中保持并排行进，其中一个原因是人体存在个体差异，保持并排骑行对于体力和精力消耗会更大，行驶效率更低，这种并排骑行只能发生在休闲类骑行中，而且也只能保持大致并排，速度稍微一高基本会是你追我赶的形式更多。事实上，在一些海外的机动车驾驶的安全训练里,会要求驾驶人尽量避免在多车道道路上与其他车辆并排行进,因为这样会影响驾驶人对车道外的危险情况的观察能力。所以在主要以通勤为目的的路网中,自行车道的宽度不宜过大,过宽的自行车道将在每一个交通节点上面临驾驶任务负荷骤升的局面,形成"秩序黑洞"。通常情况下,如果考虑自行车流量很大和有两人并排骑行或者频繁超车需要(这个决策因素应该实地调研和统计观察而不是凭想象),2.5m的车道宽度是合适的,剩余的空间应该作为隔离区而不是车道,这样可以提高骑行舒适度、速度和安全。而且只要是双车道配置,就应该有车道线,并在路口强化车道概念,设置标志提示骑行者车道使用规则为左快右慢,告知如何超车,提示自行车应该在车道内排队行驶,这与田径赛场跑道需要画线,短距离冲刺项目需要严格遵守跑道边界的道理是一样的。

二、如何解决直行自行车和右转机动车冲突

关于宽度的话题说清楚了,也大致就可以理解为什么交叉口位置直行自行车与右转机动车的最佳交叉方式是让右转机动车提前右转了,图9为经常在海外资料里看到的示意图。

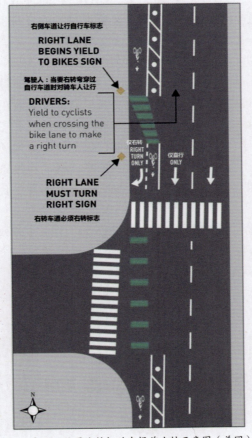

图9 交叉口位置右转机动车提前右转示意图(美国)

专业人士首先要建立的是交叉口位置驾驶任务负荷的概念。在交叉口区域里，驾驶人本身要面临的驾驶任务负荷就是沉重的。图10展现的是在一个上下都只是单车道的交叉口和环岛存在的冲突点。

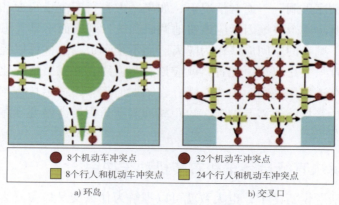

图10 环岛和交叉口存在冲突点示例

这些冲突点都不是独立存在的，也不是只在冲突点才需要进行操作，而是需要驾驶人提前预判：观察和察觉任务，判断距离和速度，判断环境和额外风险，选择正确方式、路径进行回避，然后再进行操作，并且要根据对方的反应进行调整。人在高速运动中，能同时处理的任务一般无法超过3个，而这个判断的距离需要多长呢？首先要看车速，如果60km/h，1s前进17m，识别视距需要10.5~14.5s；如果时速下降一半，为30km/h时，这个距离也要约100m；如果按照最基本的人因理论的识别视距需要6s，也需要50m左右。在路况复杂的城市道路里，驾驶人在交叉口之前要处理的任务众多，为了保证处理质量，人们基本会选择提前减速。加之这些冲突点的位置和影响范围都是动态的，难度就更大了。这也是为什么在交叉口的空间里，提前指示好轨迹，甚至会使用路面色块和特殊图形，都是为了让一些行为尽可能提前预判。提高设施的指示含义一致性和劝服力，目的都是要尽量降低一些判断难度，减少一些时间损耗，让人们的操作效率、准确性和一致性更高。

所以，最明智的选择，就是尽可能减少在交叉口内的冲突数量和冲突频率，为用路人简化操作选项，而右转机动车和直行自行车的互动，是第一个有可能先从主方向上剥离出来的驾驶任务，也就是在机动车进入交叉口前，先行把这个交织任务提前完成，这样直行自行车和右转机动车都减少了一个在交叉口内的任务负荷。图11是为什么右转机动车要和直行自行车提前交换车道位置的技术原因。

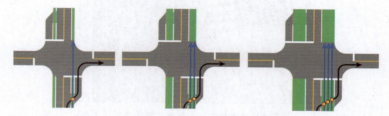

图11 右转机动车和直行自行车提前交换车道位置的技术原因（图片来自王德林）

这种提前右转的方式，因为有渐变缓冲区和警示标志的配合，可以让双方都更谨慎和安全，下面列举几个这种标志和标线的设置式样：

图12a）为提示机动车与自行车提前换道的标志，图12b）为典型交叉口前的机非换道标线（美国）。

a) 提示机动车与自行车提前换道　　　　　　b) 机动车与非机动车换道标线

图12　提前右转标志和标线设置式样一（美国）

图13为路口有外侧展宽空间的机非换道方式（美国）。

图14中使用彩色自行车道来提示路权状态，梯形线表示了混行路权（美国），在车流量大的道路上，越来越多的地方开始使用这种方式。

图13　提前右转标志和标线设置式样二（美国）

我国的自行车道上，还行驶着大比例的电动自行车和快递三轮车，车型选择困惑这里不做论述了，但要强调的是，我们的车道宽度和分配方式更需要考究，原则上不应该提供允许三辆车并排的宽度，因为这样会鼓励电动车提速从而构成很大的横向安全威胁，如果必须要设置，也要有明确的分道标线和设置使用规则提示标志，频繁提示只允许左侧超车等。在纯电动自行车（实际上是轻骑摩托车，骑手应该接受驾驶执照级别的正式训练）的车队里，靠人力骑行的自行车和电动自行车是很弱势的，要考虑隔离、保护、超越等问题，要考虑纯电动力车的高灵动的机械能力对其他交通流的冲击和影响，在必要的位置要科学地强化柔性隔离设施，以便在抑制其横冲直闯的同时降低二次伤害的程度。

自行车道重塑，在我国是个方兴未艾的话题，从自行车都市到机动车使用量快速提升，再实现自行车和机动车和平共处，交通工程任重道远。

扫一扫查看原文

图14 提前右转标志和标线设置式样三（美国）

长沙：探索创新，打造非机动车交通组织样板模式

公安部道路交通安全研究中心交通言究社

一、非机动车出行环境亟须优化

近年来，越来越多的市民选择非机动车出行，但由于城市交叉路口交通流复杂，各类交通相互交织、互相冲突，加之过往城市规划、建设和管理都侧重机动车出行，忽视了非机动车通行的路权，特别是非机动车到达路口不知道该停在哪、何时走、如何走（图1）。非机动车的交通安全和秩序逐渐成为路口交通管理的重点和难点。

a) 行人、非机动车、机动车相互交织　　　　b) 非机动车路口无序停放等候

图1　不良的非机动车出行环境

长沙作为中部省会城市，对于慢行交通特别是非机动车出行一直以来都高度重视、切实保障。一方面非机动车可以解决最后1km的出行问题，是"轨道+公交+慢行"公共交通接驳系统的重要组成部分，也是绿色出行的重要内涵，能有效缓解机动车出行带来的交通拥堵；另一方面相比机动车，非机动车具有更好的机动性、灵活性、便捷性和经济性，大量市民更愿意选择非机动车作为出行工具，截至2021年11月底，长沙电动自行车登记上牌数量已超过100万辆，优化非机动车出行环境，俨然已成为一个民生问题。

二、探索打造可复制、推广的非机动车交通组织样板模式

长沙交警秉承"确保安全、强化秩序、兼顾效率"的理念，不再一味追求机动车的通行畅通，而是重点考虑人的交通需求，突出"以人为本"，主要对路口非机动车等候区、通行区、衔接区进行精细化设计，重点明确了非机动车在路口的等候空间、通行路径、左转路权和精细化信号控制等问题，让行人、非机动车、机动车路权清晰、各行其道，有效保障了非机动车的通行安全和秩序，路口通行效率也得到了明显提升。

1. 出台设计指南从源头减少乱象

为从源头解决非机动车出行问题，2019年，长沙交警与住建部门联合发布了地方技术规范《长沙市非机动车交通组织设计指南》，解决了非机动车交通组织无章可循的问题，包括：非机动车道设置形式及要求；路段非机动车交通组织设计；出入口区域非机动车交通组织设计；公交站区域非机动车交通组织设计；交叉口非机动车交通组织设计；非机动车组合地标、等候区、导流标线、指示标牌、灯控设置及不同路口的过街形式。

下面是明确的非机动车三类重点标线的设置规范。

一是白色非机动车组合箭头：用于指示非机动车行驶方向，一般设置在非机动车行驶车道起始端和终止端（图2）。

二是蓝色非机动车导流线：用于指示非机动车行驶路径，一般设置在路口和机非混行路段用于非机动车的通行路径引导（图3）。

三是红色非机动车彩铺：用于安全警示，一般设置在路口非机动车等候安全岛、导向车道和路段非机动车专用道（图4）。

2. 样板路口改造实例

结合《长沙市非机动车交通组织设计指南》，长沙交警联合相关部门推动老城区道路提质改造，按属地原则由各区政府组织实施，确保机动车、非机动车、行人路权清晰，行停有序，截至2021年11月底，已对179个大路口进行了样板示范路口优化改造。改造的样板路口具有以下共性：均为干道节点，路口范围较大，集聚效应不强；路口空间资源设计不精细，存在未渠化或未利用空间；行人、非机动车缺少必要的交通组织，行停秩序混乱，存在相互干扰。通过因地制宜的个性化改造后，路口交通组织更加科学合理，机动车通行效率平均提升15%，非机动车交通事故平均下降10%，路口通行体验也得到了大幅提升。

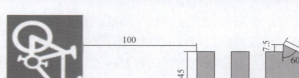

a) 路段起点非机动车组合箭头参考样式

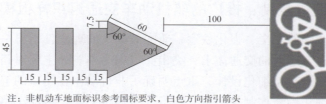

注：非机动车地面标识参考国标要求，白色方向指引箭头参考上图样式及尺寸。

b) 路段终点非机动车组合箭头参考样式

c) 现场照片

图2 白色非机动车组合箭头示意图及现场照片

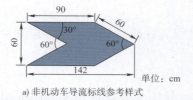

a) 非机动车导流标线参考样式

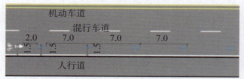

b) 机非混行道路非机动车组合箭头和导流标线设置位置参考

注：白色方向箭头和蓝色导流箭头距离道路边线1.5m。第一组导流标线距白色方向指引箭头2m设置。一般路段按7m间距设置，急弯、陡坡、公交车、停车位、路口等处按3m间距设置。

c) 现场照片

图3 蓝色非机动车导流线示意图及现场照片

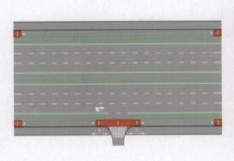

a) 示意图　　　　　　　　　　　　　b) 现场照片

图4　红色非机动车彩铺示意图及现场照片

根据非机动车在路口等候空间形式的不同，总结出了三类样板路口形式，分别为安全岛等候型、专用导向车道型、蓄水池等候型。

1）安全岛等候型

非机动车与行人均进入红色彩铺安全岛等候绿灯通行，设置非机动车停车等候区地面标线，该方式适用于非机动车流量较大路口。城区采取这种交通组织形式的有人民路蔡锷路口、湘府路芙蓉路口、麓景路麓天路口等，下面以人民路蔡锷路口为例来介绍。

优化前存在的问题：人民路蔡锷路口地处长沙市五一商圈中心区域，行人和非机动车流量巨大，路口右转机动车道和非机动车等候区域未做精细化设计，右转机动车道过宽而非机动车等候区域过小，造成路口非机动车行停秩序较为混乱（图5）。

图5　人民路蔡锷路口优化前

优化措施：右转弯车道宽度统一设置为5~6m，在规范右转弯机动车行车轨迹的同时，进一步扩大非机动车和行人等候区域。

通过设置红色彩铺安全岛进一步保障慢行交通人的通行安全，且通过设置非机动车地面标识，用于区分安全岛行人和非机动车的等候区域。

非机动车在路口采取梯队式通行,也就是路口出口安全岛外边线退让进口安全岛外边线3m,保证非机动车在路口3m以上通行空间。

通过增设蓝色非机动车导流线,进一步明确了非机动车在路口的通行路径(图6)。

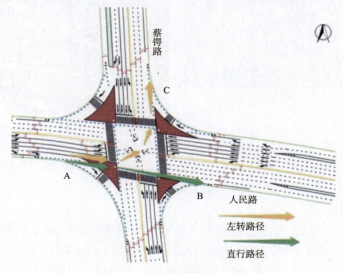

a) 优化设计图

b) 优化后照片

图6 人民路蔡锷路口优化后及渠化图

2)专用导向车道型

非机动车不进入红色彩铺安全岛进行等灯,设置非机动车专用导向车道,该方式适用于非机动车流量较小的路口。采取这种交通组织形式的有营盘路黄兴路口、湘府路韶山路口、杜鹃路西二环路口等。下面以营盘路黄兴路口为例来介绍。

优化前存在的问题:该路口为长沙营盘路湘江隧道上盖路口,交通流量较小,但路口渠化不合理,特别是非机动车标线采取二次过街设计,不符合该路口的实际交通状况,造成路口通行效率低下(图7)。

图7 营盘路黄兴路口优化前

优化措施:通过精细化交通组织,设置行人三角安全岛,将路口停车线前移,进一步压缩路口范围,南北向停车线之间距离缩短20m以上,路口通行效率大幅提高。

在路口设置非机动车专用直行和左转导向车道,导向车道宽度2m,并通过设置4~6m长红色彩铺,进一步保障非机动车通行路权。

通过增设蓝色非机动车导流线,进一步明确了非机动车在路口的通行路径。

精细化路口导向车道宽度,压缩原有导向车道,按照3~3.25m布置,并适当偏移中心双黄线,西进口增设1个直行导向车道,且东西向机动车直行流线进一步顺接(图8)。

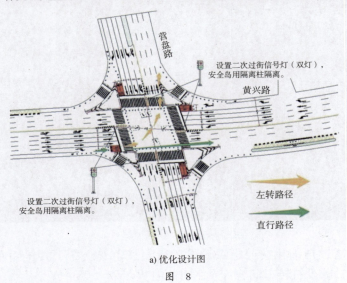

a) 优化设计图

图 8

b）优化后照片

图8　营盘路黄兴路口优化后及渠化图

3）蓄水池等候型

非机动车不进入红色彩铺安全岛进行等灯，设置非机动车专用导向车道，并在路口进口设置非机动车等候"蓄水池"，该方式仅适用单口放行路口。采取这种交通组织形式的有芙蓉路劳动路口、芙蓉路解放路口等。下面以芙蓉路劳动路口做一个典型介绍。

优化前存在的问题：该路口地处中心城区，为两条交通干道交叉路口，交通压力较大，但路口右转车道和非机动车等候区域未做精细化设计，右转机动车道过宽造成机动车和行人之间冲突较大，非机动车流量大缺少必要的渠化，路口非机动车通行秩序混乱（图9）。

图9　芙蓉路劳动路口优化前

优化措施：通过精细化交通组织，设置行人三角安全岛，并压缩右转机动车道宽度，统一设置6m，减少右转车辆与行人之间冲突。

在路口设置非机动车专用直行和左转导向车道，导向车道宽度2m，并通过设置6m长红色彩铺，进一步保障非机动车通行路权。

由于路口非机动车流量较大，且东西进口信控采取单放，在东西进口人行横道前增设非机动车"蓄水池"，进一步满足非机动车通行需求。

扫一扫查看原文

通过设置非机动车专用信号灯，并采取精细化管控，较机动车提前5s放行，进一步减少机动车和非机动车干扰，提高路口通行效率。

通过增设蓝色非机动车导流线，进一步明确了非机动车在路口的通行路径（图10）。

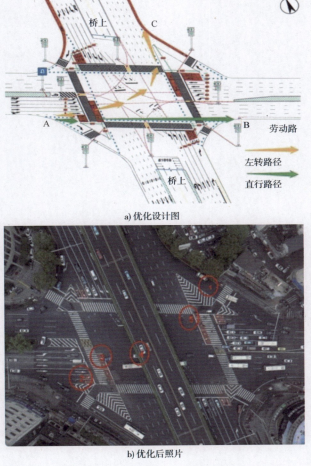

a) 优化设计图

b) 优化后照片

图10 芙蓉路劳动路口优化后渠化图

第三篇

事故处置与安全防护

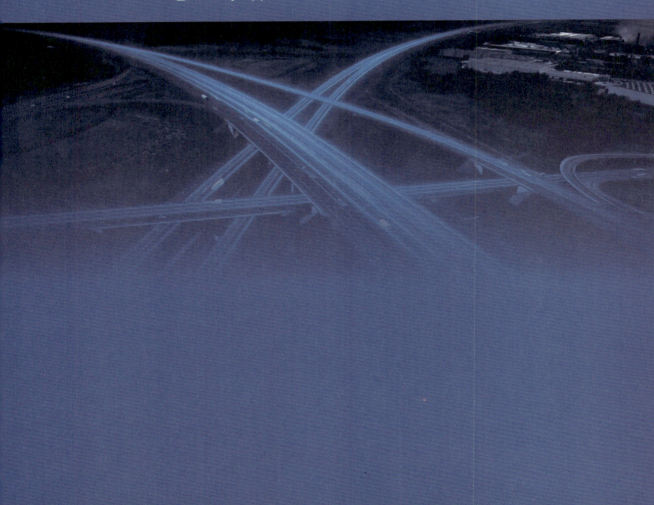

哈尔滨二环桥事故探讨（上）：
二次交通事故频发原因何在

公安部道路交通安全研究中心交通言究社

在道路上发生交通事故，如处置不当，极易引发二次事故，且后果往往更加严重，给道路交通事故预防工作带来挑战。交通言究社结合典型事故案例，围绕为何会发生二次事故、如何预防等问题，对公安部道路交通安全研究中心副主任刘艳，公安部道路交通安全研究中心副研究员巩建国，交通工程师郭敏，3M交通安全系统部首席交通安全教育与政策联络官官阳，中国道路交通安全协会副会长闫文辉，公安部道路交通安全研究中心交警系统法制人才库专家张伟进行了采访。

哈尔滨二环桥一起道路交通事故在网上引起热议：2021年3月21日20:16，一辆小型面包车在二环桥上与一辆小型客车追尾，两车驾驶人下车协商。十几分钟后，另一辆小型面包车行经事故地点，因前方事故遇阻，停车等待通行。随后一辆水泥罐车行经该路段，连续碰撞前方三辆车，并将其中两名驾驶人撞落桥下，致一人当场死亡，另一人经抢救无效死亡（图1）。

此类发生事故后引发二次事故的情况并非个例，我们来看类似的案例：

2020年4月24日23:30，深圳市宝安区龙大高速公路南行K24+400路段，驾驶人张某发生道路交通事故后将车停在车道中，自己则下车查看车辆情况、并在周围拍照留证。数秒后，同车道一辆快速驶来的车在向左躲避时撞上张某致其死亡。

图1 哈尔滨二环桥道路交通事故现场

2019年10月12日22:51，盛某驾驶车辆在京台高速公路黄山方向白马山隧道碰撞隧道壁后，未将车辆靠边并设置三角警示标志、人未撤离至安全地带、未报警，4min后被后车撞击致死。

上述几起二次事故都造成不同程度的伤亡，令人痛心，到底什么原因造成这类事故的发生呢？请看专家的分析。

原因一：初次事故打破交通流稳定状态，带来二次事故风险。

郭敏：

1. 交通事故会影响交通流的稳定状态，带来风险

无论发生在路侧还是路中的交通事故，都会导致交通流发生一定程度的变化。比如事故发生在路侧，会影响靠边车道、整个断面的车流速度和行驶状态，从理论上来看，通行能力降低影响了交通流的状态，从原来相对比较稳定的状态进入到不稳定的状态，会带来一些风险。

从距离上来看，上游车辆对下游车辆的影响距离跟道路本身特点有一定关系。在高速公路、城市快速路这类道路上影响可能波及2km远的位置，若出现排队，影响会更远，这个可以从交通流理论的角度去讨论。

从事故形态看，二次交通事故多为追尾事故。据一些地区统计，二次交通事故为追尾事故的达到70%~80%，而且二次交通事故无论是发生在主干路，还是普通二级路、三级路，大部分都是同向车辆间的交通事故。

2. 发生二次交通事故的概率随混乱状态持续时间逐步上升

发生交通事故后，道路状况会迅速从原有的平衡状态转换到另外状态，转换过程会处在相对混乱的状态，有可能5min、10min，甚至更长时间，这个混乱状态易引发二次事故。从统计学来讲，初次事故一旦发生以后，发生二次事故的概率随着相对混乱时间逐步上升，例如有地区研究得出结论，相对混乱时间每增加1min，发生二次事故的概率会上升2.8%。此外，总的来看，在交通流量比较大的道路上发生事故以后，发生二次事故的概率较高，但是二次事故的严重程度却比交通流量低的道路低一些。

3. 事故车辆、遗留物等成为新的安全隐患

一般发生事故以后，会出现衍生现象，比如事故后在路面遗留下碎屑，对后续车辆造成一定威胁，上游车辆可能为了躲避碎屑而采取错误措施，导致追尾事故。又如事故发生在道路中间，容易导致后续车辆出现驾驶彷徨，不知该选择往左拐还是往右拐合适，在犹豫的过程中，面临被其他车辆撞击的可能。

巩建国：

二次事故发生乃至道路交通运行的特点有"三高"

交通运行的高动态性。随着车流运行速度提升，车、路、环境等交通要素交互频率提高，单位时间内进入驾驶人视野的信息量成倍增加，事故现场的"静态"与周围运行的高动态形成强烈反差，必须根据道路运行速度与驾驶人反应操作车辆的时间关系设置相应的警示防护装置，形成高动态交通流与静态事故现场的缓冲圈层。

二次事故的高概率性。鉴于交通运行的高动态性和驾驶人反应时间的稳定性，加之驾驶人安全防范意识的欠缺，二次事故发生概率十分显著，据部分高速公路交通事故统计数据显示，每年二次事故数量占交通事故总量的40%~70%。

二次事故的高危害性。随着车流运行速度的提升，二次事故严重程度、人员伤亡程度也显著增加。以50km/h的速度正面碰撞，车外人员的死亡概率则是60%以上；以100km/h速度正面碰撞，车外人员死亡概率则高达100%。部分高速公路交通事故统计显示，二次事故导致的较大事故起数占比高达60%~80%，二次事故导致的伤亡人数占比高达30%~60%。

原因二： 事故当事人安全意识薄弱、应急处置不当。

郭敏：
驾驶人贸然下车查看，未思考是否会再次发生事故

上文已经说了初次交通事故的发生导致了交通流变化，带来风险。交通事故当事人可能并没意识到这些风险，也不了解整体车流情况。特别是，很多当事人会关心财产损失，急着下车查看车损情况，而并未关心思考是否会再次发生交通事故。

上述哈尔滨二环桥交通事故中第一起交通事故当事人将车停留在车道上，在没有任何防护措施的情况下车查看。我们从新闻画面看到事发道路为一条城市快速路，没有硬路肩，不管车辆靠左边还是右边停留，仍然处于车道上，若将事故车辆停在最外侧车道上，该车道行驶的往往又是大型车辆，所以说风险一点都没有减少，且事故发生在夜间，在车流量较小的情况下车辆速度往往较快，发生二次交通事故的风险更大。在这种情况下事故车辆如能驾驶，最好是尽快往前开，可选择驶下匝道。

官阳：
驾驶人的安全意识和自我保护知识不足

从上述哈尔滨二环桥交通事故中可以看出，驾驶人的安全意识和自我保护知识不足，在弯道上发生第一起交通事故后，驾驶人未先思考后车能否及时看到自己和事故车辆，也未采取对应的措施提醒后车，导致弯道上游的来车没能及时避让；事故发生在夜间，辨识度相对较低，驾驶人没有穿应随车配备的反光背心就下车查看车损情况，后方来车较难察觉前方情况。

巩建国：
驾驶人风险防范意识和处置能力较低

从诸多二次交通事故发生的直接原因来看，一是初次交通事故现场未按规定设置警示标志，后车难以发现事故现场；二是后车存在超速行驶、疲劳驾驶、分心驾驶等违法驾车情形，未能及时观察到初次交通事故现场、控制车辆行驶方向；或者前两方面原因兼而有之。根本原因在于，驾驶人在事故现场的风险防范意识和处置能力不足，对二次交通事故发生的可能性、危险性"无知"，进而"无畏"。

张伟：
驾驶人对"车靠边、人撤离、即报警"的理解及执行不够

《中华人民共和国道路交通安全法》第七十条明确规定：在道路上发生交通事故，车辆驾驶人应当立即停车，保护现场……在道路上发生交通事故……不即行撤离现场的，应当迅速报告执勤的交通警察或者公安机关交通管理部门……仅造成轻微财产损失，并且基本事实清楚的，当事人应当先撤离现场再进行协商处理。

在公路上发生第一次异常事件等情况后，没有及时或准确进行处置并导致车辆和人员被其他车辆碰撞造成的第二次或多次伤害的交通事故属于二次交通事故，上述哈尔滨二环桥事故从事故形态来看，属于此类事故。二次交通事故在各类公路尤其是高速公路或快速路上比较常见，因其封闭性、车流量大、车速快等特点，导致该类型事故发生概率高、防控难度大、后果危害重。对此，2019年，杭州高速公路交警根据该类事故特点首次提出了"车靠边、人撤离、即报警"的宣传口号，在全国进行了广泛宣传，对二次交通事故的发生起到了良好的遏制作用,但目前还是有很多驾驶人对该口号的内容及作用不够了解,事故发生后也未按照法律要求执行。

原因三:后方驾驶人注意力不集中、存在驾驶行为过错。

郭敏:

后方驾驶人对周边环境观察不到位

从人因角度来看,无论在路侧还是路中间发生了一起交通事故都会对道路使用者带来影响,而其他道路使用者能否注意到这起交通事故,理解交通事故带来的风险并采取合适措施是不确定的。如果发生了二次交通事故,就说明初次交通事故没有被其他道路使用者理解。比如发生了初次交通事故,其他道路使用者应该采取减速缓慢通过、注意观察等应对措施,但有可能部分道路使用者没有采取,甚至有些道路使用者没发现前方有交通事故发生,这是非常危险的。

官阳:

后方驾驶人没有采取合适的预警行为

在初次交通事故路段后方,跟进和路过发现险情的驾驶人可能没有立刻打开车辆的危险报警闪光灯进行协助预警,以建立长距离的警示灯车队。后面车辆看到前车警示灯亮起也应该迅速开启自己的危险报警闪光灯,提高后续驶近车辆的警觉性。

张伟:

后方驾驶人存在分心驾驶行为

大多数的二次交通事故中驾驶重型车辆或车速较快造成的后果较为严重,原理很简单,动能大、速度快、破坏性强。这类驾驶人在交通事故发生前很大概率处于分心驾驶状态,该状态常被定义为驾驶机动车时从事另一项活动,该活动使驾驶人的注意力从道路上移开或者手从转向盘上移开,常见的分心驾驶行为有进食、接打电话、观看手机视频等。根据美国国家公路交通安全管理局(NHTSA)的统计数据,2012年至2018年期间,分心驾驶是造成美国2.3万人死亡和100多万人受伤的直接原因。根据NHTSA的研究,即使只看了1s手机,大脑至少需要13s才能重新聚焦周围的环境、校准驾驶行为。研究表明:在美国多达1/3的成年人承认在驾驶时使用过手机等电子产品;另有统计数据表明,在撞车事故发生前的3s内,近80%的当事驾驶人注意力不集中,有分心驾驶行为。

原因四:驾培环节安全教育缺失,再教育手段缺乏。

刘艳:

对驾驶人安全教育培训不到位

从道研中心采集分析的大量交通事故案例看,在高速公路上车辆发生故障或轻微事故后,驾驶人不知道如何摆放警示牌甚至与同乘人员在行车道上等待的现象比比皆是,由此导致的事故也不在少数。而这只是众多安全风险中的一点,这让我们不得不反思驾驶人教育培训中存在的问题。

首先是驾驶人培训环节安全教育整体缺失。除极少数驾校有法规培训讲师从事部分线上线下教学外,绝大多数驾校依赖APP让学员线上刷题,学员自始至终没有经过系统的安全教育培训。试想一名学生没有上过一天课却硬要通过考试,在他的脑子里除了背下来一道道题的答案,还可能掌握真正的实用知识吗?刚从驾校毕业的新驾驶人只是了解了一些法律法规和基本驾驶技能,但却缺乏对道路情况的综合判断能力及风险识别能力。

其次是驾驶人再教育手段缺乏。随着2004年《道路交通安全法》实施和一年一度的驾驶证审验制度的取消,驾驶人再教育仿佛失去了一个重要抓手。长达十余年的时间里,除大中型客货车驾驶人、校车驾驶人审验教育及12分驾驶人满分教育外,公安机关再无其他有效手段触达广大驾驶人,直至2020年推出"学习减免记分"。但目前,"学习减免记分"学什么、学多少减多少,以什么样的方式教、什么样的方式学更加有效,各地还在尝试和探索中。

闫文辉:
对驾驶人的培训更多的是应试教学而不是素质教育

驾驶人是守护道路交通安全的第一道防线也是最为关键的一环。在国人的一生中只有进驾校学车考驾驶证才有机会系统地学习道路交通安全法律法规,甚至这也是唯一一次系统了解和掌握法规的机会。而据我了解全国19000多所驾培机构绝大多数都是在进行应试教学而不是素质教育。究其原因大致有以下几点:我国汽车工业发展较为迅猛,学驾人数逐年增多致使驾培机构雨后春笋般无序增加,造成行业管理未能有效跟进;从业者素质参差不齐,缺乏社会责任感和行业使命感,盲目追求经济利益而缺乏社会效益;培训与考试严重脱节,造成驾校、学员单纯追求考试通过率,忽视了真正的驾驶技能和素质教育,考取的只是一本合法的驾照而非是一名合格的驾驶人。

原因五:不良道路环境等其他因素增加二次交通事故发生概率。
官阳:
不良道路环境也可能加大二次交通事故的概率

不良道路运行环境也可能加大发生二次交通事故的风险,例如上述哈尔滨二环桥事故发生在冰雪道路,加大了事故发生概率。此外,还有一点值得重视,重型车辆的爬坡能力、转弯半径和制动距离与小汽车完全不同,重型车辆在坡道上需要加速冲坡,之后立刻减速非常困难,他们对日常通勤交通流的冲击和影响较大。

郭敏:
救援人员救人的同时未在交通事故现场做好防护

还有部分二次交通事故是因为救援或施工导致的,比如初次交通事故发生后有医疗、消防等人员到现场进行救援,因为作业区没布置好、救援方式不对等导致发生二次交通事故。无论是发达国家还是不发达国家,这类交通事故比例都较高。很多救援人员到达交通事故现场后先急着救人,出发点是好的,但是救人之前,首先要考虑的是先保住自己,如果无法先保护好自己,何谈救人?这跟救援人员的培训过程、培训不够专业也有一定关系,对如何在这种车流环境里面保护自己的训练不足。

扫一扫查看原文

哈尔滨二环桥事故探讨（下）：
如何预防发生二次交通事故

公安部道路交通安全研究中心交通言究社

在《哈尔滨二环桥事故探讨（上）：二次交通事故频发原因何在》一文中，专家们为大家剖析了引发二次交通事故的多种原因，那么，如何预防发生二次交通事故呢？交通言究社采访了公安部道路交通安全研究中心副主任刘艳，公安部道路交通安全研究中心副研究员巩建国，交通工程师郭敏，3M交通安全系统部首席交通安全教育与政策联络官官阳，中国道路交通安全协会副会长闫文辉，公安部道路交通安全研究中心交警系统法制人才库专家张伟，广西交警总队高速公路管理支队高龙伟。

一、从驾驶人角度而言

1. 驾驶人要具备安全意识和风险意识

郭敏：道路上发生初次交通事故后，往往会导致交通流不稳定、道路通行能力下降等问题，交通混乱状态随着时间的增加，二次交通事故发生概率会大大增加，有研究表明，交通混乱状态每延长1min，二次交通事故发生的概率会增加2.8%的风险。因此，无论是交通事故双方的驾乘人员还是上游道路的驾驶人一定要提高对风险因素的认识。但在实际中，大多数情况下，交通事故双方当事人在发生交通事故后往往比较关注车损、财损问题，完全没有意识到自己已经置身于非常危险的环境中。之所以说危险，是因为当事人处在道路车流中，每辆车的动能相当于出膛的子弹的威力，说这样的环境如流弹四射的战场也不为过，交通事故当事人一旦被撞，非死即伤。因此，驾乘人员一定要意识到二次交通风险，增强风险意识，尤其在交通事故发生后，不要贸然下车，更不要在道路上、车辆周边溜达或争论对错、讨论赔偿等问题。首先要做好观察，观察车外的碰撞情况、车流情况，观察自己的车损、个人身体是否受伤、其他乘员的情况，然后再思考是否可以下车，还是尽快让自己转移到相对安全的环境中，根据不同情况采取不同处理方式。

官阳：预防二次交通事故，驾驶人需要掌握发生事故后的自我保护知识，这些意识和知识的培养，仅靠宣传是不够的，还需要用制度型的训练和考核机制来更好地灌输给驾驶人。如：在弯道上发生交通事故，驾驶人要采取合适的方法让弯道上游的车辆驾驶人能够及时发现前方的状况，并且能够采取紧急避让措施；随车携带反光背心，提高自己"被看见"的概率。驾驶人随车携带反光背心在欧洲已是标配，叫作VIV（Vest In Vehicle），并且标配为两件：一件在前车手套箱里，另一件在行李舱，当出现意外情况时，要穿上反光背心才能下车，这也是向其他道路使用者示意自己出现了紧急状况，提醒大家小心。此外，道路上发生交通事故后，后面跟进和路过发现险情的其他驾驶人也要及时打开危险报警闪光灯进行协助预警,提高道路上游车辆驾驶人的警觉性。

张伟:驾驶人要具备防御性驾驶的理念,该理念的核心是假定自己在驾车过程中会遇到危险,因此,需提前预判这些危险情况,并尽可能减少自己的违规驾驶行为。掌握防御性驾驶知识和技能,一方面,可以大概率确保自己的车辆不会主动引发交通事故;另一方面,能够"预见"性地发现由其他驾驶人、行人、不良气候或路况而引发的危险,并能及时采取必要、合理、有效避让措施,确保不出现被动性的或者二次交通事故。防御性驾驶知识和技能具体到社会宣传和日常操作中,可以细化出很多具体行为,如:与前车之间留出足够空间;经常通过后视镜观察行车环境,提前发现支路、有可能汇入当前车道的车辆、行人、非机动车以及动物,主动将车速控制在合理区间;降低分心驾驶行为等。在预防二次交通事故方面,应用防御性驾驶的理念可以使驾驶人减少分心驾驶行为、注意观察行车环境、提前做出预判并采取正确的应对措施等。

2. 驾驶人要提高应急处置能力和自我防护能力

郭敏:一旦发生交通事故,双方当事人一定要争取在短时间内采取相对安全的措施。如:一旦发生交通事故,驾乘人员第一时间要做的是检查自己和同车人员状况,如果出现严重受伤等,要立刻打电话求助。如果没受伤,要综合考虑周边环境是否安全,如果事发道路车速较高且车流量较少,又或事发时为大雨、雾等恶劣天气环境等,尽量不要随意下车,如果车辆还能起动行驶,要赶紧靠边停车,同时也要让发生事故的对方车辆靠边停车,因为靠边停车后发生事故的概率要远低于车辆在道路中间发生事故的概率。车靠边后,车内驾乘人员迅速转移到安全地带等待救援。此外,发生交通事故后,救援力量也要尽快到达现场,因为每过1min风险都在增加,可借助目前的智慧交通、车联网等技术提高救援能力,降低二次交通事故发生的概率。

在这里还要特别强调一点:发生交通事故后,交通事故当事人一定要在车辆后方摆放好警示设施,把信息明确地传递给后方驾驶人,提示前方道路有交通事故发生,提前采取措施。人是通过物体形体大小变化来判断物体是否在移动的。前方车辆不论是行驶还是停止状态,形体变化幅度都不大,后方驾驶人对其是否正常行驶的判断并不敏感,若不摆放警示设施,往往导致后车行驶到事故车辆较近位置才能发现,而此时已来不及实施安全制动。

巩建国:驾驶人应提高应急处置能力预防二次交通事故的发生,重点要抓住以下关键点:

一是初次交通事故现场的"被看见、足够远"。初次交通事故车辆驾驶人要按照"车靠边、人撤离、即报警"的原则进行处置,及时开启车辆危险报警闪光灯,按照规定的距离、方向摆放三角警告标志,及时撤离至路侧安全地点,让后车驾驶人能及时发现初次交通事故现场。

二是二次交通事故防范黄金时间"能撤离、有防护"。统计显示,二次交通事故发生时间普遍在初次交通事故发生后的3~5min,初次交通事故现场能够在事故发生后的3min内及时撤离或者进行安全防护，能够有效避免发生二次交通事故、减少事故伤亡。

三是后车驾驶人"看得见、控得住"。驾驶人要提高对路面"静态"事物的识别、判断能力，避免仅凭直觉认为路面车辆动态运行，且要养成"常备制动"的驾驶习惯，提高紧急情况反应处置能力。

高龙伟： 预防二次交通事故，现场的当事人要做好"点、线、面"3个方面的防护。

"点"，就是要求交通事故发生后，当事人立刻转移到路肩或者护栏外侧等相对安全的地点。特殊道路环境情况下，比如高架桥、桥梁路段无路外空间的，应站立于事故现场的下游区的去车方向，尽量避免长时间处于事故现场上游区或者肇事车辆之间。

"线"，就是要求事故发生后，现场当事人因抢救伤员、拍照取证、设置警示标志活动，必须在车道内行走或者站立时，尽量选择远离交通流一侧、尽可能地贴近中央防护栏或者路肩边缘推进，减少身体暴露在车道内的面积。行进前，还应根据道路环境，预设逃生路线，避免慌不择路从立交桥或者桥梁高处跳下。通常情况逃生路线为现场前后左右四个方向中到达掩体或远离危险源的最短路线。

"面"，就是交通事故发生后，现场当事人要对瞬息万变的路面交通情况和周围环境保持高度警惕，避免做出一些类似长时间拨打接听电话、聊天、坐下休息等易分神的事。

梁康之： 发生道路交通事故后，在处置方法上，美国有以下做法。

协助受伤者： 交通事故当事人要快速查看是否有人员受伤，如果需要报警的，要及时拨打报警电话。

控制现场： 交通事故发生后，交通事故当事人要立刻打开车内危险报警闪光灯，在确保安全的前提下，查看车辆是否可以移动。如果车辆不能移动，必须要下车查看或摆放三角警告标志时，切记一定要面向来车方向，观察来车状态，这样一旦出现危险，可及时躲避。如果车辆可以驾驶，要安全地将车辆移至右侧或左侧路肩等不妨碍交通的地方。在车辆转移到安全地点后，为减少着火危险，要关闭发动机，任何人不要吸烟。

此外，若在没有路肩或没有紧急停车区域的道路上发生事故，驾驶人尽可能将车辆驾驶到附近的支路，或驾驶到视线良好、道路宽阔的路段，便于后续车辆提前看到采取相应措施。

二、从驾驶培训和安全教育角度而言

刘艳：

提高驾驶人初次培训、再教育的有效性，探索建立终身教育模式

提升驾驶人安全意识和风险意识，增强其自我保护能力，应着力强化驾驶人教育培训。

一是切实落实驾培环节安全教育责任。虽驾驶人培训大纲中对于安全文明驾驶内容有较为全面的规定，但却由于种种原因落实不到位，相关部门应加大监管力度，使驾校切实担负起安全教育第一主体责任;同时,由于驾校规模、管理水平参差不齐,许多驾校安全教育师资力量薄弱,应组织专家制作系统性高水准教学资源,并实现教学资源免费共享;此外,在理论培训的基础上,应鼓励驾校创新培训方式方法,加强实操训练,使学员从驾校毕业后,成为真正具备实战驾驶技能的合格驾驶人。

二是进一步提升驾驶人再教育的有效性。充分用好驾驶人"两个教育"和"学习减免记分"等再教育手段,在对驾驶人肇事及伤害特点进行充分研究分析的基础上,进一步丰富完善再教育内容体系,切实将伤害多、易忽视的安全风险点作为再教育的重中之重,既对驾驶初学阶段应知而普遍未知的共性知识进行"补课"和"回炉",也针对驾驶人个体违法行为开展针对性教育;同时,充分运用多样化的教育手段,进一步完善课程体系,形成"两个教育"强制学习系统课程与"减免记分"主动教育微课程相互补充的再教育体系。

三是积极探索驾驶人终身教育模式。现代传播技术带来了传播及教育形式翻天覆地的变化,也为开展贯穿驾驶人全生命周期的安全教育带来了全新的机会。要紧紧抓住技术革新的大趋势,投入专门力量研究基于移动端的驾驶人精准教育模式,通过知识+信息+服务等媒介融合手段触达驾驶人,真正实现"滴灌式""精准化"的驾驶人终身教育模式。

闫文辉:

加强对驾培和驾考行业的管理和监督,培育更多合格驾驶人

发生在哈尔滨的这起事故,是驾驶人缺乏守法意识、安全意识的典型表现。要培养出具备安全意识的合格驾驶人,需要驾培行业更加注重驾驶技能和素质教育。作为一位从事道路交通安全工作近30年的从业者,就驾培、驾考行业管理工作提出以下几点建议:

一是提高驾培行业的准入门槛,借鉴日本、韩国、我国香港地区等先进的管理经验,建议不再向社会公布驾培机构的考试通过率,仅公布毕业学员的违法率、事故率、死亡率,逐渐引导驾培机构由应试教学向素质教育转变。

二是加强行业监管,建立健全准入和退出机制,对违规培训、缩减学时等违规行为的驾培机构坚决予以取缔。

三是交通、交管两部门强化培训考试全过程监管,严把"培训关"和"考试关",改变目前"重考试、轻培训"现状,转变为"培训、考试"两手都要抓、两手都要硬。

四是落实交通事故责任倒查,完善交通事故深度调查机制,对实习期或取得驾驶证后一定时期内的新驾驶人造成死亡事故的,倒查培训环节,如发现违反教学大纲、缩减训练学时现象的要坚决依法依规追究责任。

梁康之:

重视宣传教育,为驾驶人提供更具操作性的指导

驾驶人有责任知道发生交通事故时应该怎么办,但即使是有经验并准备最充分的驾驶人也会在发生交通事故后慌乱。因此,在美国,美国汽车协会(American Automobile Association)和一些汽车保险公司都为驾驶人提供了简单易懂的"口袋书",一旦发生交通事故，驾驶人可立即按照"口袋书"的指导进行操作，从而确保安全。如：美国汽车协会建议在交通事故发生时，驾驶人第一时间要做的不是判断谁的过错，最重要的是确保每个人都在安全的状态下，然后寻求医疗和执法帮助，在这之后才是要知道该怎么做才能保护自己免受法律或财务问题的困扰。

三、从执法及管理角度而言

张伟：

通过严格执法手段，提升驾驶人的守法意识和安全意识

部分驾驶人在发生事故后，没有采取诸如摆放三角警示牌、车辆靠边停、人员撤离到安全地带等安全防护措施，事后面对执法者的处罚时，当事人往往会觉得执法者不近人情，常见的辩解有"我发生交通事故已经够倒霉了，下来看一下损失情况和对方驾驶人沟通一下有什么危险？你还处罚我，不合理，也没有人情味……"其实，当事人的这种认知是错误的。因为在道路上因故障、事故或其他原因停车、缓行等行为，表面上看可能未对第三方的其他人带来影响，实则对所有途经该路段的机动车都形成了实质性的阻碍，对道路整体行车秩序的流畅性构成严重干扰，大概率会产生连锁性的危害后果，并有可能危及人身安全。

因此，需要当事人立即采取合理合法的措施减少对车流秩序的影响和危害。但是在日常执法中，面对部分驾驶人的辩解，部分执法者会选择教育方式令其撤离，这种做法的初衷也许是为了化解违法驾驶人的情绪，但这样的做法往往会伤害到绝大多数守法驾驶人。因此，对于不具有从轻或减轻情节的违法行为，执法者应当依法予以行政处罚的，不能用教育手段代替，即执法必严，体现法律在维护大众利益上的刚性。

官阳：

道路相关管理部门要及时、科学布设临时交通控制设施

就2021年3月21日哈尔滨发生这起交通事故来看，初次交通事故是两辆车在有冰的弯道上发生追尾事故，随后是一辆货车因制动不及时使车冲向事故现场，这在有冰雪的路面是经常发生的一种现象，应该怎么办？除了尽快扫除冰雪外，还需要考虑针对这类道路采取必要的临时措施，特别是在比较危险的路段，在保证有充分的渐变段的情况下，提前封闭一些车道和强化隔离措施，并利用临时设施或可变信息板告知驾驶人避免换道超车，目的是限制车速，减少机动车并排行进和相互超车的机会，以减少随机出现的横向干扰造成的车速变化，让车辆慢慢排队通过。如：封闭一些车道，三车道封闭成两车道、两车道改成一车道，并用反光锥筒灯压缩车道宽度，增加车道外的容错空间。这样做有以下几种好处：

一是可以通过变化的路边信息板向驾驶人明确传递谨慎驾驶的信息；二是可以强制降低车速；三是可以在车辆出现打滑时有更好的容错条件，在车辆制动失败时提供缓冲的地方；四是可以给交通事故中的驾乘人员提供躲闪的空间。所以，在冰雪多的地方和视距容易变差（雨雾多）的地方，道路运行管理机关要多提升临时交通控制设施的布设能力和意识,加强快速收放大型反光锥和临时标志的能力等。需要注意的是,临时措施只是日常冰雪道路安全预案的补充,而不应该因此导致常态型依赖。

此外,有条件的城市,可以考虑在道路沿途建立更高密度的应急响应点、监控与便捷报警设施和可变信息提示标志等,提升警情发现和应急响应能力,降低二次交通事故发生的概率。例如:浙江省在一些高速公路路侧百米牌上安置二维码,一旦驾驶人扫码报警,上游的警示灯光就会开启,提醒来车前方道路出现交通事故,同时监控中心就会得到报警。智能化手段对于解决此类问题是个补救的方向,作为辅助手段,可降低二次交通事故发生概率。

扫一扫查看原文

在证据缺乏情况下如何推动交通事故调查、还原交通事故真相

尹志勇　中国汽车工程研究院股份有限公司研究员
黄　伟　重庆市公安局交警总队事故支队副支队长、警务技术二级主任

一、一名老人深夜被碾压致死,谁是肇事者

2017年1月29日深夜,重庆交警接警,有一人躺倒在G319公路2288km+260m道路中间十分危险。当警车和救护车赶至现场,发现是一名约70岁的老人,已没有生命体征,行车道上按行驶方向依次为纸箱板(约10kg)、帽子、倒地老人、鞋子(图1)。结合尸表检验,以及CT扫描获取的伤情信息可以判断老人是被碾压致死。

图1　现场实景图

在事发位置前方约150m处有一卡口,其中一摄像头正好对着事发路段。从监控视频可见,21:15:01老人从道路右侧头顶纸箱板通过卡口;21:21:27一辆小货车从行人身旁经过时向左转向避让,几乎同时可见一亮点从上往下移动。此后从老人所在位置附近驶过的车辆都能观察到有明显的绕道避让过程。21:34:49当一辆小汽车从老人所在位置经过时,因对向车道有来车,小汽车无法借道避让,也未见小汽车有转向避让过程,直接驶过老人所在位置,在此过程中小汽车出现颠簸。监控视频中出现的小汽车和小货车都不排除与本起交通事故有一定联系,这两辆车与导致老人死亡是否有直接关系,又该如何证明呢?

二、涉案小汽车是否碾压老人致其死亡

为尽快查明真相,民警连夜开展调查工作,通过监控视频和卡口信息进行排查,天亮前便将涉案小货车和小汽车追回。在小货车的前照灯、前风窗玻璃、右侧后视镜背侧、货箱右侧表面均发现有痕迹,但这些痕迹比较模糊,不能确认与老人发生了接触,要排除也缺乏依据。在小汽车底部发现有明显的新鲜减层痕迹,一圆环状部件表面的灰尘被擦拭得干干净净,在离圆环约9.5cm处有一部件凸出,这与老人裤子上的加层痕迹和破损位置相吻合(图2)。

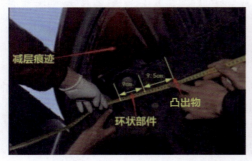 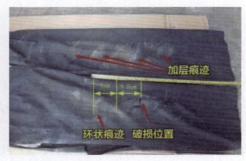

图2 小汽车底盘痕迹与老人裤子痕迹比对

根据卡口视频分析、车体和遇难者衣着痕迹比对、人体损伤等证据结合事故形态,可确认老人遭受了小汽车的碾压,而碾压也是导致老人死亡的原因。

三、涉案小货车是否与老人倒地有关

(一)结合视频证据,初步判断小货车没有与老人发生直接接触

小汽车碾压的是倒在地上的老人,但老人是如何倒在地上的?因老人倒地瞬间,小货车正好从老人身边经过,小货车嫌疑极大。但小货车驾驶人和副驾乘员均否认小货车与老人有过接触,他们陈述看见老人倒地时小货车从老人身边绕行通过。民警对监控视频进行深入分析,也发现小货车在途经老人身边时的确有明显的向左转向避让过程。从图3监控视频放大画面可见,事发前车辆经过事发路段时,左侧后位灯十分靠近参考点(此处"参考点"也可以说"基准点",沿数显时间顶部为横线,日期01-29数字"9"右

侧边缘为竖线的交叉点确定）；当小货车经过时，在参考点附近确有明显的左转避让过程，后位灯轨迹的位置离"基准点"有一定距离，因此，小货车应该没有与老人发生接触。将车辆左侧后位灯的轨迹描绘出来，可见车辆经过老人附近时的行驶轨迹（图4）。

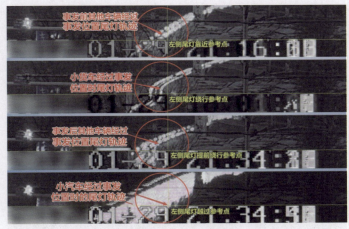

图3　视频中尾灯轨迹分析

图4　车辆行驶轨迹及与老人的位置关系

（二）深入取证，最终排除小货车影响老人正常行走

1. 进行侦查实验，分析小货车与老人事发时的时空位置关系

那小货车是否影响了老人的正常行走？根据现有证据难以作出准确的判断。为此，办案人员又根据卡口数据扩大证据的收集范围，通过仔细排查终于找到对向车道一辆小汽车的行车记录仪视频，该小汽车通过事发位置的时间正好在小货车通过之后小汽车碾压之前。对视频进行逐帧分析，找到了老人倒地后的画面。根据老人的衣着特征，绿色上衣和蓝色裤子可知老人倒地状态为横躺路面，头部朝路外头枕在跌落的纸箱板上，下肢朝道路中央（图5）。现场图中的老人最终位置应为小汽车碾压后将老人往车行方向移动了一段距离所致。从实景图可见，车辆要避免碾压纸箱板，则需要借道绕行。但上述分析还是没能解决小货车事发时是否影响了老人的正常行走这一难题。

为了分析小货车与老人事发时的时空位置关系，拟通过侦察实验来确定。因夜间没有灯光照射，只能看见车灯的位置，无法观察小货车车头轮廓和行人轮廓，一开始计划把侦察实验安排在白天，但到现场发现由于老人倒地位置与摄像头之间有大量的树枝遮挡，侦察实验无法在白天实施，所以还是在夜间进行实验。夜间实验需要解决车头和行人在夜间的可视化问题，否则无法进行检测。为此，我们采用LED灯带将车辆右前轮廓和行人轮廓点亮，并在实验前先测试安装方式及调整最佳光照强度（图6）。

图5　对向车道行车记录仪视频分析结果

图6　车辆右前端和行人加装LED灯带

为确保实验精度，侦察实验通过图像处理来比对监控视频画面中小货车后位灯在画面中的位置来调整小货车在道路上的位置，在实验期间通过多旋翼无人机从空中进行拍摄，便于分析小货车与行人的空间位置（图7）。通过侦查实验明确了当亮点（纸箱板）从上往下移动时，小货车离亮点（老人）位置还有一段距离，此时小货车已开始向左转向避让。据此可知，小货车并未与老人接触，同时应该没有影响老人的正常行走。

侦查实验另一部分内容是探索亮点的形成机制，实验结果验证了我们实验前的想法，当老人头顶纸箱板，车辆驶过时视频画面中没有出现亮点。视频上的亮点应为老人所扛的纸箱板在灯光照射下形成的光斑，只有将纸箱板竖直放置，才能在视频画面中出现亮点，且只有在小货车前照灯照射下才能出现，纸箱板竖直+小货车前照灯照射两个条件缺一不可（图8）。当纸箱板与车辆前照灯在同一纵向位置时，亮点消失。这进一步排除了小货车与老人接触导致老人摔倒的可能性。

图7　从空中用无人机拍摄小货车与老人之间的位置关系

a) 当纸箱板离小货车有一定距离时视频中有光斑　　　　b) 当纸箱板与小货车齐平时视频的光斑消失

图8　纸箱板距离实验

2. 发现新证据，证明小货车经过时与老人之间有一定距离

在开展侦察实验过程中，意外发现事发路段附近大楼内有一监控院坝的固定式摄像头，调取了该摄像头视频。视频画面中99%以上的面积都是无用画面，仅有不到1%的面积能观察到路面的情况，但逐帧播放后竟然有意外收获。通过该视频画面，居然能观察到车辆通过路面的情况，甚至能观察到一亮点在小货车通过前由上往下移动。通过无人机航拍的俯视照片可见，该摄像头的拍摄范围刚好能覆盖到纸箱板的位置，将两段视频的时钟同步后发现视频中移动的亮点就是纸箱板。通过该视频，能从另一视角观察到纸箱板的跌落和小货车的通过情况（图9、图10）。

该视频的帧频为25fps，从亮点开始下移（纸箱板跌落）至小货车前照灯出现共用时19帧，再到小货车尾灯出现又用时11帧，小货车车长4.56m，因此小货车车速约为：

$$V_{\text{小货车}} = S/T = 4.56/0.44（11/25）= 10.36 \text{m/s} = 37 \text{km/h}$$

式中：$V_{\text{小货车}}$——小货车行驶速度；

　　　S——小货车车长；

　　　T——视频中小货车通过用时。

根据小货车的速度可计算纸箱板开始下落时车头离纸箱板的距离为：

$$V_{小货车} \times T_1 = 10.36 \times 0.76（19/25）= 7.9（m）$$

式中：T_1——纸箱板跌落至小货车前照灯在视频中出现的时间。

由此可知，亮点开始下移/纸箱板开始下落/老人开始倒地时，小货车离老人还有7.9m左右的距离。因此，可以排除小货车撞击、刮擦老人，也可排除小货车影响了老人的正常行走。

图9　纸箱板距离实验

a) 视频中的亮点开始向下移动　　　　　　　　b) 视频中的亮点停止向下移动

图10　视频中亮点移动

四、到底什么原因导致老人摔倒？

既然小货车没有接触老人，也没有影响老人的正常行走，那老人为何在小货车经过时倒地？继续分析原因：①饥饿、体力透支、疾病、其他因素；②老人倒地后为何13min没有离开而被小汽车碾压致死？

70多岁的老人在大年初二晚头顶10kg纸箱板回家，根据这一特殊日期和时间段，首先需要排查是否因为饥饿所致，但从CT扫描结果可见，老人胃内有内容物，应排除因饥饿导致老人摔倒的可能。通过监控视频可见，老人从卡口位置步行到摔倒位置有约150m的距离，在此期间当对向车道上有车辆经过时，在车辆前照灯的照射下可以观察到老人在此期间的位置和所用时间，通过现场复勘可获取具体的位置数据，从而可分析老人的行走速度（表1）。从速度数据可见，老人在通过卡口时的速度约为2km/h，但在摔倒前一段的行走速度仅约1km/h。在150m的范围内，行走速度几乎降低了一半，这应该是体力严重透支的表现。结合老人家属的陈述：老人自身患有疾病。因此，老人摔倒应为疲劳和自身疾病导致体力严重透支所致。倒地不起应为老人头部着地所致，因人体头部抗撞击能力较弱，更容易导致人体遭受严重伤害，尤其是老人。

扫一扫查看原文

老人行走速度分析　　　　　　　　　　　　　　　　　　　表1

行走参数	位置①~②	位置②~③	位置③~④	位置④~⑤
距离（m）	37.3	26.7	30.4	49.8
时长（s）	67.9	78.9	73.6	165.1
速度（m/s）	0.55	0.34	0.41	0.30
速度（km/h）	1.98	1.22	1.49	1.09

交通事故深度调查中的道路隐患发现与刑事责任追究

唐剑军　四川省公安厅交通警察总队警务技术二级主任、副处长

公安交管部门开展道路交通事故深度调查是预防道路交通事故的重要手段。通过对事故发生的深层次原因以及相关因素开展延伸调查，进行全方位分析，可以进一步查找安全隐患、管理漏洞及薄弱环节，推动相关部门、行业、企业整改问题，追究相关人员责任，减少交通事故的发生。针对不同性质、不同形态、不同原因的交通事故，开展深度调查的侧重点也各有不同，主要包含两方面：一是道路及交通环境本身的安全隐患；二是企业主体责任和相关职能部门监管责任的缺失。本文以发生在四川省的2起交通事故开展的深度调查为例，介绍开展交通事故深度调查工作的相关思路及方法。

一、案例一：京昆高速雅西段"11·2"交通事故深度调查情况分析

对于一些发生在道路条件或交通环境比较复杂路段的交通事故，除了肇事人的过错外，客观上也存在其他因素对交通事故发生带来的间接影响，这些因素可能是长期存在的安全隐患，也可能是由于交通环境的改变而临时出现的，当这两类隐患叠加时就很可能带来更高的安全风险。在京昆高速公路雅西段"11·2"交通事故的深度调查中，对道路本身及施工安全防护存在的隐患做到了挖准、挖深、挖实，并据此提出了科学有效的预防建议，督促高速公路公司及相关部门落实整改措施，以期达到有效遏制该路段交通事故的发生、提升道路安全性的目的。下面我们来看看针对该起交通事故开展的深度调查情况：

1. 交通事故概况

2018年11月2日，吴某某驾驶赣C0N×××重型厢式货车搭乘张某某，于11:26从西宁收费站进入京昆高速公路向成都方向行驶；在石棉服务区内停车休息后，于15:21换由同车的张某某继续驾驶该车驶往成都方向，16:30，当车行驶至京昆高速公路1981km（施工路段，单幅双向通行）处时，车辆越过分道线分别与对向及同向车道内的7辆车相撞，导致本车及另外3辆车撞在一起后发生燃烧，造成7人死亡、12人受伤、8车及路产不同程度受损（图1、图2）。

图1　京昆高速公路雅西段"11·2"交通事故现场

图2　事发道路半幅为施工区域

2. 交通事故直接原因

赣C0N×××重型厢式货车，因在长下坡路段（从泥巴山隧道出口至事发点连续15.7km长下坡，平均坡度−2.94%）频繁使用行车制动，导致行车制动器出现热衰退现象，制动效能下降（事发前的2min46s内，车速由81km/h增加至最高时速122km/h），且在车辆制动效能出现问题时未采取正确的避险措施（未驶入紧急避险车道）。

3. 调查工作思路

随着高速公路通车里程及交通流量的迅猛增长，高速公路发生交通事故的风险也随之增大，部分地形复杂的山区高速公路，本身因地形、环境等客观因素也存在一定的安全隐患；加上部分公路养护作业的施工单位没有严格按照安全规范操作，进一步加大了引发交通事故的风险。

京昆高速公路雅西段"11·2"交通事故发生在山区高速公路且正在养护施工的路段，具有典型的代表性。四川交警总队开展的交通事故深度调查工作，组织相关行业专家成立交通事故深度调查组，重点从道路本身的规范设计、建设营运和占道施工的安全防护作业等方面查找安全隐患、管理漏洞及薄弱环节，并依据相关法律法规和技术规范有针对性地提出整改意见。

4. 调查发现的安全隐患

交通事故路段位于京昆高速公路2005km至1972km+200m（西昌至成都方向）全长32.8km连续长下坡多弯路段，该路段海拔高差715m，坡顶距交通事故地点24km；同时，事故现场中心位于京昆高速公路1981km至1980km+340m处的施工区域内，单幅双向通行，这些因素对事故的发生都产生了较大影响。调查组对道路本身的线形构成、容错功能，以及施工区域的安全防护设置等方面进行了深度调查。

在开展交通事故深度调查时，专门聘请了第三方道路鉴定专业机构，共同对事故路段及该条道路进行了实地查勘和技术检测。经过调查，发现该路段及施工区域存在以下安全隐患。

1）停车区和服务区设置间距过大，不利于安全行车

《公路工程技术标准》规定："服务区平均间距宜为50km""停车区可在服务区之间布设一处或多处，停车区与服务区或停车区之间的间距宜为15~25km"，在该起事故中，京昆高速公路雅西段石棉服务区与下一个荥经服务区的间距达84km（由于路营公司关闭了二者之间的汉源服务区所致），其间的土山岗停车区距石棉服务区为63km。在此种情况下，对于不熟悉该路段的车辆驾驶人，尤其是重中型车辆的驾驶人来说，很容易因停车区之间的间距过长或错过唯一的停车区，而无法及时给车辆的制动淋水器补充冷却水来防止车辆出现制动过热问题，极易出现车辆制动效能衰退，甚至出现车辆制动失控的严重后果。

2）土山岗停车区预告标志设置不完善

《公路交通标志和标线设置规范》规定："高速公路沿线设施应按规定设置相应的指引标志"，其中，针对"停车区"的规定是："3km处应设置2个或3个连续服务区、停车区预告标志，1km、0km（前基准点）处停车区预告及停车区入口标志"。在该起交通事故中，京昆高速公路雅西段土山岗停车区前方1km处和入口设有停车区提示和入口标志，2km处的提示牌被遮蔽，3km处无"两个或三个连续服务区、停车区"预告标志，这对行经该路段的驾驶人不能起到提前告知的作用，影响驾驶人提前对道路环境作出准确的预判。入口导流线磨损严重、模糊不清，且行车道与减速车道之间的分界线规格等均不符合相关标准，导致停车区入口处的警示提示作用及效果不足（图3）。

3）交通事故发生的施工路段未严格按施工申请设置作业区

作业区安全防护设置与施工许可申报材料中的交通管制布控图不一致；施工作业控制区交通标志不符合国家标准；安全设施设置不符合行业标准；施工路段设置的限速标

志与原道路设置的限速标志冲突（作业区双向通行区域内，原设置有门架式分车道限速标志，分别为客货车道60~90km/h、小客车道90~110km/h，该标志牌与施工区域内的限速40 km/h有冲突，但未予遮挡，如图4所示），在一定程度上造成驾驶人对施工区域的范围及该路段安全行车速度认知上的误判。

图3　停车区入口导流线情况

图4　门架式分车道限速标志分别为客货车道60~90km/h、小客车道90~110km/h，该标志牌与施工区域内的限速40 km/h有冲突，但未予遮挡

4）路营公司对早前排查出的安全隐患整改不到位

2017年，针对京昆高速公路雅西段全路段共排查出道路安全隐患共计14个方面，截至2018年11月事发前，仅完成了5个方面的整改。另外，四川省政府安委会要求2018年10月底前完成对京昆高速公路1982km~1984km段增设提示标志、振动标线的整改，截至事发前也未完成。

5. 隐患整改建议

一是督促路营公司及时整改长下坡和施工路段的安全隐患，按照相关规定和要求规范设置标志、标线、标牌等交安设施。特别是应连续梯次设置长下坡提示标志、长下坡余长、通行限速、服务区、停车区、紧急避险车道等交通标志和提示牌，以有效提示警示过往车辆驾驶人。

二是京昆高速公路雅西段泥巴山北坡32.8km属于长下坡多弯路段，道路线形复杂，有特长隧道、长时间占道施工、冰雪雨雾多发等多种不利因素叠加，安全隐患突出。建议路营公司比照拖乌山北坡51km长下坡交通特管区模式，将泥巴山北坡1972km+200m至2000km路段共37.8km设为交通特管区。

三是在道路实施单幅双向通行等其他特殊情况时，依托土山岗停车区对重中型货车实行时空分离，自检后由公司安排车辆人员进行编队带道通行。按规范标准完善相关设施，最大限度提高车辆容纳量，增设多块提示警示牌及多块大型LED显示屏，用于提示告知重中型货车驾驶人主动进入土山岗停车区加水自检车辆后编队通行。

二、案例二：成都天府新区麓山大道三段"4·12"交通事故深度调查情况分析

近年来，渣土运输等重中型货运车辆引发的交通事故屡见不鲜，给道路交通安全带来严重威胁。除了对肇事驾驶人按交通肇事罪追究刑事责任外，如何进一步有效规范并追究货运企业在源头管理上的责任，一直是大家在探索和思考的问题。在对成都天府新区麓山大道三段"4·12"交通事故的深度调查中，调查组将运输企业是否认真落实安全主体责任、企业及相关责任人是否应受到刑事追究、相关职能主管部门是否尽到监管职责等作为调查的重点内容。通过深度调查后落实的刑事打击和行政责任追究，不仅对交通事故中的涉事企业，还对整个货运行业起到有效的震慑作用，促使企业自觉加强对车辆及驾驶人的安全监督管理，同时也倒逼相关职能主管部门切实加强履职尽责，最终实现从源头上减少这类车辆在道路运输中对交通安全带来的风险。

1. 事故概况

2018年4月12日凌晨，陈某某驾驶川AN8×××重型自卸货车从"领地·兰台序"楼盘施工工地装载连砂石59975kg（核定载质量12390kg），5:23左右，行驶至成都天府新区白沙街道双简路与麓山大道三段交叉路口时，路口直行信号灯为红灯，但陈某某未停车，违反红灯禁行信号继续行驶，与郭某某正常驾驶左转弯的轿车相撞，造成轿车内3人死亡、1人受伤、车辆受损（图5、图6）。

图5　事故现场

图6　川AN8×××重型自卸货车整体加高了货箱栏板

2. 事故直接原因

经调查，事故直接原因为陈某某驾驶非法改装机动车（擅自加高货箱栏板）上路行驶，严重超载（超载384%）；闯红灯通过交叉口。

3. 调查工作思路

经调查发现，在该事故中，除了驾驶人的交通违法行为外，车辆货箱多次加高栏板和严重超载超限运输的交通违法行为已经持续了较长一段时间，这直接反映出运输企业和实际车主存在安全监管责任不落实、工地装载源头放任车辆超载装运、相关职能部门监管职责不落实等问题。事故深度调查将重点放在对企业（车主）、装载源头的安全违法行为的调查取证上，具体包括：

调取企业主体未依法履行安全生产监督职责的相关书证、物证，分别对涉嫌犯罪的肇事车辆驾驶人、实际车主、公司法人、公司管理人员以及货运源头的施工负责人传唤讯问；对运输企业的其他工作人员、GPS货车运输监管公司工作人员、建筑垃圾的建设施工单位和消纳场地的工作人员以及涉案车辆的其他驾驶人等，开展调查取证工作，收集与案件相关的各项证据，并与书证、物证相互印证。

4. 调查发现的深层次问题

深度调查组会同成都市安监局、市城管委、市交委、市监察委等部门从多方面开展深度调查，发现在管理上存在以下问题：

一是川AN8×××号重型自卸货车所属单位是成都某运业有限公司，实际车主是谭某，与该公司签订加盟服务合同。货箱左、右两侧栏板顶部分别焊接加装了一块高度均为20cm的钢板挡板，增加了货箱栏板的高度。此外，该车因擅自改变机动车外形和已登记有关技术数据的违法行为，先后被交警部门处罚15次，且陈某某不是该车的备案驾驶人。

二是成都某运业有限公司法定代表人为金某，实际控制人为曹某某。公司登记重型自卸货车123辆，其他类型货车20辆，备案驾驶人151人。公司的经营业务主要是吸纳社会车辆挂靠经营，挂靠车辆以公司的名义办理运输许可证后，自行从事各种运输活动。公司每年向每辆挂靠车收取2400元左右的管理费用。成都某运业有限公司违规挂靠经营

（违反四川省《道路交通安全法》实施办法第十八条："从事客运、危险物品运输、工程渣土运输、驾驶培训等车辆应当实行公司化管理，禁止挂靠经营"的规定）；公司的注册地与公司实际地址不一致，导致企业登记地主管的交通、交警等部门无法实施有效的监督管理；安全生产规章制度不健全，虚设安全管理机构，安全投入严重不足，对驾驶人的安全教育流于形式，安全教育培训记录造假，GPS动态监控管理不到位，隐患排查工作不落实（对此次事故肇事车存在的车辆改装和长期超载运输违法行为未进行检查，也未对存在的上述隐患进行整改）；公司实际控制人曹某某为逃避法律责任，设置金某担任公司法定代表人，自己在背后遥控指挥公司相关业务，金某本人不熟悉运输公司管理业务，特别是安全管理工作，造成公司在安全管理中存在大量问题。

三是四川某工程有限公司存在违规现象，该公司是"领地·兰台序"楼盘土石方承建单位，违规转借公司资质承揽工程，施工手续不完善，违规组织土石方挖掘施工。该项目虽然办理了《建设用地规划许可证》，但尚未取得《建筑工程施工许可证》。土石方工地现场负责人马某借用公司资质参加项目土石方工程竞标。中标后，马某与成都某运输有限公司签订运输合同，但进场施工后，并未按约定使用该运输公司车辆运输土石方，而是将连砂石运输以33元/m³价格转卖并擅自另行组织社会车辆前往工地装载连砂石。

四是土石方工地现场负责人马某未按《〈成都市建筑处置管理条例〉实施办法》第六条关于"两员"，管理制度要求"建设单位或者施工单位应当配置施工现场建筑垃圾处置（排放）管理员，管理员应当负责现场使用《成都市建筑垃圾运输企业名录》内运输车辆，按规定装载建筑垃圾及车辆除尘等事项"之规定，未在施工现场配置建筑垃圾处置（排放）管理员，对施工现场进行监督管理，致使建筑垃圾车辆装载后超载出场运输。

五是郫都区某行政主管部门在项目未取得《建筑工程施工许可证》的情况下，违规发放《建筑垃圾处置（排放）证》。

六是金堂县某行政主管部门行业监管不力，对成都某运业有限公司安全管理制度不完善，驾驶人安全教育流于形式，培训记录造假等问题失察。对涉案道路运输货运企业动态监控工作的情况进行监督考核不到位，对涉案货运企业虚设安全管理机构、存在登记地与实际经营地不一致的问题未要求进行有效整改。

5. 刑事责任追究情况

通过深度调查取得的充分证据，对驾驶人、企业责任人等多名涉案人员追究了刑事责任：

运渣车肇事驾驶人陈某某，驾驶川AN8×××重型自卸货车超载、违反信号灯指示造成死亡3人的事故，承担事故的全部责任，犯交通肇事罪，被判处有期徒刑4年。

川AN8×××号重型自卸货车实际车主谭某，为谋取利润长期超载运输，在交警多次拆除肇事车辆加高货厢栏板后，依然对车辆的货厢栏板再次加高，致车辆超载运输；对驾驶人的工资以运输量提成的方式鼓励、纵容驾驶人超载、超速运输，与该起交通事故发生有间接因果关系，犯重大责任事故罪，被判处有期徒刑2年6个月，缓刑3年。

车辆挂靠公司，即成都某运业有限公司的法人金某，虚设安全管理机构，未履行安全生产监督管理职责；未发现、消除肇事车辆改装加高货厢栏板的安全隐患；未开展安全生产教育培训；指使员工编写虚假安全教育台账、车辆隐患排查台账；伪造驾驶人学习签到材料；不按规定设置专职GPS系统货车运营监督管理员，与事故发生有间接因果关系，犯重大责任事故罪，被判处有期徒刑2年，缓刑3年。

成都某运业有限公司实际控制人曹某，作为运输公司实际管理人和最大受益人，为逃避打击，安排金某担任公司法人和安全生产第一责任人，对公司的管理流于形式，指示员工编写虚假安全教育台账、车辆隐患排查台账；伪造驾驶人学习签到材料；不按规定设置专职GPS系统货车运营监督管理员，与事故发生有间接因果关系，犯重大责任事故罪，被判处有期徒刑2年6个月，缓刑3年。

房地产项目土石方工程负责人马某，未取得《建筑工程施工许可证》擅自进行土石方开挖；未按办理《建筑垃圾处置（排放）证》时备案车辆组织运输，私自组织社会车辆进行运输；未健全工地装载、记重制度，使用非法改装车辆进场进行运输，导致车辆超载出场，与事故发生有间接因果关系，犯重大责任事故罪，被判处有期徒刑1年，缓刑1年。

6. 其他处理处罚

对成都某运业有限公司等3家企业违反安全生产相关规定的行为进行行政处罚；对郫都区和金堂县的相关行政主管部门的相关责任人给予行政处分。

从上述两起交通事故深度调查中可以看出，在对道路隐患的查找上，除了我们对交通事故本身的调查分析外，还需要借助专业机构、专业人员对道路条件及环境状况进行专业的分析鉴定，才能提出有针对性的、科学的整改意见和建议，从而在根源上消除安全隐患。在责任追究上，要做到多部门联合协同作战，形成合力；多方面深度追责，倒逼责任落实；多渠道开展深度宣传，对相关行业形成严格规范，实现最佳的社会效果。另外，在完成深度调查后，应当将深度调查报告以公安厅（局）的名义上报省（市、州）人民政府，由安监、监察、纪检等相关部门进一步督促隐患整改和责任追究的落实，从而使深度调查整改工作落到实处。

扫一扫查看原文

关于完善我国道路交通应急管理培训课程体系的研究及建议

闫星培　公安部道路交通安全研究中心助理研究员

应急管理是国家治理体系和治理能力的重要内容，加强道路交通应急管理培训是公安交管部门提升交通应急事件处置水平和能力的基本手段。近年来，在恶劣天气、重大节假日大客流、危化品事故以及疫情防控等交通应急事件处置案例中，各地不同程度存在风险研判不精准、应急响应不及时、上下游联动不到位、救援人员及物资运输保障不顺畅等问题,道路交通应急管理培训不足是以上问题的重要原因之一。

一、道路交通应急管理培训存在的问题

当前,我国道路交通应急管理培训中存在的问题,主要表现在4个方面。

一是法制化培训程度不高。在"大应急"管理培训领域,国家层面还没有建立相关的法律制度,致使道路交通应急管理培训缺乏法律保障和法律依据,没有对道路交通应急管理培训的专业术语、工作流程、质量评估指标做出统一规范。

二是常态化培训体系未建立。当前存在"部、省、市"培训组织体系不健全,师资力量专业程度不足、教材不配套、课程内容脱离实际、培训质量评估指标体系不统一等问题。

三是培训定位与对象不明确。在培训对象上,未与培训人员工作需求相适应。一方面,针对总队、支队分管领导、指挥中心主任的谋划力、指挥力、协同力培训定位不清晰。另一方面,针对一线处置民警执行多种交通应急事件处置能力的实战化培训和演练不充分。

四是教学培训场地和设备不足,缺少实战演练。在培训形式上,主要以理念性、理论类、知识性培训为主,培训内容不系统,问题意识薄弱,能力培训课程缺乏,案例教学比例低,真实案例数量少。同时,受制于实战性仿真模拟和合成演练设施缺乏,以及实战演练场地严重不足,培训的针对性、实效性也亟待提高。

二、美国交通应急管理培训课程与演练的特点

从国外情况看,美国联邦公路管理局(FHWA)、美国国家公路交通运输协会(AASHTO)通过美国公路战略二期研究计划项目(SHRP2)等共同推动了国家交通应急管理培训计划的出台,为在国家层面开展交通应急管理的系统研究、培训和实施奠定了坚实基础和积累了丰富经验。

1. 注重培训课程内容的针对性

近年来,美国交通应急管理培训课程内容更加突出问题意识和问题导向,更加关注各机构和部门应急协调联动机制、应急管理全流程、应急决策能力、风险评估、专业技能、灾害预防、灾难处置方法等内容。在交通应急管理培训课程中,主要内容包括:

一是系统介绍国家应急体系及其运作机制。介绍美国交通应急管理是在全国事故管理系统(NIMS)下,开展规范化、统一高效的应急管理工作机制,通过将各种设施、装备、人员、规程和通信纳入一个共同的组织结构中,实现对国内各类突发事件的快速高效管理。其中,事故指挥系统(ICS)是该系统核心部分,有效促进了联邦、州、地方政府以及企业和非政府组织协同工作,为实施快速高效的应急准备、预防、应对和恢复等方面工作,提供了具体流程及操作程序(图1)。

二是将交通标准和应急术语结合统一。从相关法律中,定义了以安全、快速清理应急处置现场为核心的实施标准。同时,结合美国交通工程设施手册(MUTCD),将交通

管制术语、车道标识和事故现场术语等相匹配统一，实现快速、准确描述并反馈现场事故形态、交通控制、道路位置及特征等重要信息。

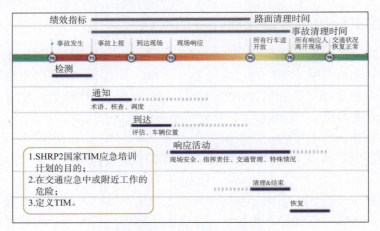

图 1　美国交通应急事件处置流程

三是将现场评估和信息报送内容要素化。强调公共安全通信中心在交通应急事件响应中起到的重要作用，详细描述事故信息通报的要素（事件类型、确切位置、涉及车辆、受影响车道等）、现场核查评估内容（事件位置、形势初判、建议措施、所需人员与装备支持）等，形成了简练、精准的交通应急事件信息报送、救援人员及装备调度流程规范。

四是重视现场危险源辨识和安全防护。为提高现场处置人员人身安全防护能力，针对在恶劣天气（雨、冰、雪、雾等对驾驶人能见度、道路路面等影响）、危化品事故（剧毒危化品类型及其危害）、自然灾害（飓风、泥石流等危害）等应急处置场景下，提出了现场危险源辨识、危险因素识别的具体方法，以及个人和救援车辆防护措施，在确保应急人员做足安全防护的措施下，再开展处置工作。

五是实施现场"一区一策"管控措施。科学设置交通应急管理区，将事故现场划分为预警区、过渡区、活动区和终止区等4个组成部分（图2）。根据不同区域实际情况，进一步确定需要扩展预警区、缓冲区的现场条件，以及各区内使用交通设施（锥桶、荧光棒、警示牌、可变信息牌）的具体适用条件和设置方法，充分考虑到降低现场二次事故风险。

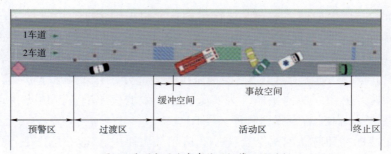

图 2　典型交通应急事件现场管理区划分

2. 注重培训演练效果的实效性

在"做中学""学中做"是美国交通应急管理培训秉承的基本理念。他们非常注重在实战性培训和仿真模拟演练中应急管理、应急救援和应急协调3种能力的提高。为了加强对应急演练的统一指导，2003年1月，美国国土安全部国内防备局颁布了《国内应急管理演练分类》，统一规范了应急演练的类型、操作流程和效果评估指标，对提高实战性培训的实效性有重要的指导意义，有力地促进了各类应急演练等实战性培训的推广。在交通应急管理培训演练中，主要演练类型包括以下7种：

一是研习班。一般适用交通应急管理领域的新入岗人员，使其熟知交通应急管理的组成理念、工作职责、交通应急管理战略、规划和预案、政策、工作程序、协议，以及交通应急响应的各种技术与装备。

二是专题研讨会。与会人员组成专业小组，研讨以往交通应急管理工作中的处置经验和研究成果，进行分组讨论，在加强机构协调联动、突发交通事件监测预警、提升应急处置专业能力等方面总结交流具体改进措施（图3）。

三是技术演练。常用于交通应急处置中新设备的使用培训，通过组织活动，达到制定或测试新的应急处置政策或程序，或练习现有技能等演练目的。

四是竞技性演习。通过模拟演习，将参训人员划分为两个或3个现场应急处置小分队，针对实际或假设的情景，在竞争性模拟气氛下，应用交通应急处置规程、数据和程序。参与者要在恶劣天气、危化品事故等常见交通应急事件情景中，根据情况变化采取相应的行动。

图3　专题研讨会演练

五是桌面演习。这种演习旨在激发对于一个假设交通应急事件的各种讨论，通过桌面推演来评价应急预案、政策和程序，以及评价对特定应急事件的预防、响应和恢复等工作体系（图4）。

图4　桌面推演演练

六是职能演练。通过角色扮演的方式,将参训人员划分为现场处置组、指挥调度组等,检验和评价单一职能小组或几个相互依存的职能小组中个人的能力、承担的职责及其活动情况。

七是综合演习。这是规模最大、费用最多,也是最复杂的演练类型,参与演习的机构可能包括联邦政府、州政府、大区和地方政府,其目的主要用来评估交通应急系统整体的应急能力,评估警察、消防、医疗救援、道路清障等各参与演练的单位和部门间在一段时间内的工作衔接和互动配合的整合能力(图5)。

图 5 综合演习

三、完善我国道路交通应急管理培训体系的相关建议

道路交通应急管理能力是交通管理工作水平的综合体现。为切实提升道路交通应急水平,确保民警在事件处置中的人身安全,将道路交通危害减低到最低程度,提出如下意见和建议。

统筹规划道路交通应急管理培训工作。建议将道路交通应急管理培训纳入"十四五"道路交通安全管理规划中,并与交通运输部、中国气象局等相关部门研究、统筹规划全国道路交通应急管理培训工作,编制中长期及年度道路交通应急管理培训规划计划,不断加强对培训工作的组织领导和规划协调。进一步明确道路交通应急管理培训工作应当遵循的原则、培训对象、培训内容、培训方式方法、培训机构、师资队伍建设、教材建设、经费保障、考核与评估等方面的内容。

规范培训流程,科学制定课程内容。建议将培训对象划分为总队、支队领导和指挥中心负责人、一线处置民警两类,编写相应的课程指导纲要和考核标准,规范课程体系和内容。将培训课程划分为基础理论类、法规规制类、能力建设类、专业实务类、模拟演练类五类,统筹规划总体思路、指挥中心技战术应用、应急信息报送处置规程、应急信息发布与舆情处置、无人机与重大活动安保,以及恶劣天气、自然灾害、重特大与危化品事故交通应急处置等专项课程标准与实地观摩。在此基础上,建立全国道路交通应急管理培训课程教学案例库,充分依托全国交警网校建立网络学习平台,开发制作道路交通应急管理网络课程。

突出培训的实战训练和专业训练。在教学培训中高度重视道路交通应急演练和实战技能培训的重要作用,把在交通应急事件情景重现模拟环境下,开展桌面推演、视频演示、实战演练等方法作为道路交通应急管理培训的主要方法。例如,在交通应急事件的监测预警、会商决策、处置部署、指挥调度等环节采取桌面推演方式；在辨别现场危险源、民警自身和车辆安全防护、转移群众疏散交通等环节采用视频演示方式；在跨区域调度应急物资、救援力量交通保障、应急通信联络保障等环节采用实战演练的方式。同时，通过实训课程教会民警如何更好地向社会群众开展宣传教育工作。

加强应急管理事件场景与处置研究。一方面，以情景构建理论为基本指导，充分利用VR、AR等仿真技术与模拟舱等设备，构建隧道内危化品运输车发生交通事故起火、恶劣天气或地质灾害造成大范围长时间的交通拥堵、突发公共卫生事件应急响应造成人员调运与物资运输中断等"最坏情景"，构建过程力求准确、真实，最大限度贴近实际。通过设计监测与预警、应急处置与救援、事后恢复与重建等具体环节，以形象的"情景"引领应急管理具体工作，以此提升应急能力。另一方面，加强信息报送、决策会商、协调指挥、现场处置、联防联控、新闻发布等环节的流程和规范研究，进一步明晰处置规程，规范应急响应行为。同时，在道路交通应急管理统一术语、应急管理装备配备等方面做好相关技术标准的研究工作。

加强培训保障措施与评估考核跟踪制度。完善以需求为导向的培训需求调研制度，对培训所需的场地、师资、经费、设施设备等开展调研，依托总队、地方警校、支队指挥中心等，建立"平战结合"的区域性道路交通应急管理战训基地。构建以结果为导向的道路交通应急培训效果评估体系，从反应评估、学习评估、行为评估和结果评估4个层面实现对培训效果的全程评估。在培训结束后，持续开展回归工作岗位后的动态跟踪评估，依托交警系统实战大练兵竞赛体系进行定期跟踪评估。

扫一扫查看原文

以"点、线、面"防护要诀，提升交通事故中现场人员安全

高龙伟　广西壮族自治区公安厅交警总队高速公路管理支队警务技术一级主管
董伟光　公安部交通管理科学研究所助理研究员

一、事故情况：警员处理车辆侧翻事故时被冲入现场的车辆拖行致死

2014年5月10日9:49许，25岁的警员迈克尔在美国65号州际高速公路上处理一起皮卡拖挂车侧翻事故时，被一辆冲入现场的旅居车碰撞后牺牲（图1）。

1. 事故发生详细过程

在处理第一起交通事故时，迈克尔负责交通管控，其将巡逻警车B停放于匝道南面的第三行车道内，田纳西州运输部门的一辆带有电子导向牌的支援车辆B停放在警车右侧封闭第四车道和路肩上。当警员迈克尔和支援车辆驾驶人亚伦站在两车之间，靠近支援车辆B左侧车门位置交流时，一辆旅居车牵引着挂车沿第三行车道行驶过来，救援车B驾驶人亚伦首先看到迎面驶来的旅居车，向迈克尔大喊一声："小心！"，然后沿救援车B前部向右侧路肩躲避。迈克尔并没有躲开，转身面向旅居车挥舞手臂进行示警。旅居车并未减速避让（从地面痕迹可以看出，旅居车在与救援车碰撞接触后才开始紧急制动），从救援车左侧擦蹭过后撞到了迈克尔。该警员被卷入旅居车的拖车底部拖行了116ft（约35.4m）后当场死亡。图2为事故现场分析图，其中红线为肇事旅居车及挂车行驶轨迹。

第一起事故发生后匝道被完全封死的原始现场，由北向南拍摄

第二起事故后现场车辆的停放位置，左为巡逻警车B、中为冲入现场的旅居车及挂车、右为支援车辆B，由南向北拍摄

图1　事故现场情况（警方提供）

2. 事故现场重现

据71岁的肇事驾驶人迪安陈述，事发时车速为97km/h，由于车速和交通流量原因其无法向左侧车道变更，于是尝试从警车和支援车辆之间通过，结果酿成了悲剧。警方在后续的勘查中未发现路面有任何制动痕迹，事故现场在16:00清理完毕。后期的事故现场重现过程中，警方使用了一辆和旅居车同样尺寸的车辆对驾驶人操作进行模拟，结果发现在后方274m的地方即可清晰看到巡逻警车B和支援车辆B（图3）。警方随后进行计算机模拟，得出如下结论：当车速为96km/h时，274m距离需要行驶10.23s；扣除1.6s的反应时间，驾驶人仍然有8.63s时间采取措施；1.6s的反应时间内，车辆行驶距离为43m，使得制动距离减少为231m。设定摩擦系数为0.20和0.40，正常制动时，旅居车停下来需要91.4~182.8m的距离。可以断定，在考虑视距的情况下，旅居车驾驶人正常制动时能够及时停止。

二、案例分析：事故现场过渡区长度设置不合理加大了事故风险

经过分析，这起事故存在以下几点明显不合理之处，加大了现场人员的执法风险。

1. 警车和救援车停放不合理

案例中，巡逻警车B和支援车辆B两辆车虽然停放于警戒区上游的不同车道内，形式上对现场形成了合围，但两车平行摆放且中间留有约4m宽的通道，实际效果等同于"关上一道门、开启一扇窗"，后期的悲剧也直接验证了此次合围的不严密性。

建议做法：交通事件占用多条车道时，警戒区上游的应急车辆宜考虑错位停放的方式放置在不同车道内，形成合围之势，对工作区域进行多层次、全方位的立体保护，提

升现场的安全防护能力。本案较合理的做法是将巡逻警车B和支援车辆B两车统一向左倾斜20°~30°左右错位停放，首尾趋近或部分重叠（图4）。

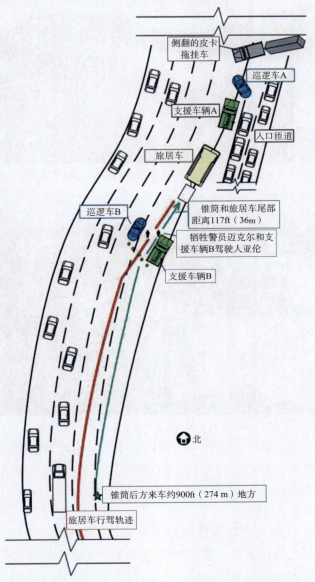

图2　事故现场分析图，红线为肇事旅居车及挂车行驶轨迹（NOISH提供）

2. 动态信息标志更新不及时

事发前，事故现场后方3218m处的动态信息显示屏（DMS）上提示前方仅最右侧行车道封闭，于是旅居车驾驶人迪安从第四车道变更至第三车道行驶。当他通过事故现场时，右侧两条车道均已封闭，但显示屏信息直至上午9:48才更新，距离警员迈克尔被撞牺牲仅提前了1min。动态信息显示屏（DMS）提示信息的不准确影响了驾驶人的预判，给现场防护带来了极大的安全隐患。

图3　事故现场重现，黄圈处为巡逻警车、支援车辆及肇事车辆位置

图4　掩体车辆首尾趋近或部分重叠，合围事故现场

建议做法：在交通事件处置过程中，现场人员应与指挥控制中心保持密切沟通，及时更新沿途动态信息标志或可变信息标志的预警信息，并保证内容准确无误，为行经现场的驾乘人员提供精准指引。

3. 过渡区长度设置不合理

案例中，救援车驾驶人在设置锥筒封闭第三、四行车道时，几乎是紧贴着巡逻警车和救援车的后尾部进行，过渡区锥筒的放置角度和间距并未按要求，起不到"平稳过渡"的效果。

建议做法：尽管交通事件各有不同，但现场的区划大同小异，一般可分为预警区、过渡区、缓冲区、工作区等几个区域，其中以过渡区权重最高。过渡区长度设置过短，会延误驾驶人对危险的识别和判断，导致其不能提前采用合理的通行策略通过事件区域，极易诱发交通事故。一个科学合理的交通管控方案，在设置过渡区时，应将交通流、驾驶人决策视距、路段限速、路宽等参数作为重要的决策因素。美国《统一交通控制设施手册》（MUTCD）对临时交通管制区域中的过渡区给出了推荐计算公式（图5），不同类型的过渡区其长度还需乘以对应系数，比如应急车道过渡区和侧移式过渡区长度分别为1/3L、1/2L。

Taper Length Criteria for Temporary Traffic Control Zones
临时交通管制区域过渡区长度标准

Type of Taper 过渡区类型	Taper Length（L）* 过渡区长度	
Mergine Taper 合并式过渡区	at least L 至少 L	
Shifting Taper 侧移式过渡区	at least 1/2L 至少 1/2L	
Shoulder Taper 路肩过渡区	at least 1/3L 至少 1/3L	
One-Lane, Two-Way TrafficTaper 双向单车道过渡区	50 feet minimum, 100 feet maximum	最少 50ft
		最大 100ft
Downstream Taper 下游过渡区	50 feet minimum, 100 feet maximum	最少 50ft
		最大 100ft

*Formulas for L are as follows：L 计算公式
For speed limits of 60km/h (40 mph) or less：限速低于60km/h时，L 计算公式
$$L=\frac{WS^2}{155} \quad (L=\frac{WS^2}{60})$$
For speed limits of 70km/h (450 mph) or greater：限速高于70km/h时，L 计算公式
$$L=\frac{WS^2}{1.6} \quad (L=WS)$$
Where: L=taper length in meters(feet)　　L= 过渡区长度，单位：m（ft）
W=width of offset in meters(feet)　　W= 横向宽度，单位：m（ft）
S=posted speed limit or off-peak　　S= 速度，单位：km/h（mile/h）
85th-percentile speed prior to work starting.
or the anticipated operating speed in km/h(mph)

注：1ft=0.3048m。

图5 临时交通管制区域过渡区长度标准

此外，当交通事件需封闭多条车道时，宜采用阶梯状的渐变模式设置过渡区，防止车辆因连续变更车道引发次生交通事故（图6）。

4. 现场人员站位不合理

案例中，警员迈克尔和救援车驾驶人站在掩体车辆间相对狭小的空间沟通交流，点、线、面三方面均不同程度地存在安全隐患，以至于酿成悲剧。

建议做法：交通事件中现场人员的安全防护要诀，可简单地归纳为"点、线、面"3个字。"点"，就是通过评估现场的道路环境、车流情况、视距、掩体等因素，选择适合现场需求的安防等级，选取有利于保护自己免受侵害的站位。"线"就是在构建的安防区域内进行现场处置时的行进路线以及紧急情况下的逃生路线，通常情况为前后左右4个方向中到达掩体或远离危险源的最短路线，极个别情况下也有选择向上方向的逃生路线，即纵身跃上身边车辆的顶部来躲避撞击。"面"就是要具备宏观评估、动态评估的能力，对瞬息万变的现场环境保持戒备。应急响应人员尤其是安全员目光应始终面对危险源的方向，不做类似拨打接听电话、听音乐、聊天、坐下休息等易分神的

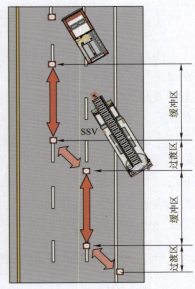

图6 封闭多条车道时，宜采用阶梯状的渐变模式设置过渡区

事。安全研究机构（ESRI）建议在培训中向应急响应人员灌输"车辆在移动且不是你在驾驶，它就可能撞死你"的忧患意识。

本案中并未参与到现场具体勘查工作中的迈克尔，站位有很多备选方案，比如选择在警戒区上游顶端处，靠近应急车道路边防护栏、路肩，也可选择在掩体车辆的下游区靠近核心工作区域的位置，方便与处置人员沟通交流。

除了以上防护不到位的几点，案例中途经现场的旅居车驾驶人未遵守交通法规也是造成本起悲剧的原因之一。"Move Over and Slow Down"法规，即"途经开启警示灯的警车、救护车、消防车、施救车等应急车辆所在区域时，应变更车道或减速行驶"，最早由美国南卡罗来纳州制定。截至目前，美国所有50个州均已制定了与此相关的法律法规。本案中肇事的旅居车驾驶人在事故现场封闭区域上游约274m处已经看到了右侧两车道的巡逻警车和救援车，但仍未采取减速避让措施，反而想要从两车间的空隙穿过。此外，地面痕迹显示直到旅居车剐蹭到救援车后，才开始采取制动措施。

扫一扫查看原文

关于道路施工作业警告区安全设施设置的技术需求探讨

程金良　浙江省公安厅交警总队警务技术四级主任
　　　　上海同济大学道路交通安全与环境教育部工程研究中心特聘研究员

当前，道路施工作业的适用规范主要有国家标准《道路交通标志和标线　第4部分：作业区》（GB 5768.4—2017）（本文简称"国标"）、公路工程行业标准《公路养护安全作业规程》（JTG H30—2015）（本文简称"行标"）。这两个标准颁布、实施时间有先后，适用范围不尽相同，同类情形的规定也有不同侧重。虽然国家标准与行业标准在技术法规体系中的法律效力毋庸置疑，但在实践操作中容易出现理解不到位，执行有偏差等问题，给施工作业和交通组织设计及现场管理带来一定困扰。本文作者对两个标准进行比较分析，结合工作实践，总结提炼出在实践操作中标准应用存在的问题，并就准确理解、科学适用标准提出建议，以期为提高施工路段的交通安全管理水平提供有效方法，也为将来标准修订提供一些思路。

一、标准中部分基本概念辨析

1. 施工路段

"国标"将"施工路段"定义为"作业区"，是指由于道路施工、养护等作业影响交通运行，而进行交通管控的路段。"行标"将"施工路段"定义为"作业控制区"，是指为养护安全作业而设置的交通管控区域，分为警告区、上游过渡区、缓冲区、工作区、下游过渡区、终止区。两个概念内涵基本一致，表述有差异，"国标"侧重路段，外延更广；"行标"侧重于区域，但更具体。

2. 施工路段照明（灯光设置）

"国标"关于作业控制区照明或灯光设置给出了"照明、施工警告灯"等概念，又将警告灯分为"闪光灯"和"定光灯"。"行标"给出了"照明设施、警示频闪灯"等概念。两个标准给出的概念内涵基本一致，描述不尽相同，综合来讲，作业区设置的灯光一般分两种：一种为照明，常亮灯光；一种为警示灯，频闪灯光。

3. 警告区

从道路施工作业控制区起点布设施工标志到上游过渡区起点之间的区域，用以警告驾驶人员已进入施工作业区域，按交通标志调整行车状态。"国标"与"行标"表述一致。

二、实际操作中，标准应用存在的问题

1. 标志设置不规范

作业区距离标志设置不规范。在实践操作中，包括两个方面问题：

一是对作业区距离标志所标明距离计算方法理解不透彻，大部分施工作业单位认为作业区距离标志是该标志设置位置到作业区的距离。"国标"5.1.2规定：作业区距离标志用以预告距离作业区的长度，设置于警告区起点附近，辅助标志上的数字宜取警告区长度值。二是对作业区距离标志中距离数值确定不合理。"国标"4.3规定：设计速度为120km/h、100km/h时，最小警告区长度分别不小于1500m、1000m；"行标"4.0.4规定：高速公路设计速度为120km/h、100km/h时，最小警告区长度分别不小于2000m、1800m，但有前提条件，即小时交通量小于等于1800pcu/h·ln（当量/小时·车道）且大于1400pcu/h·ln，当交通量大于1800pcu/h·ln时，宜采取分流措施控制流量。在实践操作中，高速公路一刀切采用2000m或1600m警告区长度是常态，客观上车道小时流量很难实时掌握，即使超过流量阈值一般也不会采取分流措施，毕竟分流会增加路段危险点。这带来的问题就是经常性的施工作业区预告距离不足，并且是一个隐性问题，难以发现。另外，二、三、四级公路不考虑施工作业路段纵坡、平曲线半径等道路平纵指标而采取相应施工预告距离的，更是常态，带来的问题同样是施工作业区预告距离不足。

作业区距离标志预告次数不够。"国标"7.1.1规定：高速公路、一级公路根据需要在警告区起点上游可增设一块作业区距离标志，其与警告区起点距离不宜超过1000m；"国标"8.1.1规定：双车道和单车道路时，可增设的作业区距离标志与警告区起点不宜超过500m；"行标"无此类规定。在实践操作中，作业区距离预告标志一般只设一道，预告次数严重不足，导致驾驶人不能及时获取施工作业预告信息，从而不能有效调整驾驶状态进入施工路段，致交通事故多发。

安全设施在道路两侧布设的规定落实不到位。一是侵占左侧路缘带，道路侧向余

宽不能保证。"国标"7.1.2规定：单向三车道及以上时，警告区内设置的作业区交通标志应同时设置于路肩外侧及中央分隔带上。据此，在实践操作中，绝大部分高速公路和整体式路基一级公路施工作业现场，左侧路缘带被警告区标志牌、交通锥等设施占用，致使道路左侧侧向余宽不足，严重影响行车安全。二是只布设于道路一侧。"国标"7.1.2及"行标"6.1.2规定：（高速公路、一级公路）在封闭车道一侧的警告区应布设施工标志和限速标志，在非封闭车道一侧的警告区应布设施工标志，八车道以上路段，在非封闭车道一侧的警告区还应增设限速标志。实践操作中，以作业人员横穿行车道危险为由和缺乏现场监督，安全设施往往只布设于道路一侧，且只布设于硬路肩一侧为普遍现象，因为摆放方便，不需横穿行车道，但是这种布设方式存在极大安全风险。如：2019年12月15日13:34许，G25长深高速公路2485km+400m，董某驾车冲入施工封闭区域，造成2名作业人员死亡。经勘查，现场为单向两车道路段，因施工封闭左侧车道，右侧车道通行，警告区施工作业标志牌只布设于道路右侧的硬路肩上，道路左侧中央分隔带内未布设任何施工标志牌，导致驾驶人无法及时获取前方道路施工信息（图1、图2）。

图1 事发现场图（1）

图2 事发现场图（2）

禁止超车标志适用情形不全面。"行标"中作业控制区布置示例图3a)为封闭左侧车道预留右侧车道通行、图3b)为封闭左侧两个车道预留右侧一个车道通行、图3c)为封闭左侧两个车道预留右侧两个车道通行，均设置了禁止超车标志。其余情形，尤其是封闭右侧车道预留左侧车道通行的均未设置（图4）。虽然《中华人民共和国道路交通安全法实施条例》第四十七条对"超车"的概念进行了明确：机动车超车时，……后车应当在确认有充足的安全距离后，从前车的左侧超越，在与被超车辆拉开必要的安全距离后，开启右转向灯，驶回原车道。但右侧车道封闭左侧车道通行的情形中，在临近上游过渡区时，超越车辆和可能变更车道的被超越车辆在左侧车道里仍然存在冲突碰撞的风险，安全隐患突出。"国标"中，向右改道的情形，用平移过渡段确保有效行车断面不减少，采用禁止跨越同向行车道分界线；向左改道时，提前施划禁止跨越同向行车道分界线。因此，禁止超车标志应用场景很少。但在实际操作中，地面标线需要重新施划、恢复难度大等原因，采用"国标"做法的极少数，只有一些道路改扩建等需要长期改道或借道的项目才会采用。

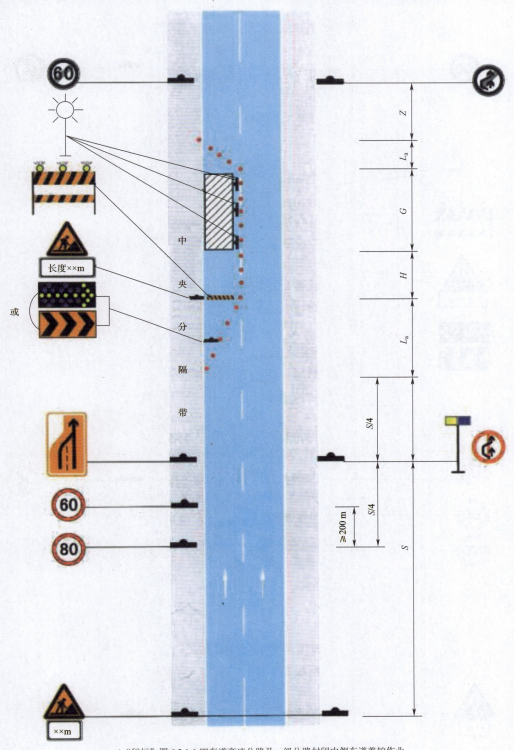

a)"行标"图 6.2.1-1 四车道高速公路及一级公路封闭内侧车道养护作业

图 -3

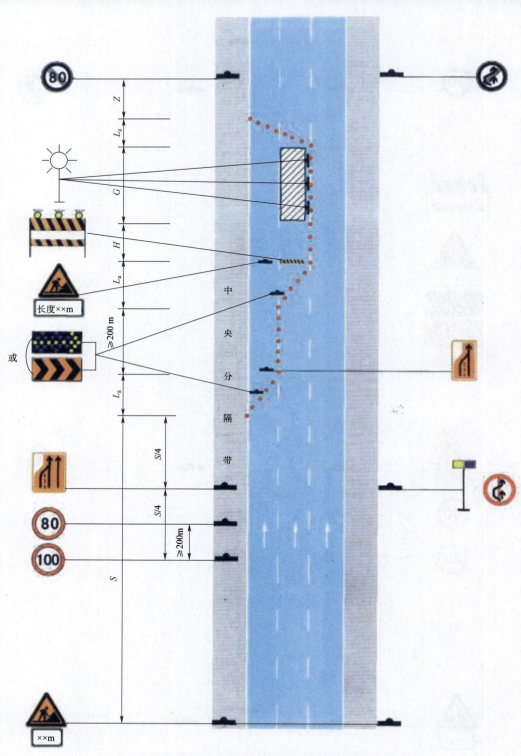

b)"行标"图 6.2.2-1 六车道高速公路及一级公路封闭内侧车道养护作业

图 3

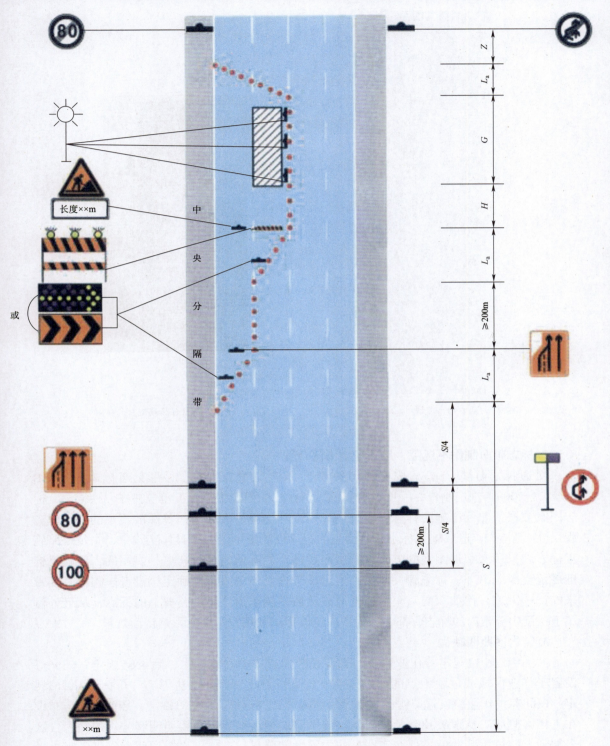

c)"行标"图 6.2.2-3 八车道高速公路及一级公路封闭内侧车道养护作业

图 3 "行标"中作业控制区布置示例图

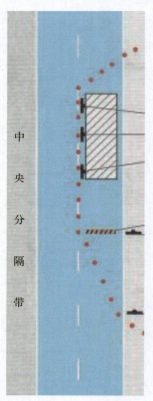

图4 封闭右侧车道预留左侧车道通行的均未设置"禁止超车标志"　　图5 施工单位往往偷换概念的样例

2. 标志版面制作不规范、尺寸规定不甚合理

交通标志样式、图案按照《道路交通标志 第2部分：道路交通标志》（GB 5768.2—2009）规定制作，一般没有异议。但在实际操作中，施工单位往往偷换概念，标志图案被嵌入非标准施工标志牌中，以非标准标志牌最大尺寸代替标准规定的施工标志牌尺寸（图5），造成施工标志有效信息的视认性严重下降。在具体实践中，大量道路施工标志牌采用文字加图案的方式进行版面设计，笔者认为可行，也是实用的，但缺乏标准规范支撑。另外，标志牌尺寸按"道路设计速度"单一指标确定，没考虑路幅宽度带来的认读困难，比如双向六车道以上道路从最内侧车道认读硬路肩上的标志，从最外侧车道认读中分带内的标志，都会因为横向认读距离及视线角度而影响认读效果。

3. 警告区照明缺失

"国标"6.11规定：作业区夜间宜设置照明或主动发光标志；附录B7规定：闪光灯设置于作业区段或危险地点的起点以前，定光灯设置于作业区边界。"行标"3.0.13规定：夜间养护作业应设置照明设施和警示频闪灯；"行标"5.0.6 1规定：照明设施应布设在工作区侧面。从事故预防角度出发，施工路段最危险、最需要照明和警示的是警告区末端到上游过渡区一带，但在实践操作中绝大部分只在工作区设置照明，警告区很少设置。"国标"与"行标"警告区部分项目比较见表1。

"国标"与"行标"警告区部分项目比较列表   表1

项　目	《作业区》(GB 5768.4)	《公路养护安全作业规程》(JTG H30—2015)
施工路段概念	作业区：由于道路施工、养护等作业影响交通运行，而进行交通管控的路段	作业控制区：为养护安全作业而设置的交通管控区域，分为警告、上游过渡、缓冲、工作、下游过渡、终止区
警告区最小长度	设计速度为120km/h、100km/h时，最小警告区长度分别不小于1500m、1000m	设计速度为120km/h、100km/h时，最小警告区长度分别不小于2000m、18000m（但有前提条件：车道小时交通量小于1800pcu/h·ln且大于1400pcu/h·ln）
作业区距离标志设置次数	高速公路、一级路或双车道、单车道路，根据需要，在警告区起点上游可增设一块作业区距离标志，其与警告区起点不宜大于1000m或500m	无规定
标志是否在道路两侧同时设置	单向三车道及以上时，警告区设置的标志应同设置于路肩和中分带。附录C，警告区施工标志、车道减少标志及限速标志均在单向双车道以上道路两侧布设	高速公路、一级公路在封闭车道一侧的警告区应布设施工标志和限速标志，在非封闭车道一侧的警告区应布设施工标志，八车道以上路段，在非封闭车道一侧的警告区应增设限速标志
作业控制区最终限速值选取依据	与道路设计速度有关：设计速度120km/h时，限速80km/h；设计速度100km/h时，限速70km/h；设计速度80km/h时，限速60km/h……	与道路设计速度、作业区预留行车宽度有关：设计速度120km/h时，限速80km/h，预留3.75m宽；设计速度100km/h时，限速60km/h，预留3.5m；设计速度80km/h时，限速40km/h，预留3.5m……
施工标志尺寸	警告区标志尺寸根据道路设计速度确定，其他区域标志尺寸根据作业控制区限制速度确定	按《道路交通标志和标线 第2部分 道路交通标志》GB 5768.2样式及尺寸确定
禁止超车标志应用	多用平移过渡段完成有效行车断面的平移设置，或提前施划禁止跨越同向行车道分界线，所以禁止超车标志应用场景很少	封闭一个或两个左侧车道预留右侧车道通行时，设置禁止超车标志，其余情形未设置
警告区限速标志与车道减少标志设置前后关系	在车辆行驶方向上，先设置车道减少标志再设置限速标志	在车辆行驶方向上，先设置限速标志再设置车道减少标志
平移渐变段应用	有条件借用硬路肩的都强调使用平移渐变段，使有效行车路面断面尽量保持原车道数	无规定
作业控制区照明	作业区夜间宜设置照明或主动发光标志。闪光灯设置于作业区段或危险地点的起点以前，定光灯设置于作业区边界，导向车辆行驶	夜间养护作业应设置照明设施和警示频闪灯；照明设施应布设在工作区侧面，照明方向应背对非封闭车道
预警车（移动式标志车）	附录给出了保护车辆的图例。附录C明确了移动作业车后方配备交通引导人员或设置安装有移动性标志或可变箭头信号的保护车辆，也可以移动作业上配备车载防撞垫	明确移动式标志车颜色为黄色，顶部应安装黄色警示灯，后部应安装标志灯牌（附录A 表A-3），可用于临时养护作业或移动养护作业。高速公路及一级公路临时养护作业的移动式标志车后方不布设上游过渡区；机械移动养护作业宜布设移动式标志车；二三级公路临时养护作业控制区，……当布设移动式标志车时，可不布置上游过渡区，移动式标志车与工作区净距宜为10~20m；机械移动养护作业宜布设移动式标志车，弯道段养护作业为将移动式标志移至弯道前。上述规定移动式标志车均布设在行车道内

　　除了上述在实操中对标准的理解和应用存在问题外，标准本身也存在一些问题，如：

　　临时交通标志支撑方式不明确。2012年国家质检总局和国家标准化委员会颁布的《公路临时性交通标志》（GB/T 2865—2012）对临时性交通标志结构形式、试验条件作了明确规定。"国标"5.1.1.3规定了警告区交通标志尺寸按路段设计速度确定，并提供了标志图案示例；5.1.1.4规定了作业区交通标志应易于搬动、能简单快速地安装和拆除、安装后结构稳定的要求。"行标"附录A-1中临时标志规定了图案样式；"国标"与"行标"均未对支撑方式作出与《公路临时性交通标志》（GB/T 2865—2012）的关联性表述。由此带来的问题是：道路施工作业交通标志支撑方式多样，稳定性不符合安全要求，施工作业标志移位、倾翻现象普遍，大大削弱了标志提示诱导作用，此外，因标志倾翻形成路障而引发的交通事故也时有发生。

移动式标志车应用场景不全。移动式标志车就是通常所说的预警车，黄颜色车身，顶部安装黄色警示灯，后部安装标志灯牌或电子情报板的专项作业车辆。"国标"与"行标"只在较小范围内给出了适用场景，"国标"给出了相当于预警车的"保护车辆"图例，应用于移动作业场景；"行标"明确了移动式标志车及其装备配置要求，应用于临时养护作业和机械移动养护作业，且均要求布设于工作区后方的行车道内，并规定均无须布设上游过渡区。但在实践中，大部分施工现场，尤其是高等级公路，出于安全管理的需要，一般都安排移动式标志车参与预警、现场管理。因此，预警车在大多数时候处于"名不正、言不顺"、法定位置不明确的尴尬境地。另外，在高等级公路上施工作业时，移动式标志车在行车道内预警安全风险很大，不值得提倡。

三、关于施工作业警告区安全设施设置的技术需求及建议

1. 进一步明确道路施工作业区域的概念

笔者认为，在路网日趋发达、信息传递手段多样、快速的背景下，将道路施工作业区域进一步明确为"道路施工作业影响区域"，将因道路施工作业可能影响到的路网中所有路段均纳入"影响区域"管理，并施以相应的管控措施。比如，道路电子情报板发布施工告知信息、小区手机短信提示、互通区分流限流安全设施设备预埋等，以进一步减少因道路施工作业对路网范围影响程度。

2. 合理确定类同情形的设施布设原则

根据道路车道数、交通影响程度等要素，类同情形在"国标"与"行标"内均有规定，按照"就高不就低""叠加互补"的原则适用技术标准。如：警告区道路两侧布设施工标志问题，综合"国标"与"行标"的规定，可确定适用原则为：高速公路、一级公路或单向三车道以上的道路，施工标志、限速标志均应在道路两侧布设。车道数变少标志和限速标志的布设先后顺序问题，按"国标"在1/2警告区位置布设车道数减少标志太早，按"行标"在行驶方向上先布设限速标志，后在距警告区结束1/4位置布设车道数减少标志更合理。关于禁止超车标志设置问题，按照《中华人民共和国道路交通安全法》对超车的规定，笔者认为只要是预留一个行车道通行或借道通行的道路施工作业，警告区均应设置禁止超车标志，以减少因超车、变更车道带来的安全风险。

3. 科学确定作业区预告距离及其标志设置次数

一是科学确定作业区距离标志的预告距离数值，即最小警告区长度。笔者认为高速公路、一级公路以标志速度确定施工预告距离更为合理，因为大部分路段经过交通工程论证后提高了速度标志，路段实际运行速度远高于设计速度，据此确定的预告距离值不符合实际需求。车道小时交通量对预告距离的确定具有毋庸置疑的影响，但交通量的车

型结构比例也很重要，大型车辆对道路临时标志牌的遮挡问题不容小觑。因此，建议在确定警告区最小长度时要同时考虑交通量及车型结构比例。

二是合理设置预告标志次数。根据《道路交通标志和标线 第2部分：道路交通标志》（GB 5768.2—2009）规定，高速公路或城市快速路道路出口预告标志设置2km、1km、500m和起点处四道，一般公路路径指引标志也分预告标志、告知标志、确认标志三道。笔者认为驾驶人驶出公路路口或在平交路口选择正确路径行驶与安全驶过施工作业影响路段的驾驶任务基本相当，因此，为了更有效地提示驾驶人及时准确地判断道路施工作业，建议增加两道作业区距离预告标志，采用三级预告法。增加的两道预告标志可以按照现行标准规定设置的位置而定，如按"国标"7.1.1规定，在3km处设置第一道预告标志，则下游可以在2km、1km处各设置一道，如2km第一道预告标志，下游在1km、500m各设置一道预告标志。

4. 科学合理确定作业区最终限制速度

"国标"与"行标"中关于作业区最终限制速度均与道路的设计速度有关，"行标"增加了作业区预留有效行车宽度与限制速度的关系。但事实上，由于路段提速，运行速度与最终限速级差过大，不利于行车安全。譬如，设计速度100km/h的两车道高速公路，标志速度120km/h，按"行标"最终限制速度最大值60km/h，警告区初始路段车辆运行速度往往大于120km/h，甚至130km/h，车辆从130km/h的速度降到60km/h以下，速差过大。因此，作业区最终限速根据路段标志速度确定更为合理。

5. 增加警告区照明布设

施工作业路段照明的功能大概有以下几种：工作区作业面照明，提高夜间行车视距，减少眩光，帮助驾驶人判断道路施工交通环境。警告区照明要解决的是后3种作用。大量的交通事故隐患治理成果表明，照明是事故预防的最佳措施之一。结合施工作业路段最危险也是事故发生最频繁的部位，在警告区末端1/4长度范围至上游过渡区增加照明的需求最迫切。采用临时照明形式设置中杆灯，安装于车道封闭一侧的中分带护栏或路侧护栏，可按《公路照明技术条件》（GB/T 24969—2010）有关规定确定布设间距、安装高度，灯光照射于行车路面且与机动车行驶方向正交，不可形成驾驶人视线逆光。

6. 科学确定移动式标志车的布设位置及其功能定位

一般来讲，移动式标志车（预警车）的功能是以光电、字幕、声音等形式提示后方来车进入施工作业区谨慎驾驶；同时，预警车上的人员可以及时发现作业控制区所设置的交通安全设施倒伏、移位、占道等异常情况，并进行维护。可以说，预警车符合实战需求，被广泛应用于各种短期、长期施工作业，应明确预警车的合法位置。从实践操作经验分析，预警车布设于警告区起始1/2~3/4区间的硬路肩更合理。主要理由：便于观察作业控制区的交通安全设施情况，给过往驾驶人更直观、足够纵向距离的预警效果。另外，"国标"与"行标"关于临时养护作业和机械移动养护作业中移动式标志车的布设位置，建议从行车道调整到硬路肩，预警过程相对更安全。

7. 建立健全现场监督机制

现场管理监督机制是确保施工作业安全的关键环节，是确保非标准标志牌和交通安全设施不进入现场服役的关键,是确保设施布设符合规范要求,符合安全需求的关键所在。现场监督机制要从人、财、物的配备和制度设置入手。比如建立注册安全工程师队伍,引入第三方监管制度;建立区域道路施工作业监控中心,使用移动无线探头,归集一定区域内施工作业现场的实时监控,实现远程监督等。

随着道路路网发展、科学技术进步、交通参与者对道路通行环境需求的提高等因素的影响,道路施工作业区安全设施设置技术需求也应作相应的调整与提高。警告区是施工作业控制区最重要的部位之一,进一步合理界定警告区、科学布设安全设施,是整个施工作业影响区道路交通安全的重要保障。

扫一扫查看原文

探讨交警执法中弱光战术的应用

张 伟 公安部道路交通安全研究中心交警系统法制人才库专家
内蒙古自治区公安厅交警总队警务技术一级主管

我们先来看两个概念:一个是弱光战术,弱光战术一词源自英语"Low Light Tactics",用于警察执法中可以定义为:在弱光条件下,通过科学利用环境及使用发光、反光工具为执法创造有利条件的技术。另一个是光环境,所谓光环境是指从战术角度将执法环境按照不同照度,划分为日光、过渡光、暗弱光3种。

据统计,夜间因公牺牲的交警人数占牺牲总数的比例较高。黄昏、日落后及在其他弱光环境中执勤警察伤亡率、失误率高于其他时间及环境,主要原因之一是在弱光环境下人眼观察环境的能力下降所致,用于分辨颜色和运动状态细节的视锥细胞在弱光条件下不再灵敏,只能依靠视杆细胞提供的弱光、单色和边缘视觉的能力,这种情况下行动与判断会受到较大的限制,所以识别危险能力、行动能力下降,伤亡率自然高于非弱光环境。弱光战术在国内发展多年,在装备、战术研发方面有很多成果,但弱光战术在交警执法应用方面较为滞后,同时,在基层应用过程中也产生了一些误区,本文结合弱光战术在交警执法中应用的误区、应用原理及场景展开论述。

一、弱光战术在交警执法中应用的误区

误区一:弱光战术主要应用于暗环境

在国外,城市夜间核心商业区公共照明设备密度高,其他大多数区域公共照明设备密度低,所以国外警察夜间执法有较大概率在弱光中进行。而我国交警绝大多数时间都是在有光源覆盖的道路上执法,因此更需避免市内夜间强光的溶解效应,即处于光线交叉点的物体反差性降低、易被忽略,如机动车驾驶人因对向车灯未识别到穿越道路的行人而发生交通事故,警察应避免在类似地点执法。当然也有一些情况需要到弱光环境中执法,如夜间在公路上处理交通事故等。

误区二：弱光战术主要应用于暗环境室内搜查任务

交警应用弱光战术的主要场景是查处交通违法及处理交通事故，有时还需要执行弱光搜查任务。对于黑暗的室内环境，应根据环境、案件性质及警种分工来确定战术，如果建筑物内有灯且供电稳定，可先开灯（破坏对手的暗视觉）、位移、观察、判断、再行动，搜索光线充足的区域要更容易也更安全。如果任务危险程度较高的话，建议交由装备、战术更专业的特警处置。

误区三：弱光战术最重要的应用就是手电配合武器的技术

弱光战术本质是对各种光环境的适应技术，根据需要操作光源获取行动优势，但光源不是必要条件，手电筒也不是唯一可被操作的光源，使用手电筒的技术不等于弱光战术。此外，部分观点认为，在弱光战术中需要配合武器，但我国对于枪支的管制非常严格，执法中遭遇枪击的可能性低，交警配枪率也较低。从每年警察因公伤亡的数据来看，行驶中的机动车的危险性远大于枪支，被违法行为人徒手攻击的几率也较大，因此在执法中更需要在弱光环境中使用交通控制及徒手、警械的应用技术（图1）。

图1　枪与灯的结合应用

误区四：战术手电筒的亮度越高越好

亮度高的光线会短期致盲，类似夜间驾车被对向车辆远光灯直射的感觉（图2）。对多数人来说由暗到明的适应速度较快，一般来说30~120s就可以完成转换。但由明到暗的适应时间要更长，具体时长因人而异。例如驾车进入隧道，即使隧道内有补充光源，我们仍然不由自主地降低车速，睁大眼睛。在黑暗中突然点亮战术手电筒，反射或漫反射光会对眼睛的明暗切换形成干扰，而大脑会对要素不全的图像进行"想象式"补充，形成残像。补充的要素越多，残像留在大脑中的时间越长，对判断造成干扰越大。因此，建议使用中档或低档流明模式，少用高流明模式。

误区五：战术手电筒的爆闪功能是万能的

战术手电筒的爆闪用途较多，如可以打断违法人行动计划、破坏暗视觉、影响行动能力、形成心理障碍并引发恐惧、驱离围观人群、干扰恶意拍摄、外接红色套筒可以指挥交通等，即使在白天爆闪也有干扰作用。但如果双方同处于弱光环境中，误区四提到的原理对双方都适用,破坏双方暗视觉,相当于杀敌一千、自损八百,因此建议慎用(图3)。如果必须使用爆闪功能,把主视眼闭上,非主视眼定位违法者,关闭爆闪功能后睁开主视眼。但闭眼会降低对周边环境的感知能力,因此关键是执行连贯的战术动作,静止不动,什么操作都没有意义。

图2 高流明模式并不能看清更多细节

图3 弱光环境中的爆闪效果

误区六:战术手电筒的白光用途最广

人可见光谱范围从紫色(380nm)到红色(780nm),目前市场上战术手电筒的色光主流是白光,白光接近太阳光是人眼最适应的光色,但白光的折射、散射率较高,所以易暴露、也易破坏暗视觉。实际上,弱光环境中战术手电筒的黄光、红光以及绿光的用途更为广泛:黄光的折射、散射最少,因此穿透性最强,同等条件下黄光射程最远,尤其适合在暗、雨、雾等环境中使用;红光波长最长,对人体暗视觉影响最小,适合在暗环境执行搜查、阅读等任务(图4);绿光人眼最敏感,可用于标记远方目标、瞄准、通信等任务。夜视仪常用的是IR红外光。

图4 雾天红、黄色光实战应用效果

误区七：战术手电筒的用途就是照明

除照明外，战术手电筒还有很多其他用途，包括：

（1）作为防卫器材使用：单独或配合警械进行压点控制、戳击大肌肉群等，但应避免击打面部，加装锥体的可作为破窗器材使用；

（2）配合武器辅助瞄准；

（3）作为沟通、标记器材使用：通过内设不同点亮频率代替特定短语，或用光斑的规律性移动代表移动路线或违法行为人藏匿地点等信息，也可单独放置实现迷惑、诱导、标记等功能。

误区八：弱光环境中脚步移动要高抬轻放

一般来说，在崎岖不平的道路上可以采用抬高脚轻落地的行走方式，但在弱光环境下，需兼顾稳定性与效率，建议采用鹅步（外八字步）或丁字步（前后脚落地呈丁字）以Z字形快速移动，这样的行走方式尽可能保持了身体的稳定，也利于变向。然后少而间断性点亮手电筒快速记忆环境、避开障碍物。注意在弱光环境中人的听力更敏感，因此身体要与墙壁、车体、树枝等物体保持距离，否则产生的刮擦声同样会暴露你的位置。

二、弱光战术在交警执法中的应用

根据《中华人民共和国道路交通安全法》规定：交通信号包括交通信号灯、交通标志、交通标线和交警的指挥，当其他交通信号与交警的指挥冲突时，以交警的指挥为准。因此交警在执勤中应身着醒目的制服，主要目的就是通过增加对比度、反光度提高视认性，使道路使用者无论白天还是夜间都能够看到并看清楚交警的手势信号。

法律规定了交警在交通秩序管理中的主要职能是维护交通秩序、预防和减少交通事故、保护合法权益、提高通行效率……所以相较于其他执法应用场景，交警执法应尽可能地利用环境光源，如查缉交通违法行为等执法活动不得在暗环境中设卡拦截检查车辆，处理交通事故现场等执法活动应尽可能使用补充光源（图5）。无论有无可利用的光源，都要通过穿着反光衣、设置发光、反光设施来给执法对象提供清晰的指示，帮助道路使用者明白道路环境的变化，并采取合理的驾驶行为。当然，遇险撤退或在暗环境执行搜查任务时要脱掉反光及浅色衣帽、关闭或遮盖发光、反光设备。

图5 交警夜间执法设置的反光、发光交通设施

(一) 根据交警执法特点，可根据光源类型对弱光执法环境进行分类

1. 有补充光源环境

如具备路灯、信号灯、建筑附属光源等稳定光源环境（图6）。在这种环境中执法，交警仍需配备反光或发光的交通设施，保证执法者与用路人的安全。

图6 有补充光源的交通环境

2. 无补充光源环境

如仅有月光、行驶车辆灯光、微光或无光等无稳定光源环境（图7）。交警在这种环境中执法，除使用反光或发光交通设施，还需可操控的光源，如大型补光灯、可移动光源等。

(二) 常见交通执法中的弱光战术应围绕感知交通安全隐患和执法安全隐患展开

1. 预判交通安全隐患

道路上任何变量，如交通事故、故障车、交通违法行为都会对交通秩序形成干扰，进而可能造成财产损失、人员伤亡。因此交警在执法中要使用交通设施强化道路环境变化的视觉反差,做到简明、易懂且满足视距的视认性,给驾驶人传递速度和路径选择的提示信息,使其提前进行环境感知,主动采取变更车道、减速、停车等驾驶行为,实现安全有序。如果可行,立刻将"变量"移至路外不影响交通的地点处置,以提高安全性与效率。如果暂时做不到,就要平衡执法安全及畅通的关系,在来车方向设置预警区(提示、告知、警告区域)、过渡区(合流区域)、执法区(执法警戒区、工作区、勘查区等)重新定义该路段用路规则,并通过防护措施保障执法安全及公共安全。 具体操作方面要做到:

图7 无补充光源的交通环境

(1)构建"掩体"。弱光环境放大了危险的程度,因此必须要有"无掩体不执法"的意识。日常可通过在来车方向设置掩体车辆、在方便取用位置放置盾牌等方式来为执法工作提供"掩护面"。还可以结合交通信号调节车流速度、设置发光、反光交通设施或用强光构建"虚拟掩体"来强化掩护面积(图8)。

图8 警察通过点燃闪光弹构建虚拟掩体

(2)设置预警区。从掩体车辆来车方向停车视距以外开始,在道路右侧或两侧逐一设置向左或向右变更车道的指示标志、降低道路最高限速值的禁令标志、车道变窄警告标志等发光或反光交通标志进行提前预警。

(3)设置过渡区。即为方便驾驶人提前发现路况变化而设置的斜向指引,建议用发光或反光设备布设锥度小一点的斜线,这样来车也有最大空间用于变更车道,建议过渡区角度≤30°（图9）。

图9 过渡区的锥度

（4）设置补充光源。要将光源尽可能地照射在执法区，偏离来车方向。这样途经机动车驾驶人可以远距离不受前车遮挡，就能发现前方道路上醒目的警察及交通设施，采取减速、变道的操作时间更充裕，不仅提高了警察及驾驶人的视认性，更提升了安全性。如果预警区、警戒区、补充光源都齐备的情况下，红蓝警灯可以关闭。因为在弱光环境中，多色差光源构成的复杂光环境易造成驾驶人误判、误操作（图10）。

a) 错误设置　　　　　　　　　　　　b) 正确设置

图10 补充光源错误设置与正确设置

（5）其他交通安全隐患的识别。由于道路受气候、环境的影响较大，在弱光下执法应时刻注意环境的变化，这些变化会对警察造成危险，同时也易引起途经机动车驾驶人的误操作，引发交通事故，例如：

①自然环境的变化，突降雨、雪、雾等；

②固定光源设施的变化，如路灯定时关闭或因故障熄灭、隧道口出入段照明灯因故障熄灭等；

③交通设施的变化，如隧道排烟设备故障造成烟雾聚集等；

④异常声响，如道路护坡滑落的滚石、遇路侧植物中栖息的动物等；

⑤障碍物或凹陷孔洞，如施工、维修遗落的材料、钉子等；

⑥交通设施缺失或老化，如标志、标线、轮廓标等无反光效果、路侧护栏的缺口等；

⑦对行人不友好的道路工程设计，如桥梁伸缩缝破损后易出现凹陷或尖锐金属，高架桥双幅路中间的空隙易造成人员踩空坠落、事故现场遗留的油污、锐器、砂砾等；

⑧其他需注意的环境隐患，如刺鼻气味可能是运载危化品车辆发生了泄露或物体起火前形成的烟雾，落地的电缆有可能对周边形成放电，救援车辆拖曳部件有可能老化而崩脱，车辆途经预警区后未减速，不明身份人员靠近警戒区等。

因此在道路上执法时要全程保持对周边环境的敏感性，警组内时刻保持沟通，对异常信息及时内部沟通，并立刻派员侦查核实、视情解决。设立专职预警员，负责对环境变化进行情报搜集并预警。

2. 预判执法安全隐患

在识别执法安全隐患方面，弱光战术主要应用在夜间对违法嫌疑车辆停止状态的检查过程中。

（1）警车的停放。为了更好地观察和利用警车构建掩体，建议将警车停放在违法嫌疑车辆后方4.5~5m的位置（约一车身长）。同时向左转动转向盘将车轮向行车道偏移30°，便于驶离和分解可能的冲击力。建议采用与违法嫌疑车辆平行错位50%的方式，即警车中心线与违法嫌疑车辆左侧后视镜或转向盘对齐，错位的空间可作为安全通道。警车在停止前车速降到20km/h时解开安全带，完全停止后开启车门10°向后观察、驻车制动、下车等操作。如果有同伴，由同伴操作警灯等其他车载设备。弱光环境下决定了下车就要迅速完成上述操作，但不建议关闭警车的发动机。

对大型货车检查时，建议将警车向行车道方向倾斜30°左右停在货车前方，停放距离、轮胎方向等操作同检查其他车辆相同，然后下车直面货车驾驶室，令车内人员下车接受盘查，如果无回应或未立即回应，警察应立即点亮手电筒，将光斑中心定位在车内人员面部，用光的震慑作用告知其"我在看着你"，待人员下车后再接近、开展盘查工作。如果货车车灯处于开启状态，则快速下车、一人在灯光中采取上述沟通、控制措施，第二人快速进入黑暗中进行掩护、警戒。不建议将警车停放在后方，因为如果这样做需要经过十几米长的车身才能到达驾驶室，这意味着不确定性增加，不利于效率与安全，但如果车内人员原本就在车外，可以将警车停在货车尾部，重复上述检查流程。

作为支援警力赶赴现场时，建议提前关闭警灯及远光灯，与现场同事沟通后将警车停放在合适的位置，防止在开灯状态下贸然进入现场，干扰正在进行的战术行动。

（2）开启远光灯，创建"光幕"，用光打乱车内人员向后观察的企图（图11）。错位50%的停放方式使得前车后玻璃及内部后视镜被右前灯照射后成为反射源，车内空间被光覆盖；左前灯光源可以观察前车驾驶人下车后细节。在光幕的掩护下，警察可以从容地由右侧迂回接近前车，接近过程不会因背光而暴露身体轮廓，根据需要点亮手电筒照射右侧反光镜或车内，观察车内人员、物品等细节。

图11 "光幕"效应

（3）路线。很多教材推荐警察接近违法嫌疑车辆的路线是驾驶人一侧，并通过定位在B柱后方45°区域展开盘问工作。这样做的原因主要是为了防止驾驶人持枪攻击所构建的战术。但我国警察面临的主要威胁是机动车，站在左侧实施盘查就意味着身体要暴露在行车道内。因此，在违法车辆右侧有通行空间的情况下，警察尽可能地通过右侧来接近车辆并开展盘查工作（图12）。这样做除了可以有效降低执法风险，还可以获得更好的观察视野，尤其是大多数人右侧手是惯用手，从右侧接近可以有更多的时间、空间来观察人员、车辆外部及内部情况，遇攻击时右侧往往对应的是路外，撤退路线选择较多。

警察下车后要观察周边环境，寻找掩体、设计返回警车的路线及逃生路线。检查完毕返回车内时可以采用面向来车方向返回的方式，但要每三步回头看一次后方，兼顾多个方向的安全观察，检查大型货车则反向操作。

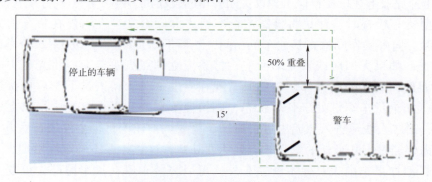

图12 平行错位停车接近前车的路线及"光幕"示意图

（4）沟通。在弱光环境中执法，与指挥中心、同伴的沟通频率较其他环境要频繁一些。在开始停车前，告知指挥中心前车的特征、涉嫌违法行为、警察位置等信息。下车后保持与同伴的沟通，及时通报发现的异常或危险信息，建议使用暗语和光代码提升沟通效率与信息安全性。

（5）对车内空间的检查（图13）。

①对车辆的安全检查始终要有一名同伴承担掩护、警戒职责，永远不要单独执行检查任务；

图13　弱光环境对车辆安全检查的分工

②车内有乘员的情况下不能进行检查任务，必须实施人车分离才能开展检查任务；

③如果可行，将被检查车辆移至安全的路外空间进行检查；

④牢记由外而内、逐一分区的检查程序，观察车辆外观、借助手电筒观察车内布局，设计检查方案；

⑤检查全程要牢记视线、光线、工具指向三合一原则，不得将手伸入黑暗空间，尽可能用工具代替手，如警棍。

（6）观察违法嫌疑人细节。无论周边有无补充光源，建议警察采用间断点亮手电筒，循环照射面部、手部、下肢这一程序，并以Z形移动、侧视角观察、不间断下达指令的方式，观察细节、排除危险、接近检查、控制（图14）。对于较危险的违法行为人，可以用手电筒光斑对其眼部保持压制式照射，同时命令其沿着光线照射的方向前进或伏地。从违法者的视角看，他只能看到黑暗中射出的强光，掩护警察后续的战术动作。

图14　光斑压制

三、弱光战术在交警执法应用方面的培训内容

战术成为本能只能通过不断地训练，交通执法中弱光战术培训应包括：

①了解弱光训练的价值和需求、战术理念，人体视觉应对弱光环境的基本生理学；

②学习弱光战术在交通安全管理执法中的应用原则；

③了解常见战术手电筒的优缺点和局限性，掌握主要几种战术手电筒使用技巧；

④掌握弱光环境下的方位判断、信息捕捉、构建掩体、移动、安全隐患识别、近身防卫控制技术；

⑤学习具体执法场景的应用；

⑥实战对抗演练。

弱光战术在交警执法中，主要应用于提升执法者发现隐患、实现

扫一扫查看原文

安全的能力。这方面针对性的研究与培训比较少，希望本文的抛砖引玉，为执法安全研究贡献一点微薄之力。

关于低危险性警情处置策略的思考

张 伟 公安部道路交通安全研究中心交警系统法制人才库专家
内蒙古自治区公安厅交警总队警务技术一级主管

一、低危险性警情的特点

本文所指的"低危险性警情"是指：警察面对的当事人未持有枪支、刀具等武器，且未对自身及他人实施伤害性行为的警情。这类警情具有如下特点：

①数量庞大，占用警力数较大；

②在这类警情中常见的违法当事人情绪、认知和行为处于不稳定状态，如酒精或药物滥用人员、生活受挫及情感问题导致情绪低落或压力过大人员、应激性障碍人员、精神疾病或智力发育滞后、自闭症患者等人员；

③处置过程中具有危险等级升级的可能，对警察、群众、社会的安全构成威胁；

④这类警情在处理过程中，当事人会对警察有明显的抗拒，发生阻抗执法行为的概率较高。

二、低危险性警情的处置难点

现阶段，关于低危险性警情的处置方式有使用电击枪、徒手控制、警棍控制等，但这些方式在使用时也存在一些值得探讨的问题。

1. 电击枪止动效果的局限性

近年来比较热门的话题是推广使用电击枪，有关研究人员希望通过使用该低伤害性装备及技术，实现高效处置低危险性警情的目的，但现实是电击枪的止动效果有局限性。2019年5月，美国公共媒体APM发布的一则报告称：2015年至2017年，美国警察使用Taser电击枪后，有106名违法行为人在受到电击后未能失去行动能力并变得更加暴力，对警察的安全构成威胁，使局势恶化。洛杉矶警察局2013年至2018年间使用电击枪6065次，成功制止犯罪率为57%，而失败率超过40%。

究其原因，是违法行为人通常在移动状态或在人群中，或距离较远不易击中目标，同时电击弹的刺针因击发设计的角度、衣物阻碍等问题造成偏差。因此，如果警察使用低伤害性装备却不能完全对违法行为人实现止动效果，则可能会激怒违法行为人，破坏已经开始建立的信任，大大降低和平解决冲突事件的可能性。电击枪必须在近距离使用（5~7m）才能产生最佳效果，如果是在丧失了安全距离与掩体的情况下，警察的危险性也将大大增加。

2. 徒手控制、警棍控制的局限性

虽然徒手、警棍控制技术在近距离情况下是很好的低伤害性解决方案，但越来越多警察不愿意使用徒手、警棍控制技术。究其原因，是大多警察缺乏近距离身体接触的实战经验和信心。徒手及警棍控制技术需要经常性地对练才能达到熟练应用的水平，而绝大多数警察没有这样的时间及条件。同时很多警察也担心使用徒手、警棍控制技术会被"放大性"地曝光在公众面前，尤其是会被某些自媒体用夸张的、不切实际的负面描述进行诋毁，毕竟大众潜意识会把近身控制等同于使用暴力。这也是为什么使用低伤害性装备会被大众、媒体、警察认可，因为这类装备会被认为掌握更轻松、培训成本低，表现形式更"科学""文明"一些。

3. 沟通技术的研究与推广较为滞后

在低危险性警情处置过程中，沟通技术的研究与推广较为滞后。我们需要思考一些问题，为什么一些在业内取得较高业绩的警察很擅长使用沟通技术化解危机局势？一般情况下不允许携带武器或警械的监狱司法警察如何处置狱内常见冲突事件？当然，更需要我们思考的是，虽然警察在日常工作中更依赖沟通来缓和局势，但无论新入职还是在职警察培训，沟通、缓和局势技术的培训比例要远远低于武力控制技术的培训。

三、关于低危险性警情处置策略的思考

通过查阅国内外相关资料，结合本人实践经验，提升低危险性警情处置效率可以从以下几个方面着手。

（一）创建警情决策的"情指行模型"

参考包以德循环理论（即"观察—判断—决策—行动"的循环程序），结合警情处置规律，形成适用于第一响应民警及指挥人员通用的"情指行模型"。"情指行模型"分为5个步骤：

第一步：收集情报信息。接警→出警→处警→现场清理等环节制定信息收集模板，以模板为基础尽可能完整采集现场综合信息。

第二步：评估情况。包括各个阶段、现场的任何风险、隐患、需要的增援及装备等。

第三步：考虑采取行动条件、法律依据及限制。

第四步：确定行动选择，制定最佳行动方案及是否有配套信息来源或资源配备来支持行动，没有关键保障则保持等待。

第五步：采取行动。并随时评估行动的效果，必要时推翻判断重新评估。

这五个步骤是一个循环，随着条件的变化，循环过程中可能向前或向后跳跃省略或重复一些步骤。例如，如果一个警情已处于第五步，即将使用警械，但违法行为人突然放弃了攻击并坐在地上，这时警察应跳到第二步，重新评估危险程度。在重新评估的基础上，警察需要重新制定沟通方案，并试图建立信任，以期在不使用武力的情况下解决警情。"情指行模型"除了指导决策与行动外，还包括对第一响应人员的赋权，即第一

到达现场的警察应立即积极开始现场管理，而不是必须等待上级或专业人员到达。管理冲突事件现场包括制定初步响应计划、管理现场资源、制定具体行动方案、指导现场相关人员实施行动和尽可能降低处置过程的危险。

警情处置结束后，还应建立事件评估制度，主要目的是从案例中总结得失，汇总推广成功经验。通过"情指行模型"复盘分析警情处置现场沟通及使用武力、行动方案合理性等综合情况，以便不断改进战术。通过复盘可以制定新的指导性文件、培训方案等。

（二）推广、完善警务沟通技术

与违法行为人进行沟通是所有警情处置的基本构成要素，往往贯穿整个警情处置全程，因此，有效的沟通是所有警察必备的技能。有效的沟通可以缓解冲突事件危机升级的局势，增加处置时间、和平解决冲突事件的可能性。无论在高或低危险性警情处置中，警务沟通技术都需遵循基本沟通原则（高危险性警情中的沟通技术一般被称为谈判技术）。基本沟通原则包括以下几点：

（1）沟通的重点是倾听，至少用80%的沟通时间倾听，然后通过设置一系列开放性问题来鼓励谈话。

（2）用社会通用的词语进行沟通，避免使用警察术语。

（3）保持尊重。处于冲突事件中的当事人可能因情绪、认知等因素不完全理解警察所表达的内容，但他们会注意到警察的语气和态度，因此，建立在尊重对方的基础上，使用平和的声音、音调有助于缓和对方情绪。切记在沟通中要诚实，使用谎言如果被戳穿会造成局势升级甚至失控，至少会使当事人对警察失去信任。

（4）耐心。无论警情的起因多么微不足道，都可能需要几个小时的对话来建立信任。因此，要放慢速度，通过减缓节奏来创造时间和距离，寻求和平解决的机会。

（5）围绕行动目标来制定沟通内容。通过对前期获取的信息制定可行的行动方案，围绕方案来沟通。如处置自杀事件，制定的目标是试图扰乱当事人自杀企图。因此，问"你为什么想自杀？"不如问"发生了什么事？我该怎么帮你呢？"通过建立连接，创造下一步合作的可能，争取当事人的自愿遵从，打乱当事人自杀的计划。

（三）研发、推广低伤害性装备

警察目前常用的装备分为中远距离致命性武器和近距离非致命性的警械，中远距离非致命性装备配备较少。根据国情，目前我国警察需要的非致命性装备应具备如下特征：

（1）不应要求警察通过缩小与当事人的距离，来使装备产生最佳止动效果。保持距离和利用掩体来获得时间是基本原则。

（2）在首次处置失败的情况下，还能够保护警察的安全，同时，能够有利于警察使用沟通技术与违法当事人再次建立信任关系。

（3）无论违法行为人是在人群中还是独自一个人、无论是在静止或移动状态下都有效果。

（4）可以在不同的天气条件下工作，包括降水、极端温度、风等情况。

（5）在不影响使用效果的情况下，应考虑装备外观设计尽可能中性或柔和，如采用暖色调的涂装、尽可能覆盖金属光泽、修改较明显伤害性的外观等设计（图1），这样的设计在低危险性警情处置中对当事人的刺激较低。

图1 国外配色鲜艳、形如玩具的警械

通过查阅相关资料，有一些装备值得我们借鉴：

1. 胡椒弹发射器

胡椒弹发射器的优点是能够从18m或更远的距离发射，击中目标后胡椒弹即碎裂释放辣椒素/OC粉末或液体混合物，可以有效刺激违法行为人的皮肤、黏膜及呼吸系统，并对其皮肤及肌肉产生冲击性疼痛，止动效果明显（图2）。设备使用二氧化碳压缩气体作为发射动力，可以加装激光瞄准设备瞄准射击，精度较高。

图2 胡椒弹发射器

国内有一种粉末弹发射器也有较好的止动效果。它是依托国产92式手枪研发的9mm粉末弹（图3），由塑胶粉末、黏合剂等配比压模制作，质量仅为9mm钢芯弹的一半，发射药与钢芯弹相同。粉末弹由92式手枪发射，个别部件有修改（枪管闭锁机、枪机复进簧、弹匣顶弹簧），有效射程≥25m，最小安全射击距离为0.5m（枪口与任何目标的距离）。其击中目标后，弹头碎裂为粉屑或粉块，无跳弹危险。该弹可替代橡胶弹用于现场武力处置（停止力强，致伤性低），也可佩戴护具

图3 依托国产92式手枪研发的9mm粉末弹

后用于实弹对抗训练。

2. 替代传统"豆袋枪"的40mm发射器

相对于传统"豆袋枪",40mm发射器配有瞄准设备,射击更准确,此外射击距离更长,橡胶弹头对穿着厚重衣服的违法行为人的止动效果更好,可以发射具有催泪性的化学成分弹头(图4)。

图 4　替代传统"豆袋枪"的 40mm 发射器

3. 催泪液发射器

催泪液发射器采用枪型结构设计,在非击发状态下催泪液体药剂被密封在独立的罐体中(图5)。使用时通过火药动力驱动活塞产生高压,液体被迫通过喷嘴,并以锥形或柱状的射流从喷嘴中以179.8m/s的速度射出,射程≥7m。由于是高压排出液体,与传统的催泪喷射器相比,确保了药剂的集中,易于穿透织物且将交叉污染降至最低,适合室内使用,液体柱侧风或逆风使偏转角度可实现最小化,因此,可在任何位置和方向发射(传统设备仅在垂直位置有效),罐装实现了即使在极端工作温度下罐内压力不会产生变化。可配备激光瞄准器,实现精准射击。

图 5　催泪液发射器

4. 套索设备

套索设备外形尺寸约一部智能手机大小,可以每秒195m的速度发射了一条2.5m长的凯夫拉尔材质的绳子,在3~7.5m范围内有效,绳子发射后会环绕目标,通过绳子尾端的钩子进行固定,实现限制目标行动能力的目的(图6)。这种装置不适合快速移动及周边有障碍物、或在人群中的目标。

与其功能类似的还有网枪。特点是质量轻,易于操作,体积小,便于携带(图7)。使用二氧化碳压缩气体弹射,可以通过激光瞄准设备瞄准射击,精度高。弹出的捕获网以每秒24m的速度、发射出3m×3m的网,最远射击距离可以达到15m。

图 6　套锁设备

图 7　网枪

5. 安全约束装置

常见的安全约束装置如图8所示。这是一个固定四肢的安全约束装置，可以使被控制人处于向上的坐姿，从而减少对胸部的压力，减少被控制人员受伤或死亡的可能性，帮助警官迅速和安全地将具有攻击能力的当事人约束起来。

图 8　安全约束装置

6. 轻质透明护盾与头盔

洛杉矶警察局与一家专门为军队和警察开发保护性解决方案的企业合作开发了一个

便携式防弹护盾，目前已在每个警组配备5个盾牌。便携式防弹护盾体积小，适合巡逻车携带；质量轻，可以长时间携行，并能承受步枪射击，常用于追击驾车逃跑或接近有使用暴力嫌疑的行为人。护盾尺寸：0.31m×0.62m，质量：约5kg，厚度：约0.02m，采用防滑聚碳酸酯手柄结合重型尼龙臂带作为固定系统。便携式防弹护盾采用具有高透明的聚碳酸酯制成，紧急情况下可以为防弹背心未覆盖的区域（颈部，面部和腋下等区域）提供防弹、防刺保护。在新冠肺炎疫情防控期间，警察出警时还可以佩戴相同材质的头盔，该头盔面罩做了防雾涂层处理，外壳材质采用了抗冲击性ABS工程塑料（图9）。

 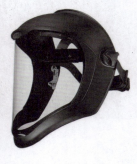

图9 轻质透明护盾与头盔

（四）开发综合性培训科目

随着社会的不断发展，新的社会矛盾层出不穷。原来的培训理念需要更新，当前需要围绕"情指行模型"，制定综合性培训科目。培训的对象不能像过去集中于提升个体能力，而应围绕提升警组（警察+辅警组成的最小处警单元）能力展开。通过强化警组内部的研判、决策、合作行动的能力，警组间的配合分工能力，警察与辅警个体在近距离、中距离、远距离的控制技能，与违法行为人的沟通能力，通过情景模拟、应急演练、红蓝对抗等训练模式，形成综合性的、符合当前警务活动需求的能力提升培训科目。

美国也有类似的培训内容，西雅图警察局迈克·泰特上尉曾经讲道："我们所有的警察都参加了危机干预小组的培训，大多数巡逻人员都通过了每年更新内容的40h培训及结业考试，获得了能力认证。"这个危机干预小组建立之初是美国个别警局为了应对滥用酒精或药物、精神疾病等行为异常人员设立的处置小组，取得了良好的执法与社会效果后，推广至全美。在持续更新内容后，现在危机干预小组培训已经成为大多数警局每年必训科目。这些警局评价，使用培训的技术后，不需使用武力（或使用最低武力）的比例在逐年增加，从而降低了警察和违法行为人、公众的人身危险。

我们研究低危险性警情处置方式方法、研发低伤害性装备，是为了挽救生命，但要明确"低危险性"并不意味着"无危险"，"低伤害"并不意味着"无伤害"，因为小概率事件是必然会发生的。为了防止小概率事件带来的危险，警察当前在处置低危险性警情时，需要充分发挥警组效能，将沟通技术和低伤害性控制技术结合起来，以形成更多解决冲突事件的选择方案，实现最小伤害、最低成本、最大成功概率地解决冲突事件。

扫一扫查看原文

第四篇

车辆安全源头治理

汽车起火事故发生的原因及调查应用探讨

周文辉　公安部道路交通安全研究中心副研究员

近年来，因机动车碰撞导致起火燃烧的道路交通事故时有发生，给人民群众生命和财产安全造成严重损失。由于机动车碰撞起火后燃烧速度快，产生的烟雾烟气毒性大，特别是涉及危险化学品的事故还可能发生爆炸，极易导致车内驾乘人员因来不及逃生，造成严重的二次伤害和群死群伤事故。本文分析了车辆起火常见原因，提出了调查要点和原因判别方法，并给出了起火原因调查结果的应用意见，希望有助于相关人员了解汽车起火有关知识，掌握调查要点和方法，并应用在机动车查验、车辆安全性调查和车辆安全隐患源头防范工作中，不断提升车辆火灾安全隐患治理水平。

一、常见汽车起火原因和检查要点

汽车中容易引发火灾的部位一般具有以下特点：容易产生和积聚热量，助燃空气充足，以及周边存在易燃、可燃物。常见汽车起火原因及检查办法如下。

1. 发动机

发动机故障引发汽车火灾的主要原因有：

机械故障。一种是发动机零部件高速飞出，割破油管或导线，引发火灾。另一种是润滑油从机械故障形成的小孔中泄漏，被炽热表面点燃。

润滑油泄漏。一种是润滑油从油底壳垫片处泄漏，滴落在排气管上，引发火灾。另一种是润滑油从汽缸盖垫片处泄漏，滴落在排气歧管上，引发火灾。另外，发动机内缺少润滑油，通常容易导致机械故障，引发火灾。

发动机过热。若发动机风扇的传动皮带断开，则可能导致发动机过热，进而引发火灾。

涡轮增压器（图1）在整个发动机系统内其工作温度较高，容易点燃接触到的燃油或其他可燃物。

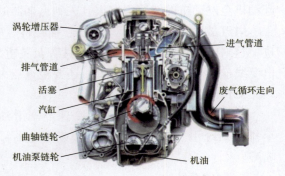

图1　发动机内部构造示意图

要注意检查发动机燃油供给系统是否有破损、局部泄漏的痕迹。

2. 燃料供给系统

燃料供给系统泄漏引发火灾的主要原因有：

对于燃油喷射式燃料（多为汽油）供给系统。进油系统压力较大，发生泄漏后，会导致汽油蒸气喷射外泄，并出现类似"动力不足"的状况，如发动机起动困难、加速困难、行驶不稳定等。回油系统压力较小，泄漏后对车辆动力系统的影响难以觉察，所以更需要注意。

对于柴油发动机燃油供给系统。柴油发动机振动较为剧烈，容易导致燃油供给系统的零部件松动，进而引发燃油泄漏。柴油因为难以挥发，因此与汽油相比，更容易滴落至炽热表面并引发火灾。另外，当泄漏的可燃蒸气进入发动机进气系统后，会引发发动机爆燃甚至失控，严重时会导致发动机开裂并爆出火球。这种情况下，车辆往往"加速感"明显。

对于气体燃料供给系统。天然气等气体燃料以液态形式存储在储液罐中，以气态方式供给发动机使用，整个燃料供给系统在高压下运行，一旦发生泄漏，可燃气体会顺着泄漏方向喷射出较远距离，极易被微弱的火源引燃，并且具有爆炸的风险。另外，火灾中或火灾后，储液罐内因为集聚大量气体，容易产生较大压力，最终导致爆炸。

要注意检查供油管、回油管、油箱、油箱加油管是否有破损、局部泄漏的痕迹。检查排气管或排气歧管上是否有碳化痕迹。

3. 排气系统

排气系统的排气歧管容易接触并点燃发动机泄漏的燃油；排气管及在其内部的催化转换器温度较高，能够点燃泄漏的可燃液体或地面的各类可燃物。

要注意检查排气歧管、排气管附近有无纸张、干草、布条等可燃物或其碳化痕迹。

4. 汽车电气系统

汽车电气系统的以下故障，可能引发汽车火灾：

铅酸蓄电池受到严重撞击后，可能释放氢气，能够被微弱的火源点燃。

汽车熄火后，仍然可能有一部分电路带有12V或24V电压，均有发生电气故障并引发火灾的风险，这些电路包括：蓄电池接线柱引出线以及至起动机、中央接线盒的线路，起动机至发动机的线路，点火开关到点烟器的线路等。

电气故障发生后，汽车导线、插接件、电气连接件、电气设备能够形成金属熔化痕迹，这对判断起火点和起火原因具有至关重要的作用，要认真检查。留意蓄电池极桩与电源线连接件接触情况。另外，还要检查点火开关开启状态、车辆挡位情况。

5. 传动系统

引发火灾的主要原因有：变速器润滑油由于机械故障导致泄漏、溢出等原因滴漏至排气系统引发火灾。汽车超载或变速器添加型号不符的传动液，也可能造成传动液喷溅。

6. 制动系统

引发火灾的主要原因有：液压制动系统的高压制动液泄漏或喷溅，被引燃。长期制动，导致制动器过热引发火灾。

7. 轮胎过热起火

汽车行驶在长大下坡连续高强度制动容易引发鼓式制动器的轮胎起火，轮胎充气不足或双胎轮胎中发生爆胎的车轮，均容易由于车轮和路面摩擦引发起火。

检查中，最好同时了解车辆装载、行驶时长、长大下坡制动、轮胎维护等情况，做综合分析。

8. 附属设备

空调压缩机、动力转向泵、空气泵、真空泵等，也可能由于机械故障引发火灾。

9. 使用高压动力蓄电池的新能源汽车

使用高压动力蓄电池的新能源汽车，包含多个高压组件、线束、连接器等，其起火原因较为复杂。主要有以下几类：

蓄电池系统。蓄电池系统出现过充、过放、内部短路、过热、受到外部冲击导致的受损等情况时，可能起火。

配电系统。配电系统出现内部故障短路、异物进入导致短路和外部冲击变形引发的短路时，可能起火。

高压线束。高压线束在出现短路、过热等情况时可能起火。

驱动系统。驱动系统在出现短路、过热等情况时可能起火。

低压系统。低压系统在出现短路、过热等情况时可能起火。

单个系统或部件的故障、起火等也可能导致其他高压部件的故障，或者直接引燃其他部件导致更严重的火灾事故。

电动汽车自身引发的起火一般是热失控造成的，热失控后，动力蓄电池会泄漏有毒的可燃气体，非常容易发生燃烧和爆炸事故。燃烧和爆炸时，火苗一般呈喷射状。

10. 遗留火种或物品

烟头引发的火灾起火点多在驾驶室或储物舱内的可燃物上，起火一般较为缓慢，具有驾驶室一侧窗玻璃烟熏或烧损严重、上部烧损最为严重等特征。要检查驾驶室内是否有一次性打火机或其燃烧后留下的打火机帽。若确定起火部位在行李舱或货车车厢时，应当确定物品种类，并检查残留物。

11. 纵火

纵火一般使用汽油、酒精等助燃剂，具有猛烈燃烧的特征。纵火现场一般可能存在遗留物，如打火机、易燃液体容器残体、渗透到地面的易燃液体等。

二、汽车起火原因分析和预判

预判起火原因前需要做好以下工作：首先分析火势蔓延方向，确定起火部位和起火点，之后结合现场勘验和各类证据分析的情况，分析引火源和起火物，据此确定汽车火灾原因。确定上述"靶点"后，就可以根据上述汽车常见起火原因，按照下述方法对起火原因作分析和预判。

1. 电气故障原因的预判

具备以下条件并排除其他火灾原因时，可预判起火原因为电气故障：

根据火灾燃烧痕迹特征，经现场勘验和调查询问，可确定起火部位。起火点大多在发动机舱或仪表板附近。

在起火部位发现电气线路或其故障，及时提取相关金属熔化痕迹等物证。上述物证经专业火灾鉴定机构鉴定分析为一次短路熔痕或火前电热熔痕的，则可判定起火原因为电气故障。

2. 油品泄漏原因的预判

具备以下一个或若干个条件并排除其他火灾原因时，可预判起火原因为油品泄漏：

一般情况下汽车处于行驶状态，发动机舱内油品燃烧后残留的烟熏痕迹较重，同时起火初期大多数情况下冒黑烟，且驾驶人反映起火前，汽车有动力不正常现象。

起火部位在发动机舱内或底盘下面，在发动机舱内重点热源部位，如发动机缸体外壁、排气歧管、排气管等，发现有油品燃烧残留物，同时能够找到存在的泄漏点。需要注意的是，泄漏的汽油往往在被炽热表面点燃前，就已经汽化了，一般不会起火。

3. 纵火原因的预判

具备以下一个或若干个条件并排除其他火灾原因时，可预判起火原因为纵火：

存在一个或多个起火点，且大都在驾驶室内、发动机舱前部、前后轮胎附近等。

发现有骗取保险金或报复放火等线索。

在起火部位附近提取的烟尘、炭火残留物、燃烧残留物、地面泥土等，经专业鉴定机构检测发现含较大量的汽油、柴油等助燃剂，且基本能够排除汽车自身油品的干扰的，可预判为纵火。

4. 遗留火种或物品原因的预判

具备以下条件并排除其他火灾原因时，可预判起火原因为遗留火种或物品：

起火部位在驾驶室或货厢。

起火部位存在引燃起火特征。即起始阶段发烟量大，燃烧后容易形成以起火点为中心的炭化区。

发现烟头、打火机帽等残留物。

三、应急设备和安全逃生调查

对公安交通管理工作而言，应急设备和安全逃生的调查，是汽车火灾调查涉及的最重要关联调查。调查的具体内容和方法如下：

图2 大客车发动机舱自动灭火装置（图中红色碗状物）

调查车辆安全锤、安全出口、发动机舱自动灭火装置（图2）、自动破玻璃器等的设置和使用情况，以及阻燃物的情况。车辆安全逃生的具体要求可参阅《机动车运行安全技术条件》（GB 7258），对于在国家强制性标准之外装备的安全设施或系统，应调查其装备情况及是否发挥作用。

调查人员烧死、烧伤、逃生、车辆内部阻燃物等情况，特别是随火灾变化，不同时间逃出的人员数量、逃生出口情况、逃生方式、逃生救助、逃生失败情况等，分析记录由于逃生问题导致的伤亡增加的具体情况。

四、火灾初步调查结果应用

火灾初步调查结果可以通过以下方式拓展应用，以便于进一步取得工作合力，提升汽车火灾事故预防和管理工作水平。

符合有关条件规定的，要及时通知应急管理部门介入调查处理，对有放火罪嫌疑的，要及时通知公安机关刑侦部门。

告知当事人涉及火灾的证据和初步意见，若涉及车辆自身及管理原因的，可告知当事人根据《侵权责任法》等的规定，通过司法途径等手段维护自身权益。

按规定启动深度调查，进一步调查车辆生产、维修、改装、日常维护、使用等环节存在的问题，追究相关人员的责任。

将辖区汽车火灾事故情况向应急管理部门通报。

汇总分析汽车火灾事故信息，对涉及汽车产品质量问题的，向市场监管部门、工业和信息化部门通报。

扫一扫查看原文

水淹汽车交通安全隐患及防范对策建议

周文辉　公安部道路交通安全研究中心副研究员
梁　元　公安部道路交通安全研究中心

一、水淹汽车运行安全隐患

1. 水淹汽车的分类和运行安全隐患

汽车维修业和保险业一般根据浸泡深度，将水淹汽车分为"浸水车""泡水车""淹水车"三类。浸水深度在车内地板以下为浸水车，浸水深度在车内地板与中控台之间为泡水车，浸水深度超过中控台甚至没过车顶为淹水车（图1）。

图1　暴雨中被淹的车辆以及等待处理的水淹汽车

不同程度的水淹汽车，其运行安全隐患和价值损失也不相同，具体见表1。

水淹汽车运行安全隐患和价值损失表　　　　　　　　　　　　表1

水淹汽车分类	主要运行安全隐患	价值损失
浸水车（浸水深度在车内地板以下）	总体运行安全隐患较小，具体为： 1. 车灯电线长期浸泡在水中，接口地方容易进水锈蚀，导致接触不良，引发火灾等事故； 2. 制动片及制动系统各类传感器长时间泡水，导致金属锈蚀，或者线路短路； 3. 轮胎轮毂更容易锈蚀，影响与胎面的密封，导致轮胎缓慢漏气； 4. 车底发动机保护板、油底壳等金属外壳、排气管部件等锈蚀，降低使用寿命	泡水3天以内（锈蚀程度较低），价值约为原车的90%
泡水车（浸水深度在车内地板与中控台之间）	运行安全隐患较大，主要为： 1. 水进入发动机，无法起动； 2. 转向球头、横拉臂杆、传动轴、万象节等锈蚀，难以维修，行车阻力增大； 3. 电气设备基本都泡于水中，线路线束极易短路、断路，导致火灾、熄火、失控等风险； 4. 驾驶舱与乘客舱微生物滋生，恶臭难闻，难以消除	泡水3天以内，价值约为原车的50%~80%；3天以上，价值不足原车的50%
淹水车（浸水深度超过中控台）	运行安全隐患极大，基本达到报废标准 主要零部件全部被水浸泡，车辆控制中枢（包括发动机ECU及其相关线束、变速器ECU及其相关线束、仪表中控台及其相关线束、安全气囊、中央继电器盒、中央熔断丝盒等）全部浸泡水中，维修较难，容易出现火灾、熄火等致命故障	泡水3天以内，价值约为原车的15%~30%；3天以上，已无维修价值

2. 水淹汽车发生自燃的事故案例

搜索媒体相关报道发现，郑州发生过多起水淹汽车自燃事故：

案例一：2021年7月30日上午7:45分左右，一辆号牌为豫AK××7的白色小汽车沿中州大道自南向北行驶至郑汴立交南上桥口时发生自燃（图2）。调查发现该车被水泡后未经检查修理，车主自行晾晒后驾驶上路发生自燃。

案例二：2021年7月30日上午11:18分左右，一辆号牌为豫VF××3的灰色小汽车沿中州大道自南向北行驶至郑汴路立交桥时发生自燃（图3）。调查发现该车被水泡过，初步判断是线路出现问题发生自燃。

图2　事故现场图

图3　事故现场图

二、水淹汽车流向及其影响

水淹车的流向主要有以下几种：一是车主维修后继续使用或作为二手车转卖；二是车主私自转卖给维修或拆解企业；三是保险公司全损理赔或推定全损理赔的车辆，由保险公司直接或维修后将车辆残值及其牌证进行拍卖。在进一步转卖或使用前，绝大多数车主会对车辆进行维修。

据媒体报道，郑州已形成相对隐秘的水淹车流通市场，保险公司、拍卖平台、4S店、修理厂、二手车商等正在暗暗争夺这块"蛋糕"。郑州各处停车场、交易市场路边，"高价回收水淹车"的小广告随处可见（图4）。部分不良商贩会将回收到的水淹车进行简单的清洗、晾晒处理后重新卖给消费者，或将拆解后不合格的零部件卖给修理厂重新使用，不仅损害消费者利益，也会严重冲击正常的二手车交易、汽车维修市场秩序。郑州当地二手车商表示，"泡水车还没有清理出来，现在（2021年7月28日）买二手车还买不到泡水车，未来一到两个月后，大量泡水二手车会流向全国各地""经过专门的泡水车公司拆车、清理、更换电子模块、线束等处理之后，很难看出车辆受损的痕迹，我们有时候也不好分辨""河南和山东、河北、安徽这些周边省市的二手车市场至少要混乱两三年"。

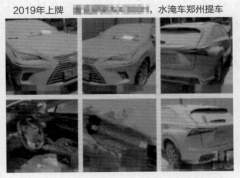
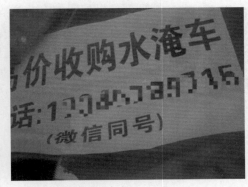

图4　车商朋友圈售卖广告、路边收购水淹车的小广告

三、堵住水淹汽车管理漏洞的建议

针对水淹车流入市场，为堵塞管理漏洞，保障交通安全、保护人民群众合法权益，需要进一步落实二手车交易商、维修企业、保险公司各方主体责任，落实地方政府属地管理责任，加强部门协作和监管，多方施策、多措并举。

1. 建立、共享、开放水淹车数据库

建议根据水淹车保险理赔信息、维修信息，建立水淹车数据库，包括车牌号、车架号、车型、颜色、购车日期等基本信息。借鉴2015年8月12日天津港爆炸事件中损毁进口车治理的模式，将受灾车辆数据向相关部门、企业和社会开放，为进一步的规范管理奠定基础。

2. 严把水淹车维修关

水淹车在理赔、交易流通前，绝大多数需要维修、定损。为把好维修这第一道关口，一方面，建议维修企业必须严格落实维修安全责任，特别是要规范做好维修竣工检验工作；另一方面，建议维修企业必须严格落实拆解部件安全标准，按规定将回收可利用部件录入"全国汽车流通信息管理应用服务"系统，并进行特别标注。

3. 严把二手车交易鉴定关

建议二手车经销商、交易市场严格按规定向消费者提供车辆真实信息，包括使用、维修、事故、里程、报废期限等信息,尤其是要注明车辆水淹情况。建议二手车鉴定评估机构严格遵循二手车技术状况鉴定评估标准规范,特别是对车辆水淹情况开展针对性的鉴定评估。

4. 加强水淹车交通安全管理

一是建议加强水淹车交通安全隐患方面的宣传告知,特别是利用好道路执法、机动车检验查验等环节,加强针对性的宣传。二是建议严格机动车登记查验和检验监管,发现安全性能不达标的或存在"套牌"等嫌疑的,按相关规定办理或启动嫌疑车调查。同时建议发挥好交通事故深度调查作用,有针对性地开展水淹车道路交通事故深度调查,发现维修企业、二手车交易企业、保险公司等主体的违法违规行为,严格追究责任,以打促防、打防结合,实现查处一个、教育一批、震慑一片的目的。为协助公安机关交通管理部门做好水淹车交通安全管理工作,公安部道路交通安全研究中心制作了专题教育片,邀请专家围绕水淹车安全隐患和查处技巧方面的内容进行讲解,专题教育片已在机动车查验智能管理平台推送。

知道更多:机动车查验智能管理平台(以下简称"平台")是公安部道路交通安全研究中心为查验员量身定制的"管、学、考"一体化平台,可覆盖查验员"岗位+学习+测评+互动+监管"的全周期管理,支持PC端管理、App端学习。具有六大功能:档案数据库、资格管理、证书管理、日常教育、职业培训、考试考核。

扫一扫查看原文

"大吨小标"轻型货车数据画像在注册登记中的应用

陈子丽　南宁市公安局青秀公安分局副政委

自2019年5月央视"焦点访谈"曝光轻型货车"空车超载""大吨小标"问题后,轻型货车"大吨小标"问题一直备受关注,相关部门也采取了相关措施进行整治。但目前市场上依然存在轻型货车"大吨小标"问题,严重危及道路交通安全。为强化交通安全源头监管,推进"大吨小标"轻型货车排查和隐患整治工作,南宁交警在货车注册登记环节,通过数据画像排查"大吨小标"违规嫌疑车辆,并根据画像结果对嫌疑车辆针对性地采取相关措施,有效降低了轻型货车"大吨小标"隐患增量,保障了道路交通安全形势的稳定。

一、"大吨小标"违规轻型货车定义和数据画像思路

因当前"大吨小标"违规车辆缺乏规范性定义,容易在讨论时出现理解偏差。为清晰查处目标、确定数据画像边界,将普通的轻型货车因生产瑕疵质量参数出现偏差和

"大吨小标"违规加以区分。结合相关文件精神和车管查验、路面查处、事故倒查通报等进行分析，对车辆生产质量存在瑕疵和"大吨小标"违规两种情形使用不同指标进行定义，并据此开展数据画像。

（一）"大吨小标"违规轻型货车定义

南宁交警采取多个指标对车辆生产质量存在瑕疵和"大吨小标"违规两种情形进行区分：

1. 车辆生产质量存在瑕疵特点

（1）生产、销售和使用不以严重超载为目的；
（2）实车整备质量超过标准，但非载货状态下人车总质量未超过或接近总质量；
（3）可以进行违规整改，车辆在整备质量整改合格后能正常载货；
（4）不超载或超载较少、危害相对较轻。

2. 车辆"大吨小标"违规特点

（1）生产、销售环节均以严重超载为目的；
（2）非载货状态下人车总质量超过或接近标定载货后总质量；
（3）车辆整备质量无法整改到符合规定或整备质量整改合格后无法正常使用；
（4）载货后严重超载，危害较大。

因轻型货车总质量上限为4500kg，如果车辆空车质量超过3500kg，通常会同时具备上述"大吨小标"车辆的4个违规特点。结合日常查验和路面违法查处经验，南宁交警认为，空车质量超过3500kg的，为"大吨小标"嫌疑车。因此，南宁交警采用检验系统内车辆年检时采集的两轴轴荷检测数据之和（以下简称轴荷总质量）作为轻型货车"大吨小标"空车质量判定标准。对两轴车，正常情况下该值与"车辆整备质量+驾驶人质量"基本相当，该数值大于3500kg的，属于"大吨小标"嫌疑车，进入嫌疑车数据分析。

（二）"大吨小标"违规轻型货车数据画像思路和数据资源

1. 数据画像思路

在对嫌疑车进行画像时，南宁交警采用边调查、边核实、边修正的方式，对问题数据进行纠错或删除，使嫌疑车数据画像处于一个可自我更新、修复的状态，使违规车辆排查结果趋于精准（图1）。

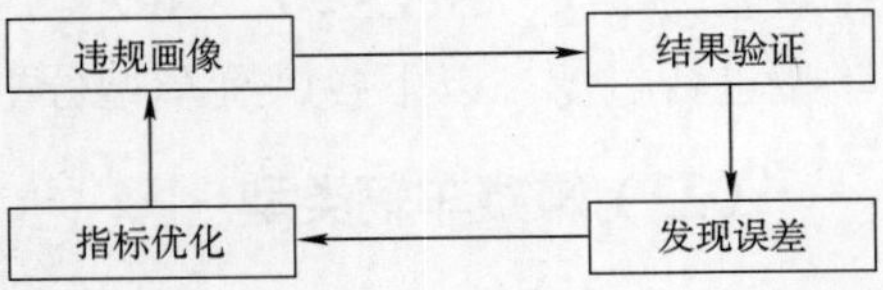

初步确认车辆存在"大吨小标"违规嫌疑后，南宁交警对嫌疑车辆的相关技术参数进行比较、分析、排序，选择与"大吨小标"违规关联性较强的参数作为特征，供查验员在办理注册登记时对车辆进行嫌疑判断。

图1 嫌疑车数据画像处于可自我更新、修复的状态

2. 数据资源、质量评估和预处理

画像数据均可由总队、支队数据库获取，数据具有较强的获得性、准确性、完整性、及时性、可定义性和有效性，数据质量高。少部分缺陷数据可通过以下方式进行预

处理，提升数据质量。

公安交通管理综合应用平台的机动车数据通过扫描合格证采集，准确度较高，偶尔出现车辆类型核定错误等小概率情况，如轻型封闭式货车核定为轻型厢式货车，影响数据结果，可通过比对货厢内部尺寸或钢板数量特征进行检索识别后排除错误数据。

机动车检测数据轴荷总质量来源于检验专网，检测按照《机动车安全技术检验项目和方法》开展，并按照《机动车安全技术检验业务信息系统及联网规范》由仪器检测采集数据后写入，数据准确度较高。但实际工作中发现部分安检机构在注册登记检验环节存在对轴荷数据造假的情形。为确保数据质量，避免人为干扰，画像只采用车辆年检时获取的两轴轴荷总质量用于画像。

对同一车型且整备质量相同的不同车辆轴荷总质量进行比对，存在轴荷总质量结果偏差过大的数据进行人工分析或删除。对同一车辆多年的年检轴荷总质量，其误差过大的数据进行人工分析或删除。

同一时间段如果同一安检机构所有车辆（含客车类）轴荷与整备质量比对相差较大，或轴荷分布不合理，考虑仪器故障，数据删除。

南宁交警从总队资源库抓取2017年1月至2019年5月期间注册登记的轻型货车数据，提取交通管理综合平台车辆登记数据和检验专网车辆年检信息，经清洗，排除无效或低质量数据，剩余13777辆车辆数据用于数据画像。

二、"大吨小标"嫌疑车数据画像指标选取

（一）排除嫌疑车辆类型

为精准确定"大吨小标"车辆类型，南宁交警通过对在用车辆进行画像特征分析、年检轴质量验证、实车抽查确认等，从数据特征上，排除了一批"大吨小标"嫌疑轻型货车：驾驶室载客两排的轻型货车车型参数虽质量、长度等接近限值，但货厢尺寸较小，轴荷总质量与登记整备质量相差较少或基本无偏差，不属于本文定义的"大吨小标"范围，可列入白名单暂时排除嫌疑。

确认白名单车辆特征后，在进行"大吨小标"违规嫌疑车画像时，可加入驾驶室后排载客为零（"HPZK=0、HPZK IS NULL"）条件限定，对排除嫌疑的驾驶室双排座的车型进行过滤。以下各嫌疑车型分析中均不包含驾驶室载客两排的车辆和车型。

（二）嫌疑车辆类型

经分析和验证，南宁交警针对轻型货车中的轻型自卸货车、轻型仓栅式货车、轻型厢式货车、轻型栏板货车四类最常见的轻型货车进行画像。经数据比对和查验经验总结分析，发现部分系统录入的车辆技术参数，如驾驶室载客人数、功率、排量、总质量、钢板弹簧片数、整备质量、轴距、轮胎规格、外部和内部尺寸等，与车辆质量存在明显关联，但部分技术参数作为画像指标准确性不高。经比对上述多个技术参数指标，选取

精准度较高的参数和限值作为画像指标,以期做到结果精准。

1. 轻型自卸货车

轻型自卸货车的"大吨小标"程度较其他类型轻型货车严重,部分车辆空车轴荷总质量甚至达到9000kg以上。使用清洗后的在用车年检轴荷总质量数据,分析轻型自卸货车轴距与实车质量之间的关系,发现车辆轴距与实车质量关联性最强,在1444辆轴距≥3000mm的轻型自卸货车中,1215辆空车达到4000kg以上,仅4辆轻型自卸货车空车轴荷总质量小于3500kg;空车质量最高达9947kg,最低为3388kg。值得注意的是,轴距数值较大时,即使车辆功率较小、轮胎较小,实际空车质量仍然较重,如:BJ3046D8PDA-FA,轴距为3200mm,虽然功率仅为70kW、轮胎规格为7.50R16,但其车辆空车质量仍在4000kg以上;CA3040K7L2E5-1,轴距为3100mm,虽然功率仅75 kW、轮胎规格为7.00-16,但实车质量也在4400kg以上。此外,轴距大于3000mm时,钢板弹簧片数即使较少,也存在"大吨小标"嫌疑情形。

除轴距外,轻型自卸货车轮胎规格、功率、栏板高度等参数指标与车辆"大吨小标"嫌疑关联性较强。各项参数指标与对应嫌疑车比例见表1。

轻型自卸货车违规嫌疑评价表 表1

参数名称	参数规格	嫌疑车比例
轴距	≥3000mm	99.5% 轴荷总质量超过 3500kg
钢板弹簧片数	≥15	99.6% 轴荷总质量超过 3500kg
轮胎规格	断面宽度≥7.50in❶	99.5% 轴荷总质量超过 3500kg
栏板高度	≥650mm	99.5% 轴荷总质量超过 3500kg
功率	≥88kW	99.5% 轴荷总质量超过 3500kg

注:❶ 英寸,1in=0.0254m,后同。

2. 轻型仓栅式货车

经数据分析,与轻型仓栅式货车"大吨小标"嫌疑关联性较强的参数为车辆钢板弹簧片数、轮胎规格、货厢内部尺寸及功率。各项参数指标与对应嫌疑车比例见表2。

轻型仓栅式货车违规嫌疑评价表 表2

参数名称	参数规格	嫌疑车比例
钢板弹簧片数	≥15	96% 轴荷总质量超过 3500kg
轮胎规格	断面宽度≥7.50in	98% 轴荷总质量超过 3500kg
箱货内部宽度	≥2000mm	91% 轴荷总质量超过 3500kg
功率	≥90kW	98% 轴荷总质量超过 3500kg

3. 轻型厢式货车

经数据分析,轻型厢式货车参数中,除轮胎规格与"大吨小标"嫌疑关联性较强外,其他单项参数指标与轴荷总质量关联较弱,原因是厢式货车整备质量与货厢容积相关,仅靠长宽高单项参数指标无法确定货厢大小。因系统内数据无货厢容积数据,仅有长宽高参数,因此，可通过系统内长宽高参数计算出货厢容积（HXNBCD × HXNBKD × HXNBGD），使用容积数值作为嫌疑车辆评价指标。各项参数指标与对应嫌疑车比例见表3。

表3　轻型厢式货车违规嫌疑评价表

轻型厢式货车违规嫌疑评价表（满足一项即为"大吨小标"嫌疑车）		
参数名称	参数规格	嫌疑车比例
货厢容积	≥ 21m³	93.1% 轴荷总质量超过 3500kg
轮胎规格	断面宽度≥ 7.50in	95.7% 轴荷总质量超过 3500kg

4. 轻型栏板货车

在四类轻型货车中，轻型栏板货车保有量数量较少，在轻型货车中占比较低。从轴荷总质量及实车复核数据看，其"大吨小标"嫌疑车辆整体比例也较少，超重程度较其他三类车型相对较低。各项参数指标与对应嫌疑车比例见表4。

表4　轻型栏板货车违规嫌疑评价表

轻型栏板货车违规嫌疑评价表（满足一项即为"大吨小标"嫌疑车）		
参数名称	参数规格	嫌疑车比例
轮胎规格及钢板弹簧片数	轮胎断面宽度 =7.50in 且钢板弹簧片数大于 16	93.1% 轴荷总质量超过 3500kg
轮胎规格	断面宽度≥ 8.25in	95.7% 轴荷总质量超过 3500kg

使用以上指标对2020年吉林松原"10·4"事故车辆福田牌BJ5043CCY-GM仓栅式货车、2020年湖北天门"10·29"事故车辆东风牌EQ3040GF、2021年贵州毕节"1·29"事故车辆豪沃牌ZZ5047CCYG3315E143进行评价，3个车型参数指标均超过"大吨小标"嫌疑限值，事故调查中也确认上述车型均存在"大吨小标"违规情形。

三、"大吨小标"嫌疑数据画像用于注册把关的实战应用

2020年12月以来，南宁交警基于精准度较高的数据画像，在车辆注册登记环节对嫌疑车辆进行重点调查，并结合嫌疑告知、视频追踪、图像比对、路面查处等方式，对办理注册登记的嫌疑车辆进行查处，减少车主的侥幸心理（图2）。

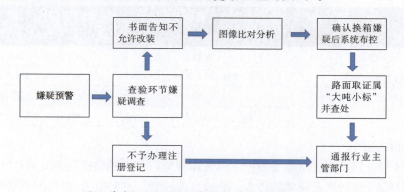

图2　在车辆注册登记环节对嫌疑车辆进行重点调查

1. 查验环节查获"大吨小标"嫌疑车辆的实战案例

在注册登记中,对于注册车辆参数指标达到限值的车辆,除按照行业标准《机动车查验工作规程》(GA801)对车辆进行查验、排除检测数据被篡改嫌疑外,南宁车管所查验民警还对车辆进行嫌疑调查,确认查验车辆与检测车辆一致,及时发现更换"值班车厢""纸皮车厢"、拆除液压杆或更换较细液压自卸杆、更换车桥、弹簧片等"临时轻量化改装"违规情形,及时制止车主或车商以欺骗的形式为违规车辆进行注册登记,筑牢源头关。

实战案例:2020年12月29日,南宁车管所民警在为一辆东风牌EQ5041CCY8BDBAC仓栅式货车办理注册登记时,发现该车轮胎规格为7.50R16LT 8PR、功率为110 kW、车厢内部宽度为2300mm、钢板弹簧片数为前8后10+7,属于数据画像的"大吨小标"嫌疑车辆,进入嫌疑调查流程。经调查,发现该车存在临时更换车厢、车桥、更换薄窄弹簧板,使用临时货厢、固定货厢的螺栓较少且固定不规范等嫌疑(图3~图5)。随后车主承认为了通过检测和查验,临时更换轻量化车厢和车桥等配件,企图以欺骗手段骗取注册登记后使用较重的车辆超载上路。

图3 车辆后桥螺母固定不牢、货厢螺栓数量较少且固定不规范

图4 临时更换较薄较窄的弹簧片

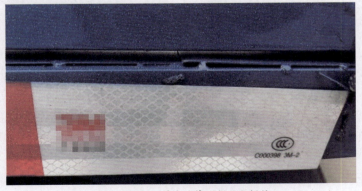

图5 车厢钢板厚度过薄,用焊胶仿焊接

2. 嫌疑车辆登记告知后,系统布控查处的实战案例

2020年12月,南宁车管所民警在对多辆轻型货车办理注册登记时,因参数指标超过限值,监管系统发出"大吨小标"嫌疑预警,提示车辆存在使用临时轻量化车厢办理注册登记嫌疑。但申请人所提交查验的轻型货车改装较为细致,且申请人拒不承认货厢为

临时更换。民警向申请人书面告知车辆属于"大吨小标"嫌疑车辆，如果利用欺骗等方式办理注册登记，将被撤销注册；如果注册登记后改装上路，将按规定进行处罚，申请人签字确认知情后办理注册登记。

随后，南宁交警支队车驾管业务监管中心民警对车辆注册后上路情况进行图像追查，与注册登记检验、注册登记查验时的外观比对发现，上路车辆存在涉嫌更换车厢情形，路面民警对车辆进行查处，确认车辆存在空车接近超重的"大吨小标"情形。部分实战案例如下：

案例一：南骏牌BPC20017361自卸货车，核定总质量4290kg、车长5060mm、车内宽1900mm、轮胎7.00R16PR、发动机排量2.7L。大部分参数未出现嫌疑，但钢板弹簧片数为16片，参数指标超过预警值。实车查验时未发现明显的更换车箱嫌疑，车主称未更换车箱，查验员告知车主不能换车箱和相关后果后确认查验合格，给与其办理注册登记。同步，南宁交警进行图像追查分析，经图像分析比对，发现该车上路时实车货箱与注册登记、新车检验外观不符，进行稽查布控。经路面民警查处，该车车货总质量为10174kg，远超核定总质量4290kg；空车总质量为3507kg，属于"大吨小标"车辆，确认该车存在更换车箱改变技术参数问题，民警对该车超载、非法改装的违法行为进行处罚（图6）。

a) 上路车箱外观　　　　　　　　　　　b) 注册登记车箱外观

图6　上路车箱外观与注册登记车箱外观对比

案例二：王牌CDW3040H1A5轻型自卸货车，嫌疑车辆轮胎规格7.00R16LT 8PR、货箱内部宽度2025mm、发动机排量2210L、功率80kW，大部分参数未出现嫌疑，但钢板弹簧片数为18片，参数指标超过预警值。但实车查验时未发现明显的更换车箱嫌疑，查验员告知驾驶人后给车辆办理了注册登记。随后，南宁交警进行图像追查分析，发现该车上路时实车货箱与注册登记、新车检验外观不符，实车稽查布控发现空车总质量为3786kg，属于"大吨小标"车辆（图7）。

案例三：王牌CDW5040CCYHA2Q5轻型仓栅式货车，嫌疑车辆所有参数指标均超过预警值。经图像比对，该车上路时实车货厢与注册登记、新车检验外观不符，实车稽查布控发现空车总质量为3850kg，属于"大吨小标"车辆（图8）。

案例四：江淮牌HFC5043XXYP91K2C2V轻型厢式货车，嫌疑车辆所有参数指标均超过预警值，该车上路时实车货厢与注册登记、新车检验外观不符，实车稽查布控发现空车总质量为3981kg，属于"大吨小标"车辆（图9）。

a) 上路车箱外观　　　　　　　　　　　b) 注册登记车箱外观

图7　上路车箱外观与注册登记车箱外观对比

a) 上路车厢外观　　　　　　　　　　　b) 注册登记车厢外观

图8　上路车厢外观与注册登记车厢外观对比

a) 上路车厢外观　　　　　　　　　　　b) 注册登记车厢外观

图9　图6 上路车厢外观与注册登记车厢外观对比

通过以上画像和实战查处,可发现对于不同车辆类型,影响车辆质量的参数不完全一致,统一参数的嫌疑限值也不尽相同。如需在源头管理环节做到严格把关,参数设定应尽可能细致。此外,随着行业主管部门和车管部门治理手段的变化,违规生产"大吨小标"车辆逃避监管的方式可能会相应改变,造假手段和车辆参数嫌疑特征会出现化。

扫一扫查看原文

接下来，南宁交警将保持高压整治势头，以科技为抓手，不断提升数据画像精准度，实行登记常态化严管、路面动态化倒查，及时发现嫌疑车辆、发现和固定违规证据并通报相关部门。同时加大宣传力度，打消车主或经销商企图更换车厢蒙混过关的侥幸心理。及时将查处结果通报货车生产、销售的行业主管部门，形成多部门联动攻坚、齐抓共管的良好局面。促使生产、销售部门落实主体责任，合力巩固治理成效，预防和遏制货车非法生产、非法改装行为，保障道路交通安全。

电动汽车典型危险工况及安全检验探讨

周文辉　公安部道路交通安全研究中心副研究员

电动汽车设计、构造、使用与传统汽车迥异，导致其运行安全特征和事故伤害特征也与传统汽车有较大差异。我国是电动汽车第一生产和使用大国，为了预防和减少电动汽车事故，有必要研究其安全性能，提出提升其运行安全水平的系列保障措施。本文立足于交通安全实际，分析了电动汽车动力系统短路、碰撞、翻车、涉水、过充过放等常见危险工况及事故伤害机理，梳理了国内电动汽车安全标准的主要内容、国外电动汽车安全检验工作研究的最新进展和国内电动汽车日常检测内容等情况，在此基础上，提出了加强电动汽车维护修理、推进电动汽车安全检验研究等方面的建议。

一、电动汽车常见危险工况

电动汽车危险工况包括动力系统短路、碰撞、翻车、涉水、过充过放等情形，对应的安全事故模式如下。

1. 动力系统短路

当电动汽车动力系统短路时，将导致动力蓄电池瞬间大电流放电，其产生的安全事故模式主要包括：

1）燃烧、爆炸

对于采用镍氢蓄电池、锂离子蓄电池作为动力蓄电池的电动汽车，大电流放电将导致蓄电池排放大量可燃气体，同时，蓄电池的温度迅速升高，导致动力蓄电池的燃烧爆炸等事故。

2）电伤害

当动力蓄电池与汽车的金属车身短路时，动力蓄电池的高电压将可能通过金属车身对乘员产生电击伤害。

2. 碰撞

当电动汽车发生碰撞时，蓄电池将承受巨大的冲击载荷，并且可能受到挤压、穿刺等损坏，由此产生的安全事故模式主要包括：

1）燃烧、爆炸

对于密封蓄电池如镍氢蓄电池、锂离子蓄电池、燃料蓄电池储气罐等，当汽车发生碰撞时，即使蓄电池未受到挤压、穿刺等损坏，由于蓄电池内部压力过高、蓄电池本身的制作缺陷，也可能导致动力蓄电池爆炸、燃烧。当汽车发生碰撞，蓄电池受到挤压、穿刺等损坏时，将可能直接导致蓄电池的燃烧、爆炸。

2）电伤害

电动汽车在碰撞过程中可能导致电路短路而使车身带电，对乘员产生电击伤害。

3）电解液飞溅伤害

由于电动汽车使用的动力蓄电池电解液多为强酸、强碱溶液，当电动汽车发生碰撞导致蓄电池损坏时，动力蓄电池的电解液可能飞溅到整个车内，导致人员伤害。

4）机械伤害

电动汽车在碰撞过程中对乘员产生的机械伤害包括车身变形产生的伤害、转向盘等硬物的碰撞和挤压伤害、动力蓄电池部分的窜动或飞入伤害等。

3. 翻车

1）电伤害

当电动汽车发生翻车事故时，蓄电池间的接线或接到电动机控制系统的接线就可能脱落甚至短路，通过汽车上的金属部分产生高电压电流使车体带电，从而导致乘员遭受触电危险，危害乘员人身安全。

2）动力蓄电池电解液泄漏

由于动力蓄电池顶盖上一般都有加液孔盖、限压阀等部件，当电动汽车翻车时，容易造成其松脱，从而导致大量的电解液泄漏，引起蓄电池漏电或短路事故。同时，大量的电解液泄漏可能使电解液流入车内对乘员造成伤害，而且会直接影响对事故车的援救。

3）机械伤害

电动汽车发生事故时，由于电动汽车的质量一般都比燃油车大，对于车身未特别加强的车型，其结构变形将更大，容易因车门无法开启，致使乘员受到挤压、冲击等伤害，同时容易引发二次事故，比如电动汽车起火、爆炸等，导致车内部乘员无法顺利逃脱，引起更大的人员财产损失。

4. 涉水、暴雨

1）电伤害

当电动汽车遇到涉水、暴雨等危险工况时，蓄电池间的接线或接到电动机控制系统的接线就可能会由于水汽的侵蚀，造成短路，导致漏电。强大的高压漏电电流通过车身结构，使乘员遭受触电危险，危害乘员人身安全。

2）动力蓄电池的泄漏与燃烧爆炸

当由于上述涉水、暴雨等引发蓄电池出现短路事故，则容易使得蓄电池温度升高，并可能产生大量气体，使蓄电池内压增大，直接导致动力蓄电池发生外壳形变，出现电解液泄漏，造成对乘员化学伤害，同时由于蓄电池的热效应可能引发蓄电池的燃烧或爆炸。

3）动力系统控制电器部件故障

电动汽车在遇到涉水、暴雨等危险工况时，水汽容易侵入到电子芯片中，之后若未进行烘干、除湿等处理，易使电动汽车蓄电池组管理系统以及电动机驱动控制系统出现短路或漏电事故，烧掉绝缘层，导致电子器件由于过大的电流而烧坏，造成控制和监测系统失灵，引发电动汽车失控或无法起动等事故。

5.蓄电池过充过放

1）有害气体释放

由于动力蓄电池在过充、过放电的过程中正负极将达到析氢、析氧电位，使得蓄电池有含氢气和氧气的混合气体释放，同时混合气体中还将含有一定的具有腐蚀性的电解液分解的气体成分，比如硫酸、碱气等，会对人体以及汽车结构部件产生腐蚀伤害。

2）燃烧爆炸

过充、过放电会使得含有氢气和氧气的混合气体释放，由于氢气的爆炸极限比较低，如果在某密闭空间内聚集，遇到点火源时，将会产生燃烧爆炸等事故。过充电将会使蓄电池隔膜蚀化而使得蓄电池内部正负极直接接触短路，从而产生极大放电电流，使蓄电池发生燃烧爆炸；过放电时将会使蓄电池组中某个容量较小的串联蓄电池出现反极（即蓄电池的极性由正变负，由负变正），对锂离子蓄电池而言将使其正极上的金属锂形成易燃易爆物质，进而引发燃烧爆炸。

3）电解液泄漏

动力蓄电池在过充或过放电的过程中会引起蓄电池热效应，热量得不到及时散发导致蓄电池内部和外部结构部件变形，容易引起电解液泄漏。同时，由于过充电时蓄电池温度上升，内部电解液分解和电解，将产生大量气体，蓄电池内压升高，也会引起蓄电池电解液泄漏。由于电解液的泄漏，可能会引发蓄电池的短路或失效等故障。

二、我国电动汽车安全标准内容

我国现行电动汽车安全相关基础性国家标准为《电动汽车安全要求》（GB 18384—2020）和《电动汽车用动力蓄电池安全要求》（GB 38031—2020）。其中《电动汽车安全要求》（GB 18384—2020）定位为我国电动汽车安全性能测试的重要基础标准和电动汽车新车定型强制性检验以及进口机动车检验的重要技术依据之一。该标准规定了电动汽车的人员触电防护要求、功能安全防护要求、动力蓄电池要求、车辆碰撞防护要求、车辆阻燃防护要求、车辆充电接口要求、车辆报警和提示要求、车辆事件数据记录要求、电磁兼容要求等内容。人员触电防护要求规定了高压标记要求、直接接触防护要求、间接接触防护要求和防水要求的内容。功能安全防护要求规定了驱动系统电源接通和断开程序、功率降低提示、可充电储能系统低电量提示、可充电储能系统热事件报警、制动优先、挡位切换、驻车、车辆与外部传导连接锁止等方面的要求。车辆碰撞防护要求规定了电动汽车的正面碰撞防护应符合《汽车正面碰撞的乘员保护》

（GB 11551）的要求，侧面碰撞防护应符合《汽车侧面碰撞的乘员保护》（GB 20071）的要求，前后端保护装置耐撞性能应符合《汽车前后端保护装置》（GB 17354）的要求，顶部抗压强度应符合《乘用车顶部抗压强度》（GB 26134）的要求，电动汽车碰撞后安全应符合《电动汽车碰撞后安全要求》（GB/T 31498）的要求。

此外，《机动车运行安全技术条件》（GB 7258—2017）规定了纯电动汽车、插电式混合动力汽车应具有充电锁止功能、高压警告标记、电位均衡、绝缘电阻检测及自动提示等功能。

三、国外新能源汽车安全检验情况

从目前了解到的情况，主要国家还未将新能源汽车的安全检验纳入法规或开展讨论。从公开资料来看，欧洲汽车检测委员会（International Motor Vehicle Inspection Committee，该委员会是欧盟在用机动车检测的智力支撑机构，为欧盟委员会、欧盟理事会等立法、行政机构提供可供讨论的制度建议）2011年委托德国联邦高速公路研究院（Federal Highway Research Institute）开展了名为"电动汽车安全周期检验的必要性分析"的项目，项目的目的主要有三：一方面是针对电动汽车和混合动力汽车，提出国家层面可纳入机动车年检的项目和内容；另一方面是提出电动汽车全生命周期的安全技术标准保持的措施；最后是提出电动汽车非法改装的检测办法。德国联邦高速公路研究院于2013年5月向欧洲汽车检测委员会提交了研究内容概要报告，针对电动汽车和混合动力汽车，提出的国家层面需要进一步研究论证的年检项目和内容主要有：

1. 部分高压部件的检测

主要包括动力蓄电池、电动机、电压转换器、高压线束和连接器、高压空气压缩机、高压制热机等。高压部件的故障容易导致功能失效、短路、介质泄露、部件过热等。对于以上内容的检测，需要研究开发专用的设备，并提出检验的方法。德国联邦高速公路研究院提出的暂时可用的检测方法为：通过仪表板或外接便携电脑，检测车辆蓄电池管理系统的功能；通过仪表板或外接便携电脑，检测新能源汽车仪表板是否与高压部件的连接断开，导致无法显示。

2. 制动系统的检测

由于新能源汽车频繁使用制动能量回收系统，容易导致制动系统受力不均或制动鼓/盘使用较少而锈蚀等情况，建议在年检中特别关注制动系统的检测。

3. 能量回收系统的检测

在滑行或制动时，新能源汽车会回收能量，建议在额定电压下，检测能量回收系统的功能。

4. 动力蓄电池冷却系统的检测

为防止动力蓄电池过热，建议检测动力蓄电池冷却系统（主要是风扇）的有效性，包括功能和旋转速度是否合规有效。

5. 充电系统检测

目视检测充电接头等是否损坏。测试在充电接头与充电桩连接时，车辆是否无法起动（前进或倒退）。

四、国内电动汽车日常检测内容

国内对电动汽车年检的日常检测主要有以下几个方面：

1. 动力蓄电池检测

主要有两个检测指标：一个是动力蓄电池SOC（State of Charge，荷电状态）评估，可采用测量蓄电池箱内部单体电压的方式评估；另一个是动力蓄电池SOH（State of Health，健康程度）评价，可采用测量蓄电池的内阻和蓄电池单体电压的方式评价。

2. 电动汽车绝缘检测

新能源汽车运行期间，酸碱气体腐蚀、温湿度的变化等会导致蓄电池组和车辆底盘间绝缘物质的破损与老化。除了目视检验车辆底部的破损和老化情形外，其他的主要检测方法及指标是：用兆欧表测量电力系统与车辆底盘之间的绝缘电阻值。测量电压应是不小于电力系统的最大工作电压的直流电压，并施加足够长的时间以获得稳定的读数，测量时，动力蓄电池和辅助蓄电池应断开，辅助电路的两端搭铁部分应与车辆底盘相连。在最大工作电压下，直流电路绝缘电阻的最小值应至少大于100Ω/V，交流电路应至少大于500Ω/V。

3. 电动汽车电磁辐射检测

车内电磁环境的检验点应在驾驶位座椅前端中部、副驾驶位两脚中部、靠近后轴的座椅排中部、最后排座椅中部和车厢内最靠近电动机控制器位置的5点中选择3点来进行检验。检测程序为：第一步，车辆未起动前，打开电磁辐射测量仪，测量并记录车内给定位置的电场强度和磁感应强度；第二步，进行底盘测功机加载和被检车辆检验车速的设定与控制，待速度稳定后，打开电磁辐射测量仪，测量并记录车内给定位置的电场强度和磁感应强度。

4. 防水要求检测

对车辆进行模拟涉水、模拟清洗试验，并在试验后进行绝缘电阻测试以考核车辆是否存在触电风险。

五、建议

1. 建议加强新能源汽车安全检验的研究论证

国外侧重于整车功能和使用方面的检测，主要通过人工或借助简单的仪器进行检测，从检测的必要性和可行性来看，国内的研究还不足。目前可研究纳入的项目主要有：高压部件的检测（通过仪表板或外接便携电脑检测）、能量回收系统的检测、动力蓄电池冷却系统（电风扇）的有效性检测、充电接头和充电自动锁止功能的检测、电动汽车软硬件改装项目的检测、车辆底部损坏和车身线束裸露情况的目视检验。

2. 建议增加维修环节的检验检测

目前新能源汽车的检验主要集中在生产和出厂环节，由于新能

扫一扫查看原文

源汽车产品和技术路线多样，检验时需要借助专业的设备、仪器、场地和人员，建议侧重厂家的维修和"汽车检测与维护（I/M）制度"的保障作用，该制度是世界上发达工业国家和地区对在用车进行强制性定期检测，并对出现故障的车辆进行强制修理的制度。

破解电动自行车治理难题，系统化治理新思路成效显著

刘东波　公安部交通管理科学研究所副所长、研究员
王军华　公安部交通管理科学研究所副研究员
李志林　公安部交通管理科学研究所高级工程师

一、电动自行车管理取得了一定成效，但依然存在诸多问题

为规范电动自行车管理，2019年3月，市场监管总局、工业和信息化部、公安部颁布了《关于加强电动自行车国家标准实施监督的意见》，要求各地公安机关严格按照规定对符合新国标的电动自行车进行登记上牌，加强电动自行车生产、销售、登记使用、优化通行条件等方面的综合系统管理，建立长效监管机制。2019年4月，公安部交通管理局下发了《关于加强电动自行车安全管理工作的通知》，明确加强电动自行车安全管理，鼓励建立电动自行车交通违法自动抓拍系统，加大查处力度。公安部交通管理局在《2021年道路交通管理工作要点》中也明确要求全面落实电动自行车登记管理，系统治理电动自行车交通安全管理问题。

在相关文件指导下，多省、自治区、直辖市陆续颁布了电动自行车管理相关地方性法规，探索开展电动自行车登记与交通安全执法管理工作，取得了一定的管理成效。但依然存在登记备案工作不规范，信息化系统建设不完善；号牌制作不规范、监管无闭环，伪造、变造、套用号牌现象频发；非标车、行业用车管理以及路面交通违法行为处罚无抓手；重路面巡查、轻生产、销售等源头监管，多部门整治合力不强，长效管理机制不健全等突出问题。

二、探索电动自行车系统化治理新模式

为深入贯彻落实公安部道路交通事故预防"减量控大"重要部署，进一步推进落实电动自行车安全管理工作，在梳理总结部分城市经验做法的基础上，综合利用互联网政务云服务、证照电子化、国产超高频RFID芯片以及非现场AI取证技术，结合各地管理实际需求，研究提出电动自行车备案信息化、牌照数字化、执法智能化、管理重点化、教育常态化、治理体系化的"六化"治理新模式。

（一）备案信息化

1. 对非标车、合标车、行业用车分别构建不同的登记 / 备案工作模式

针对非标车建议由政府牵头发动基层管理部门盘清底数，有序开展备案工作。对于行业用车由所属企业统一到指定登记点进行申请、登记或备案。对于新售合标车，通过与相关管理部门合作，尽快建立门店"带牌销售"制度。

2. 建设登记 / 备案管理系统，将登记 / 备案流程全面信息化、便捷化

规范优化登记/备案流程，核心系统部署于互联网，具备按照公安部交通管理局文件要求完成人车登记信息上传、合标车3C核验、电子登记/备案凭证签发、基础登记以及行业用车备案功能。鼓励借助警务微信公众号、交管APP等扩展移动端应用，为车主提供便捷的人车信息注册、号牌申领、交通安全教育学习、人车电子登记/备案凭证自动生成等线上登记/备案服务（图1）。

图1　电动自行车电子备案凭证样例

3. 规范建设登记 / 备案信息库，为不同管理和服务人员提供数据支撑

依托互联网政务云平台，搭建本地化的"一人、一车、一牌、一证"登记/备案信息库，规范数据种类和格式，为道路交通安全管理，治安、消防、城管、社区等部门涉电动自行车管理，以及车主的保险办理、业务查询等服务应用提供数据支撑。

（二）牌证数字化

1. 使用嵌有超高频 RFID 芯片的号牌

倡导使用具有抗老化、防撞击性能的非金属材质号牌，内嵌有国产自主可控、符合国标的无源超高频RFID芯片，为电动自行车提供唯一可信数字身份，能够实现号牌全生命周期监管，防止伪造、编造号牌等违规行为，确保电动自行车可溯源、可监管。

2. 利用二维码按需开放车辆登记信息

在号牌上加印具有防伪功能的二维码，治安、消防、城管、社区等涉电动自行车管理部门以及保险等服务企业可以通过移动终端扫描二维码的方式，按照预先设定的信息访问权限，对部分电动自行车登记/备案信息进行访问，支撑构建共享、共治的电动自行车社会化监管服务模式。

3. 通过不同样式号牌（标识）分类管理合标车、非标车、外卖车

分别设计不同的号牌（标识）颜色，以区分合标车、非标车、外卖车号牌（标识）。外卖车号牌可加印所属企业商标。超标车标识加印"超"字标识及车辆上路通行"有效期"，逾期后不得上路。不同号牌（标识）样式赋予车辆不同的通行权限，实现对电动自行车的分类管理（图2）。

图2　不同样式号牌样例

（三）执法智能化

1. 创新前端科技应用，提高路面执法便捷化

路面执法民警可以利用移动警务终端扫描电动自行车号牌（标识）上的二维码关联访问、查询车辆信息、历史违法等信息，通过扫描电子登记/备案凭证上的二维码确认车主或骑行人的信息，方便民警快速非接触查验人车信息，提高一线民警路面执法效率。路面民警可通过便携式RFID专用识读设备，对车牌的真伪进行辨别，杜绝电动自行车假牌、套牌等违法行为。

2. 探索非现场自动识别取证

推动制定电动自行车违法取证标准，对重点违法行为探索使用射频和视频一体化识别新技术进行非现场取证抓拍，无源超高频RFID识读确认车辆身份，视频图像智能识别车辆违法行为，选取重要路口、路段，对占用机动车道、闯红灯、逆向行驶、闯禁行以及伪造、变造、套用、遮挡号牌等交通违法行为进行非现场自动取证（图3）。

图3　非现场自动识别取证

3. 逐步开展非现场执法管理系统建设

针对电动自行车闯红灯、逆行等频发交通违法行为，鼓励有条件的城市率先试点开展非现场执法管理系统建设，并逐步与公安交通集成指挥平台和公安交通管理综合应用平台进行业务对接，扩展移动警务终端电动自行车管理应用。

（四）管理重点化

1. 推行快递外卖企业、从业人员记分管理

以快递外卖车为切入点，定期对企业"车辆违法率""违法、事故控制完成率""教育培训率"等指标开展评价，将考评结果与企业电动自行车号牌（标识）配额绑定。倡导对从业人员实行累计记分管理，配套制定实施预约劝导、学习消分、违法停驶等奖惩制度。

2. 扎紧门店源头，抓好超标车过渡期治理

依托信息化登记/备案管理系统，通过严审门店带牌销售资格、严核车辆整车编号、合格证书、上传号牌（标识）安装图片，确认"人、车、牌"合一等登记/备案环节的严把关，杜绝为新出售非标车辆登记/备案上牌，有效规避超标车从门店流入市场。

3. 对重点区域的路口、路段实施精细化管理

对电动自行车较多的路口实行渠化管理，设置非机动车信号灯，施划非机动车待停区域，减少机非冲突。选取有条件的重点路口、路段安装交通违法智能取证设备、警示提醒设备，开通短信、微信等交通违法通知，对骑行人进行有效的震慑和警示。

（五）教育常态化

1. 事前在登记/备案工作中开展安全教育

将交通安全教育纳入登记/备案工作环节，以线上、线下观看视频、答题等形式，通过典型事故案例、安全法规常识等内容，对车主进行交通安全警示教育。

2. 事中在路面执法中突出劝导教育

在路面执法过程中，突出劝导教育，通过宣讲交通法规、开展警示教育、告知提醒、劝导纠正、曝光惩戒、典型树立等多种方式，教育电动自行车骑行人切实增强守法意识，文明出行。

3. 事后持续加强社会化宣传

充分发挥党政机关、事业单位和国有企业模范带头作用，鼓励干部职工主动参与到电动自行车管理工作中。协调宣传部门组织新闻媒体，充分利用各种媒体媒介，做好媒体报道、违规曝光、舆论引导等工作，营造全社会共治氛围。

（六）治理体系化

1. 推动构建政府主导、部门联动的多元共治格局

各地交通管理部门应积极协调地方政府加快开展电动自行车登记/备案管理相关立法工作。以安全生产、文明城市测评作为切入点，充分调动各级政府部门参与电动自行车安全管理的积极性。联合相关部门，构建集治安、消防、市场监管、社区管理于一体的电动自行车综合治理体系。

2. 将交通违法行为纳入社会征信体系

率先将快递外卖从业人员的交通违法行为与社会征信体系挂钩，对多次违法未处理的从业人员实行禁止派单或从业，对多次考评不合格的企业限制其运营规模。对列入失信主体记录的个人，提高其再次购买电动自行车或保险的门槛等。

3. 完善电动自行车专属保险制度

探索与保险公司合作，提供电动自行车专属商业保险。针对快递、外卖车以及超标车，建议通过立法增加购买强制保险的规定。针对符合国标的合标车鼓励车主购买适合的商业保险。

三、电动自行车系统治理新模式示范成效显著

电动自行车治理新模式在深圳、南京等地开展了试点应用，并产生了显著的示范成效。以深圳为例，2020年1月至7月率先在宝安、光明两区实施备案登记工作（图4）。

图4　深圳市宝安区开展电动自行车备案试点

1. 交通安全水平进一步提升

深圳市2020年1月至7月共发生涉电动自行车交通事故260起，同比下降19.5%；造成47人死亡，同比下降26.56%。

2. 交通文明秩序进一步提升

深圳市2020年1月至7月共接报涉电动自行车交通警情30627宗，同比下降4.38%。宝安、光明两区2020年6月份交通文明指数分别为87.91分、94.25分，同比分别上升0.95%、1.05%。

3. 骑行人交通安全意识进一步提升

试点有效提升了骑行人头盔佩戴率，深圳市2020年7月电动自行车骑行人头盔佩戴率为82.31%，较2019年同期上升13.45%。宝安、光明区电动自行车骑行人头盔佩戴率为86.59%、79.33%，同比分别提升32.54%、14.66%。

美国得克萨斯州机动车登记制度简介

周文辉　公安部道路交通安全研究中心副研究员

美国机动化已经发展了近百年的时间，在此过程中，逐渐形成了较为成熟完善的机动车登记制度体系。美国机动车登记制度由各州自行设定，但差异不大。本文系统梳理了得克萨斯州（以下简称"得州"）交通法中有关机动车登记的内容。

一、机动车登记概要情况

在购买机动车30日之内，或成为得州居民30日之内，机动车、挂车或半挂车的所有人必须对车辆进行登记。登记包括新车注册登记、更新登记、过户相关登记等。此处的所有人，既包括车辆财产的法定所有人，也包括车辆的法定拥有人或控制人。举个例子，由于美国有较多的人通过融资租赁方式购买汽车，在融资租赁费用结清前，融资租赁企业属于该车的法定所有人，上述费用结清后，融资租赁承租人才能成为法定所有人。对租赁汽车来说，出租人和承租人均可以申请车辆的更新登记，因此在车辆登记申请表中，两者的名称和地址均应填写，便于接收相关登记文件。

需要注意的是，美国车辆管理部门主要侧重于对车辆"上路"的登记，车辆所有人信息核实、车辆财产属性登记等工作，则主要由各县的税务评估和收集官承担。因此，申请人可单独申请对车辆的财产登记，此类登记中，所有人无须购买强制保险，也无须获得车辆技术检验报告，但车辆不得上路。对于事故车或不可修复的车辆，也可申请财产登记，并且此类车辆修复后可继续注册登记并上道路使用，但会在车辆产权证书上标注"修复车"字样。2003年9月1日之后，美国不再允许获得财产登记的事故车或不可修复车辆上道路行驶。

二、机动车登记申请

登记时，申请人需要填写完整的申请表（图1），提交申请人身份证明，车辆需要获得检验报告，并事先通过财产登记。得州对商用车的登记作出了更严格的限定，具有以下情况的，则不允许车辆登记：申请人相关业务受到关联人员的操作、管理、控制等，且若该人员不具备设定的登记条件；申请人名下有车辆因安全原因被限制运营；申请人不能按规定向税务评估和收集官提交拟登记车辆的整备质量、最大允许载质量、总质量等证明材料的。

车管部门会保存车辆财产登记和上路登记的原始档案。根据档案的记载，管理部门会提前6到8周向车辆所有人邮寄更新登记通知书（图2）。车辆所有人可在更新登记截止日前3个月内办理更新登记。如果申请人提供了电子邮件地址，则在更新登记截止日前3周、1周前，管理部门会分别通过发送电子邮件，再次提醒及时办理更新登记。

Application for Texas Title and/or Registration

Applying for (please check one):
☐ Title & Registration ☐ Title Only ☐ Registration Purposes Only ☐ Nontitle Registration

TAX OFFICE USE ONLY
County:
Doc #:
☐ SPV ☐ Appraisal Value $

For a corrected title or registration, check reason:
☐ Vehicle Description ☐ Add/Remove Lien ☐ Other:

1. Vehicle Identification Number | 2. Year | 3. Make | 4. Body Style | 5. Model | 6. Major Color | 7. Minor Color

8. Texas License Plate No. | 9. Odometer Reading (no tenths) | 10. This is the Actual Mileage unless the mileage is: ☐ Not Actual ☐ Exceeds Mechanical Limits ☐ Exempt | 11. Empty Weight | 12. Carrying Capacity (if any)

13. Applicant Type
☐ Individual ☐ Business ☐ Government ☐ Trust ☐ Non-Profit

14. Applicant Photo ID Number or FEIN/EIN

15. ID Type
☐ U.S. Driver License/ID Card (issued by:)
☐ Passport (issued by:)
☐ U.S. Citizenship & Immigration Services/DOJ ID
☐ NATO ID
☐ U.S. Military ID
☐ Other Military Status of Forces Photo ID
☐ U.S. Dept. of State ID
☐ U.S. Dept. of Homeland Security ID

16. Applicant First Name (or Entity Name) | Middle Name | Last Name | Suffix (if any)

17. Additional Applicant First Name (if applicable) | Middle Name | Last Name | Suffix (if any)

18. Applicant Mailing Address | City | State | Zip | 19. Applicant County of Residence

20. Previous Owner Name (or Entity Name) | City | State | 21. Dealer GDN (if applicable) | 22. Unit No. (if applicable)

23. Renewal Recipient First Name (or Entity Name) (if different) | Middle Name | Last Name | Suffix (if any)

24. Renewal Notice Mailing Address (if different) | City | State | Zip

25. Applicant Phone Number (optional) | 26. Email (optional) | 27. Registration Renewal eReminder ☐ Yes (Provide Email in #26) | 28. Communication Impediment? ☐ Yes (Attach Form VTR-216)

29. Vehicle Location Address (if different) | City | State | Zip

30. Multiple (Additional) Liens ☐ Yes (Attach Form VTR-267) | 31. Electronic Title Request ☐ Yes (Cannot check #30) | 32. Certified/eTitle Lienholder ID Number (if any) | 33. First Lien Date (if any)

34. First Lienholder Name (if any) | Mailing Address | City | State | Zip

35. Check only if applicable:

MOTOR VEHICLE TAX STATEMENT

☐ I hold Motor Vehicle Retailer (Rental) Permit No. ________ and will satisfy the minimum tax liability (V.A.T.S., Tax Code §152.046[c]).
☐ I am a dealer or lessor and qualify to take the Fair Market Value Deduction (V.A.T.S., Tax Code, §152.002[c]). GDN or Lessor Number

36. Trade-In (if any) ☐ Yes (Complete) | Year | Make | Vehicle Identification Number | 37. Additional Trade-In(s) ☐ Yes

38. Check only if applicable:

SALES AND USE TAX COMPUTATION

☐ (a) Sales Price ($ ________ rebate has been deducted) $
(b) Less Trade-in Amount, described in Box 36 above $( )
(c) For Dealers/Lessors/Rental ONLY – Fair Market Value Deduction, described in Box 36 above $( )
(d) Taxable Amount (Item a minus Item b or Item c) $
(e) 6.25% Tax on Taxable Amount (Multiply Item d by .0625) $
(f) Late Tax Payment Penalty ☐ 5% or ☐ 10% $
(g) Tax Paid to ________ (STATE) $
(h) AMOUNT OF TAX AND PENALTY DUE (Item e plus Item f minus Item g) $

☐ $90 New Resident Tax – (Previous State)
☐ $5 Even Trade Tax
☐ $10 Gift Tax – Attach Comptroller Form 14-317
☐ $65 Rebuilt Salvage Fee
☐ 2.5% Emissions Fee (Diesel Vehicles 1996 and Older > 14,000 lbs.)
☐ 1% Emissions Fee (Diesel Vehicles 1997 and Newer > 14,000 lbs.)
☐ Exemption claimed under the Motor Vehicle Sales and Use Tax Law because:
☐ $28 or $33 Application Fee for Texas Title (Contact your county tax assessor-collector for the correct fee.)

CERTIFICATION – State law makes falsifying information a third degree felony

I hereby certify all statements in this document are true and correct to the best of my knowledge and belief, and I am eligible for title and/or registration (as applicable).

Signature(s) of Seller(s), Donor(s), or Trader(s) | Printed Name(s) (Same as Signature(s)) | Date

Signature of Applicant/Owner | Printed Name (Same as Signature) | Date

Signature(s) of Additional Applicant(s)/Owner(s) | Printed Name(s) (Same as Signature(s)) | Date

Form 130-U Rev 09/19   Form available online at www.TxDMV.gov   Page 1 of 2

图1 美国得州车辆登记（包括财产登记“title”）申请表

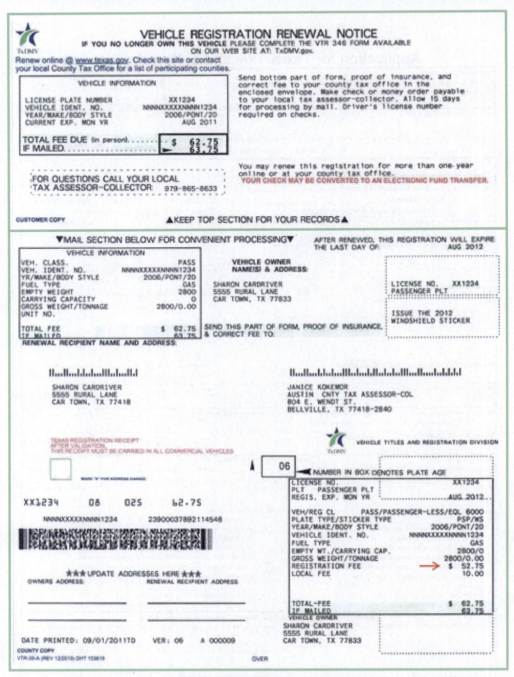

图2 更新登记（Registration Renewal）通知书（样表）

对于车管部门认为不安全的车辆、安全配置不全的车辆，或因其他原因不再适宜在道路上行驶的车辆，车管部门可拒绝登记，或取消、暂停、撤回对该车的登记。

值得一提的是，为了确保所有人地址准确，美国每月会抽取160万份车辆登记地址，与美国邮政公司实时地址数据库（包含约1.6亿个地址数据）进行比对，该项工作委托具备资质的地址更新公司开展。若两者地址信息不一致，车辆登记地址将会更新为邮政公司数据库提供的所有人地址。另外，为了防止性侵和尾随抢劫犯罪，美国实施了"地址保密计划"，参加该计划的车辆所有人，可使用指定的邮箱投递地址作为车辆登记地址。

三、注册登记

注册登记可在得州的车辆所有人居住地或车辆购买地进行。登记前，申请人要提供车辆税费缴纳证明。美国对车辆所有人的居住地作出了非常详细的规定，一般为所有人晚上睡觉的地址。法人地址一般为总部地址，若所属车辆在某地长期使用，也可使用在该地的分部地址。共同所有人地址为任意所有人的地址。建筑公司地址为在登记年份有效期间，建筑公司的施工地址。

车辆所有人若未按法定地址要求登记，即违规在其他地方开展登记，则最高会被处罚200美元，并被要求立即在符合要求的地方重新登记，重新登记时，会加收总登记费用的20%。

四、过户相关登记

车辆所有权发生转移时，车辆的登记标识等需要移除。

五、车牌和登记标识

符合登记条件，并支付登记费用后，所有人会收到车牌和登记标识。登记标识起到标明车辆登记有效性、检验有效性和车牌有效性的重要作用。一般粘贴在前风窗玻璃左下角不影响驾驶人视野的地方（图3）。部分没有前风窗玻璃的车辆（如摩托车、钻井车辆），则粘贴在后车牌上。2015年3月1日之后，得州的登记标识同时起到检验合格标志的作用。登记标识上包含车辆号牌号码、登记所在县、VIN后8位、登记失效年月等信息。

图3　粘贴在前风窗玻璃上的登记标识

车牌或登记标识丢失、损坏后，应及时更新，更新时，要交回损坏后的部分。车牌在7年后，需要强制更新。

六、拒绝接受特定人员的登记申请

登记部门拒绝接受以下特定人员的登记申请：（1）拖欠县级政府的罚款、税费；（2）刑事案件庭审时，不按要求出庭；（3）习惯性拖欠过路通行费用1年时间内，未缴纳费用次数在100次以上）；（4）拖欠镇一级政府交通罚款；（5）拖欠地方政府非现场交通处罚罚款；（6）抚养儿童方面的不良记录。开展以上工作前，地方政府、交通通行费收费公司需要与车管部门或承担部分登记职能的财税部门签订合同，并按合同要求及时向后者提供费用拖欠、缴纳、庭审和上诉结果等情况。上述特定人员在补缴费用时，往往需要再增缴一定的附加费。上述附加费需要按照合同约定，由地方政府或通行费收费公司转交登记部门，用于登记部门开展上述相关服务工作。

扫一扫查看原文

七、结语

美国机动车登记和管理的制度体系非常庞杂，以上只是概要性地介绍了其制度要点。在今后工作中，还需要针对我们关注的问题，做更加细致的梳理和对比分析，如此才能发挥更加有益的借鉴作用。

美国得克萨斯州机动车登记申请表信息要素剖析

周文辉　公安部道路交通安全研究中心副研究员

作为机动化成熟国家，美国的机动车登记制度体系也相对成熟。美国得克萨斯州（简称得州）机动车登记申请表包括登记申请事项、车辆信息、所有人或使用人信息、经销商信息、税费信息、登记部门信息、财税部门信息等，集中呈现了机动车登记的管理要素。本文梳理了美国机动车登记申请表信息要素，剖析了隐含在登记信息中的管理理念、措施，对于优化和提升我国机动车登记制度具有重要的启发和借鉴意义。

一、机动车登记申请表概要

在购买机动车30日之内，或成为得州居民30日之内，机动车、挂车或半挂车的所有人必须对车辆进行登记。美国机动车登记有两种属性，对应着两种登记体系，一种是财产登记，另一种是上路登记。在申请登记时，申请人需要填写申请表，并根据申请的实际情况，提交各类证明文件、凭证。为了操作便利，得州将两种登记的申请内容浓缩在一张表上，申请人可以合并申请两种登记，也可以分别申请。得州机动车登记申请表共一张，分正反两面，主要包括登记申请事项、车辆信息、所有人或使用人信息、经销商信息、税费信息、登记部门信息、财税部门信息、填表说明、法律告知等信息，适用于各类车型的登记。

表1为得州机动车财产登记和/或上路登记申请表（正面）。

得州机动车财产登记和/或上路登记申请表（正面）　　　　表1

表2为得州机动车财产登记和/或上路登记申请表（反面）。

得州机动车财产登记和/或上路登记申请表（反面） 表2

总体指南

除了个别例外，得州车辆管理部收集的有关您的信息，将被依法向您告知。得州《政府法》保障您有接收和复查有关信息的权利，您发现车辆管理部收集的有关您的信息有错误的话，该法也保障您有申请更正有关信息的权利。欲知详情，请联系得州车辆管理部，电话 1-888-368-4689 或 512-465-3000。

必须完整填写本申请表并提交给您所在县的税务评估 - 征稽官，还需按要求支付申请费，相关支撑文件、上路登记费用（若有）和其他车辆应支付税款应一并提交或支付。该申请表可复制或传真。填写完整的申请表必须包括购车人的原始签名。销售商的签名可使用复制或传真方式。所有申请人必须按照本申请表第 15 项表格中列明的要求，提交政府颁发的带有照片的身份证明。更详细的填写指南请参考"得州机动车财产登记和/或上路登记申请详细指南表"（表 VTR-130-UIF）。

可用到的帮助：
- 若在填写本申请表时需要帮助，请联系您所在县的税务评估 - 征稽官。
- 关于车辆销售和使用税或排放费的问题，请联系得州公共账户审计局税务支持科，电话 1-800-252-1382（全国免费）或 512-463-4600。
- 咨询车辆财产登记或上路登记信息，请联系您所在县的税务评估 - 征稽官或得州车辆管理部，电话 1-888-368-4689 或 512-465-3000。

附加详细说明

只做财产登记：根据《得州交通法规》第 501.0275 条，之前向该车发放的车辆号牌和登记标识若有，则必须交回。属于州与军队有关协议约定的，车辆号牌可不交回。以下种类的车辆不得"只做财产登记"：建筑设备（非常规车辆）、钻井单元、只用作钻井的设备、设计上不用于装载人员或货物的建筑设备、农业用具、农场设备或设备组、高尔夫车、缓慢移动的车辆，或财产登记暂停或撤销的任何车辆。

只做上路登记：不得提交其他州该车财产登记证书的原件。若只做上路登记，不得出具得州财产登记证书。根据本申请出具的收据，属于上路登记收据，也是只做上路登记申请的证明。
- 境外车辆：申请只做上路登记的境外车辆，必须另附交通部 HS-7 表和海关 CF-7501 表，证明该车：（1）车龄超过 25 年，或（2）符合联邦机动车辆安全标准，或（3）属于非美国公民或其他国家派驻美国军队的成员临时进口至美国的车辆，不符合联邦机动车辆安全标准并且不得在美国出售。

无财产登记的上路登记：主要指，特定的挂车、建筑机械、油井作业机械、钻井单元等或免除财产登记或达不到财产登记的"车辆"，但是具备上路行驶条件，并且提出上路行驶登记或上路行驶特别号牌的车辆。只有适用该登记时，申请人才可以勾选"无财产登记的上路登记"前的方框。注意：在申请此类登记时，不得记录有关"留置权"的有关内容。

外州车辆：若申请人证明车辆目前还在其他州，在不能提供得州授权的安全检测站出具的车辆识别代号确认表的情况下，车辆识别代号自我确认也是允许的。可在"车辆识别代号确认（表 VTR-270）"获取更进一步的消息。

注意事项

- 车辆销售和使用税，必须在购买车辆或车辆进入得州境内 30 天之内向县税务评估 - 征稽官缴纳。
- 若车辆上路登记转移至新的所有人，则需要缴纳 2.5 美元的上路登记费用，以及财产登记费和其他申请费。若上路登记不是当期的，则需要缴纳全部的上路登记费，只申请财产登记的情况除外。
- 对于在得州购买使用，或由得州居民在外州购买带入得州、在得州使用的车辆，需要缴纳车辆销售价格（减去返现金额）6.25% 的车辆销售和使用税。
- 标准推定价（SPV）适用于以"私人对私人"方式在本州购买或在外州购买带入本州的绝大多数二手车。比较销售价格或标准推定价的 80%，取价高者作为纳税基准价格。
- 得州居民之前在外州或外国购买带入本州的车辆，需要缴纳 90 美元的车辆使用税。缴纳该税的，则无须缴纳得州居民应缴纳的 6.25% 的车辆销售和使用税。
- 当某人以礼物方式从直系家属成员、监护人或亡者接受了一辆车，则需要缴纳 10 美元赠与税。向具备"国内税法"第 501（c）(3) 条件的非营利机构捐赠车辆，或接受该类机构捐赠车辆，也适用于上述赠与税。捐赠方和接受方均需签署"审计官联合宣誓"，即"关于以礼物方式转移车辆所有权的宣誓"（表 14-317）。宣誓书和财产登记申请表必须由捐赠方或接受方当面提交。
- 对于交易价格不合理的车辆所有权转移，以及对于不适用上述赠与税的行为，会被认定为销售，且按照标准推定价格的方式计算税价。
- 若税款或其他费用延迟 1 至 30 个日历日缴纳，则需要处罚应缴税款的 5% 作为滞纳罚款。若延迟至 30 个以上日历日，则需要处罚应缴税款的 10% 作为滞纳罚款。最低处罚款为 1 美元。
- 除了上述税款滞纳金外，得州交通法规规定，当原车辆所有人在车辆产权证书上签署所有权转移事项后，现所有人未按规定在 30 日之内申请车辆财产登记，则面临最高 250 美元的罚款。申请时，需要提交本申请表并适宜的所有权证明以及适宜的法定经济责任证明，如第三者责任保险证明。

> 续上表

> **注意事项**
>
> • 所有拟在得州申请车辆财产登记和上路登记的得州新居民，必须在30日之内向居住地所在县一级的税务评估-征稽官递交申请材料。得州法律要求所有之前在外州或外国财产登记和上路登记的车辆，在本州登记前，必须进行车辆安全检验和车辆识别代号确认。上述检验必须在具备资质、可出具得州车辆检验报告的安全检验机构进行。检验结果报告必须连同本登记申请表一并向税务评估-征稽官提交。

二、各项目详细填写要求

为了方便申请人填表，得州车辆管理部在网上公布了可直接填写的"得州机动车财产登记和/或上路登记申请表"，并发布了详细的填写指南，具体填写说明和要求如下：

申请目的（请任选一种）：若两种登记均申请，选择"财产登记和上路登记"；若只申请财产登记，不申请上路登记，选择"只做财产登记"；若只申请上路登记，选择"只做上路登记"或"无财产登记的上路登记"。具体参看"得州机动车财产登记和/或上路登记申请表"反面的"附加详细说明"部分。

若为更正财产登记或上路登记：适用于递交更正财产登记或上路登记的记录的申请，选择适当的原因（车辆描述，增加/移除留置权人或其他）。若选择"其他"，则需要简要说明。

（1）车辆识别代号：可在车辆产权证书上找到，该号码同时刻印或粘贴在车辆上〔一般在驾驶人侧车门框架、仪表板（前风窗玻璃）或对于部分1955年以前车辆，在发动机组件附近〕。需要说明的是，根据交通法的要求，销售商需要在销售时填写车辆所有权文件交予消费者，上面包含有关车辆信息或车辆描述信息，填表时可参考。

（2）车型年份：车辆的车型年份（如2004、2011、2013等）。

（3）品牌：制造厂分配给车辆的品牌（如雪佛兰、福特、丰田、宝马等）。

（4）车身种类：对车辆的描述（如2D表示两门轿车，CP表示固定顶篷的跑车，PK表示皮卡等）。欲获知更多车身种类简写代码，可参阅车辆品牌和车身种类标准简写代码。

（5）车辆型号：由制造厂指定的车辆型号（如索罗德、F-150、普锐斯、328i等）。

（6）主要颜色：如果车辆只有一种颜色，填写这种颜色。若有两种以上颜色，则填写覆盖绝大多数车身表面的颜色。

（7）次要颜色：若有两种以上颜色，除主要颜色以外的占据第二大车身表面的颜色即为次要颜色（如标准的双颜色车辆、个性化喷涂颜色等）。

（8）得州车牌号码：得州颁发的车辆号牌号码，若有该号码，则需填写。

（9）里程表读数（保留整数）：里程表显示的完整读数，仅保留整数（针对10年以内车型年份的车辆）。根据法律规定，销售商/人在销售时，需要公开里程表读数。以下车辆无须填写里程表读数：车型年份10年以内的车辆；总质量在1.6万lb（1lb=0.453kg）以上的车辆；由制造商直接售卖给美国联邦政府的车辆；不能自行驱动的车辆；向零售商交付之前的新车〔选取（10）中"免除"前的方框〕。

（10）这是实际读数，除非里程表：如果（9）中记录的里程表不能反映车辆实际行驶里程，选择"不准确"（损坏或被替换过的里程表）；对于"超出里程表读数限值"或"免除"，销售商/人在财产登记证书上也须标明，此处填写应与其一致。在车辆涉及司法程序（法院判令、重新收回所有权、涉案抓获车辆等）时，财产登记申请人需要填写里程表读数和品牌。

（11）空车质量：空车（未装载）时的质量，单位：磅，数值圆整到100。

（12）装载能力：制造厂设定的最大法定允许装载质量，以磅为单位。

（13）申请人类型：申请人种类包括个人、公司、政府机构、信托机构、非营利机构。

（14）申请人带有照片的证件号码或联邦税号：个人带有照片的身份证明号码或者公司、政府机构、信托机构、非营利机构的联邦税号。若无法提供联邦税号，则需要记录提交申请的个人的带有照片的证件号码。

（15）身份证明种类：根据个人带有照片的证件种类选择相应的方框，并且有可能的话，记录颁发身份证明的州、领地或国家。

（16）申请人的姓名（或机构名）：若申请人/所有人是同一个人，需要填写法定姓名（名、中间名、姓以及后缀）。如果申请人/所有人是企业、政府机构、信托机构或非营利机构，填写法定名称。需要注意的是，车辆出租人的信息一定要写在此栏，并在"名"后面增加"（出租人）"字样，便于其接收车辆财产登记证书。承租人的信息写在（23）和（24），便于其接收车辆更新登记通知。

（17）其他申请人的姓名：任何附加申请人/所有人的法定姓名（名、中间名、姓以及后缀）。

（18）申请人邮寄地址：申请人/所有人邮寄的地址。

（19）申请人居住的县：个人、公司、政府机构、信托机构或非营利机构法定居住地所在的县。

（20）前所有人姓名（或机构名）：车辆财产登记证书上写明的销售人的姓名、所在城市、州。

（21）经销商通用识别码：由州政府分配给经销商的通用识别码。

（22）联合码：适用于批量车队方式购买的车辆。

（23）上路年度更新登记人姓名（或机构名）：若上路年度更新登记人与申请人/所有人不同，则需要填写法定姓名（名、中间名、姓以及后缀，或者机构法定姓名）。

（24）上路年度更新登记人邮寄地址：若上路年度更新登记人与申请人/所有人不同，则需要填写上路年度更新登记人邮寄地址。

（25）申请人电话号码：申请人/所有人的电话号码。

（26）电子邮箱：申请人/所有人或上路年度更新登记人的电子邮箱。

（27）上路年度更新登记电子化提醒：若选中，则会接收到更新登记电子化提醒。若选中此项，则必须在（26）中列明电子邮箱。

（28）沟通障碍：若选中，则表明申请人/所有人具有身体和健康方面的障碍，与治安官不能顺畅沟通，需要贴附"沟通障碍证明"。

（29）车辆停放地址：若与（24）地址不同，则需要填写车辆实际物理地址。

（30）多个（增加）留置权：若选中，则表明车辆设定有1个以上的留置权，需要贴附"多个留置权申明"。

（31）请求财产登记电子化：若选中，则表明（34）中载明的留置权持有人请求获得电子化财产登记证书，需要在（32）中填写经过认定的留置权持有人身份证明号码［若勾选（30），则不得勾选（31）］。

（32）经过认定的/电子化财产登记留置权持有人身份证明号码：填写11位经过认定的留置权持有人身份证明号码［必须勾选（31）］。

（33）首次留置权生效日期：若有，则填写担保协议签订的日期。该担保协议是为了该车的财产权而与财产机构或个人签署的。

（34）第一留置权持有人姓名和邮寄地址：填写第一留置权持有人的姓名和邮寄地址。若无留置权，填写"无"。

（35）车辆纳税申明：供出租公司、销售商和/或租赁企业使用。对于出租公司，必须包含出租许可证号码。对于经销商，必须包含通用识别码。租赁出租人必须包含租赁企业代码。

（36）车辆以旧换新：若有以旧换新的情况，对以旧换新车辆进行描述。

（37）还有其他以旧换新车辆：除了（36）外，还有其他车辆参与以旧换新，则需勾选本项目。

（38）销售和使用税计算：销售和使用税必须缴纳。需要说明的是，此处增加与车辆登记无关的由买卖双方共同签署的"车辆税款计算"联合申明，是为了减少材料，即在申请登记时，无须再提交纳税材料。在（a）行的第二个空格填写车辆销售价格。只有销售商或零售商销售的新车才可在计算应税车价时减去贴现金额。（f）行载明的是应当缴纳的延时纳税罚金，金额是（e）的5%或10%。在"成为本州新居民""等价换车""以礼物方式获得车辆""事故车重整"等情况中，选择适用于你的情况。当以礼物方式从直系家属成员、监护人或亡者接受了一辆车，或接受由具备"国内税法"第501（c）（3）条件的非营利机构捐赠的车辆，则需要缴纳10美元赠与税。或接受该类机构捐赠车辆，也适用于上述赠与税。捐赠方和接受方均需签署"审计官联合宣誓"，即"关于以礼物方式转移车辆所有权的宣誓"，宣誓书和财产登记申请表必须由捐赠方或接受方当面提交。当柴油车辆需要缴纳柴油排放附加费时，要以（d）行中的应税价格为基础，按照2.5%或1%，计算该附加费。该附加费连同（h）行确定的税款必须缴纳。若提出要减税，需要提供简明的理由说明。

销售商或捐赠者、交易商签名：车辆产权证书或其他所有权文件上列明的销售商、捐赠者或交易商必须签名、打印姓名，填写日期。

申请人或所有人签名：车辆产权证书或其他所有权文件上列明的申请人或所有人必须签名、打印姓名，填写日期。

其他申请人或所有人签名：车辆产权证书或其他所有权文件上列明的其他申请人或所有人必须签名、打印姓名，填写日期。

必须在车辆购买后的30日内,向销售发生地或留置权持有人所在地或申请人居住地的县级机构递交申请文件,包括:填写完整的"得州机动车财产登记和/或上路登记申请表"、适宜地签注所有权转移的车辆财产证书、第三者责任保险(申请上路行驶登记需要)。财产登记费、上路登记费和税费应当同时提交。

可在"得州机动车财产登记和/或上路登记申请表"的背面查询到关于费用、税款和罚款的更进一步资料和咨询电话。

从得州机动车登记申请表的内容和填写来看,美国机动车登记和管理的制度体系非常庞杂,但美国尽可能将车辆登记管理的内容和要素浓缩在一张表中,方便了群众。仔细探究登记申请表的内容,可以看出美国车辆财产登记管理、上路登记管理、交易管理、财税管理等涉及在用车的管理是较为规范、全面、细致的,并且有机地将各种管理结合在一起,增强了管理的效能。另外,由于法制建设比较成熟,对于登记中的弄虚作假等行为,在登记申请表中专门做了告知,即主要通过刑法等手段规制,因此得州在机动车登记中,一般只需关注与"登记"直接相关的内容即可,制度设计较为规范和简单,管理中也无须借助复杂的技术手段。

扫一扫查看原文

日本和德国汽车个性化改装管理启示

周文辉　公安部道路交通安全研究中心副研究员
王艺帆　公安部道路交通安全研究中心助理研究员
陈海峰　中国汽车技术研究中心高级工程师
杨腾健　中国汽车技术研究中心工程师

2019年9月1日起实施的《机动车查验工作规程》(GA 801—2019)中规定,"注册登记查验时,对实行《道路机动车辆生产企业及产品公告》(以下简称《公告》)管理的国产机动车,实车外观形状应与《公告》中的机动车照片一致,但装有《公告》允许选装部件的以及乘用车在不改变车辆长度宽度和车身主体结构且保证安全的情况下加装车顶行李架、出入口踏步件、换装散热器面罩和/或保险杠、更换轮毂等情形的除外","其他情况下,实车外观形状应与《机动车行驶证》上机动车标准照片记载的车辆外观形状一致(目视不应有明显区别),但装有允许自行加装部件的以及乘用车对车身外部进行了加装/改装但未改变车辆长度、宽度和车身主体结构的除外",允许乘用车在不改变车辆长度、宽度且不改变车身主体结构、保证安全的情况下加装《公告》中的选装部件和加装车顶行李架、出入口踏步件、换装散热器面罩和/或保险杠、更换轮毂。

下面主要介绍部分外观个性化改装的需求、存在的安全隐患,以及日本、德国等改装发展和改装管理较为成熟国家的经验做法,并在国内外对比的基础上,简要提出下一步的推进建议。

一、《公告》选装部件及车顶行李架等五类部件改装需求分析及主要意义

随着汽车消费持续升级和消费群体年轻化,对私家车进行个性化改装的需求呈现快速增长。据相关机构不完全统计,2018年中国汽车改装市场产值超过1600亿元,且以每年超过30%左右速度递增。汽车改装主要包括外观、内饰和性能改装,其中尤以外观改装最受普通消费者欢迎。汽车生产企业为促进新车销售、赢得更多消费者青睐,开始逐步在《公告》中导入部分选装部件,但消费者并不完全满足于厂家主导的定制化需求。从外观改装项目来看,消费者对车顶行李架、出入口踏步件、散热器面罩、保险杠、轮毂五类部件改装需求最大,且便于加装或更换,初步统计改装频次约占整个外观改装的一半以上。合理改装既可以满足特殊功能需要,又可以明显提升车辆外观视觉效果。

当前由于我国汽车改装管理制度不完善,在行业属性、企业管理、检验登记、技术标准等方面与汽车改装行业发展不匹配。消费者进行了非法改装后,在年检时再将车辆恢复原样,通过年检后又被"二次改装",导致汽车改装完全失去了监管,改装后车辆安全隐患较多。2019年9月1日起实施的《机动车查验工作规程》(GA 801—2019)率先允许《公告》选装部件及车顶行李架等五类部件改装,具有积极意义和作用。有利于推动汽车企业、改装店等合规经营,拉动新车销售,提升在用车消费价值空间。从长远来看,汽车改装规范发展,对促进经济发展、扩大劳动就业,保障道路车辆安全都具有非常重要的作用。

二、日本汽车个性化改装制度要点

1. 汽车改装必须满足《道路运输车辆保安基准》

日本国土交通省根据《道路运输车辆法》以省令形式发布《道路运输车辆保安基准》(以下简称《保安基准》),所有车辆上路行驶必须满足《保安基准》的要求。汽车改装须满足《保安基准》中第3节细目告示和附件规定,该规定适用继续检查(在用车年检)、构造变更检查(重大改装检查)等,与新车注册登记时的检验要求有很大区别。日本根据改装程度将汽车改装分为构造和装置的细微变化、构造等变更两类,分别针对轻度改装和重大改装两方面(图1)。

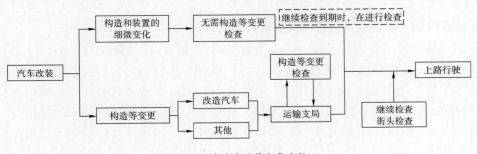

图1 日本汽车改装分类流程

2. 出台文件明确车辆简单改装项目清单及管理方式

为进一步满足车主改装多样化需求，1995年日本国土交通局自动车交通局发布《关于汽车零部件装配下的结构等变更检查时的办理办法》，取消了汽车构造和装置细微变化情况的申报、变更等程序，并对改装项目和范围进行限定，如要求改装后车辆长、宽、高、质量等在一定范围之内。同时，配套发布了具体实施细则，确定了80多种指定部件属于汽车构造和装置细微变化，其中包含上述我国允许加装/换装的五类部件（表1）。改装后可直接上路行驶，无须变更车检证，通过继续检查进行监督。

构造和装置的细微变化的指定部件　　　　　　表1

类型	类别	指定部件
装饰类零部件	车身	后尾翼、耐气坝、侧裙、发动机舱盖导流罩、发动机舱盖进气口、百叶窗、挡泥板、出入口踏步件、其他气动零部件类、摩托车前围板类、摩托车前风挡、车顶行李架、车顶行李舱、自行车/滑雪板架、其他行李架类、天窗、折叠式车顶、货厢盖、车窗膜（含涂层）、露营车用遮阳罩、防滚架、保险杠防撞块、轮眉、其他防撞罩类、前照灯/雾灯防护罩、其他车灯防护罩类、格栅保护杠、保险杠保护罩、车门等防护板、发动机下护板、其他防护挡板类、尾门爬梯、车窗晴雨挡、天窗挡、其他遮阳类零部件、绞盘、拖车钩、拖车杠、绳索钩、水/泥清除器、天线、货车衬板、拉花、车侧防擦条、格栅罩、车用旗杆、汽车雷达、倒车影像、车距报警装置
	发动机	发动机远程起动、排气管尾喉/延伸零部件
	驾驶室	空气净化器、空调、车载导航、无线电设备、车载电话、车载音响、其他音响设备类、防盗警报系统、安全气囊
	其他	牌照架、自选照明设备类
功能类零部件	行驶装置	轮胎、车轮
	操纵装置	转向盘、转向助力装置、换挡杆、换挡球头、残疾人操纵装置的零部件
	缓冲装置	螺旋弹簧、减振器、麦弗逊悬架、麦弗逊悬架平衡杆
	连接装置	拖车架、球型耦合器
	防噪音装置	消声器、排气管
	其他	规定照明类、镜子、柴油机微颗粒过滤装置

3. 制定严格的非法改装处罚制度

根据《道路运输车辆法》的规定，如改装车辆不符合《保安基准》，有关部门将要求对车辆进行必要整备，如不遵从将禁止车辆上路并处以50万日元以下罚款。实施改装的企业应确保车辆符合《保安基准》，否则将处以6个月以下徒刑或30万日元以下罚款。

三、德国汽车个性化改装制度要点

1. 建立以第三方认证为核心的改装管理制度

德国联邦交通与数字化基础设施部下属德国联邦汽车运输管理局（KBA）负责道路机动车辆管理，主要根据《联邦道路交通执行条例》（StVZO）以及欧盟、德国的汽车相关技术法规，通过整车或零部件第三方认证方式对汽车改装进行管理。德国允许对车辆进行改装，但须符合欧洲以及德国相关法规要求。车辆改装后要到车辆登记管理部门更新机动车登记证书，并将变更后的机动车登记证书、零部件认证证书等材料随时放在车内，以备接受检查。

2. 部分获得认证的部件可直接安装

获得ECE（欧洲经济委员会汽车法规）或CE（欧盟安全认证）、ABE（品质管理质量）认证的部件以及整车型式认证明确可以选装的部件，可以直接安装。在德国，整车和零部件企业可以根据EC指令申请e-mark认证，汽车零部件企业可以根据ECE法规申请E-mark认证。此外，零部件企业可以申请仅在德国有效的ABE认证。相关认证证书除了会描述改装部件技术参数、性能等，还会明确适配车型、安装技术要求等。《联邦道路交通执行条例》（StVZO）规定，获得整车型式认证的车辆，其认证中规定的后续选装部件允许自由安装。对于获得ABE认证的零部件，认证机构可能还会对是否保证正确安装进行检查。改装车辆变更机动车登记证书（如将改装零部件认证编号等登记在"特殊情况说明"栏中）后才允许上路行驶。

四、有关部件改装安全风险分析

对于《公告》选装部件，在公告试验时已通过了所有的试验项目，生产时同车型更换符合有关标准要求。对于车顶行李架等五类部件，主要考虑的安全风险是安装是否牢固、外廓尺寸是否超标、外部凸出物对行人是否会造成伤害等方面。部分改装通过目视方式即可发现，可以通过制定标准规范等在车辆年检、查验、路检等环节进行把关，避免安全隐患。如，轮毂改装限定仅允许改变材质和外形，不允许改变尺寸，所以基本不存在安全隐患。

汽车改装的安全管理，涉及多个要素，包括整车要求、改装件要求、改装过程要求、改装合格判定等各个方面，延伸开来，还有对改装企业、改装人员、改装检验机构、改装认证机构等的管理。建议各有关部门按照各自在车辆安全管理中的职责，加强沟通协作，共同构筑我国的车辆改装管理制度和机制。对于《机动车查验工作规程》（GA 801—2019）中提及的乘用车在不改变车辆长度、宽度和车身主体结构且保证安全的情况下加装车顶行李架、出入口踏步件、换装散热器面罩和/或保险杠、更换轮毂等情形，其改装工艺相对简单，改装零部件发展也相对成熟，安全隐患也处在可控范围，可在总结实践经验的基础上，研究推出相关细则要求，便于车主、改装从业者和管理者在实际工作中遵从。

扫一扫查看原文

第五篇

交通科技与自动驾驶

"十四五"道路交通管理科技发展应重视的几个基础性问题

王长君　公安部道路交通安全研究中心主任、研究员

道路交通管理科技的发展应用，给交管工作带来了一系列的转变，但同时也存在大量技术应用、持续资金投入与预期、应有效果不匹配的情况。为加快推进"十四五"道路交通管理科技发展，确保交通管理规划有效实施，应从哪些方面进行反思，又应特别注意哪些问题？

一、道路交通管理科技发展的问题与反思

（1）道路交通管理科技的发展应用给维护交通秩序、保障交通安全等多方面交管工作带来了一系列转变，但不可否认的是，现阶段我国道路交通系统运行状况仍不容乐观，在安全、畅通、有序等方面仍面临严峻的问题和挑战。

（2）城市交通拥堵频发，浪费了大量的资源、精力。道路交通事故多发，死亡人数较多的大交通事故数量明显下降，但道路交通事故总量呈增长态势；相对而言城市交通各方面基础条件较好，但城市交通事故在道路交通事故中的占比却持续上升。根据"海恩法则"，特大交通事故降低，整个交通事故三角形应变小，但实际上这个三角形中"安全隐患"这一项没有应有的减少，原因在于交通参与者的交通违法行为没有明显下降，导致道路交通秩序整体仍然比较混乱。

（3）道路交通管理发展过程中持续存在的问题与交通管理科技发展中大量使用高新技术之间存在反差，大量的技术应用、持续的资金投入是否取得预期、应有的效果，值得反思。

（4）高新技术驱动的道路交通管理科技（特别是交通管控），需要依赖一定的基础才能发挥出应有的效能；高新技术应用到道路交通管理时，应充分依托、有效结合道路交通的基础交通理论和基本交通规律。

（5）传统的交通工程技术是否得到应有的重视？道路及管理设施基本通行能力和保障能力首先要靠交通工程技术，否则基础不扎实，再多、再好的技术应用也会大打折扣。人工智能应用需要结合交通工程，更无法替代交通工程，就像交通工程建设是建立在土木工程基础上一样。

（6）实时交通流量采集是否到位？无论是传统的交通工程技术，还是智能交通管控技术甚至城市交通大脑，都依赖全面、精准采集实时交通流信息，准确了解、掌握实时交通状况。据调查统计，目前交通流量采集缺失、数据无效现象严重；交通流量检测方式多种，但能有效采集数据的很少。

（7）是否准确认识道路交通管控的本质？交通管控的本质是解析各类交通流基本规律、降低交通的不可控性；交通的不可控性主要源于人的交通行为的不确定性。因此，交通管控的目标不是路（路口、路段）、设施（信号灯、标志标线）、车（行驶或停放），而是人（驾车人、步行者或骑车人）。即交通管控的本质是解析人所导致的交通不可控性，并服务于人的出行。

（8）要有效降低人的交通行为的不确定性，需要培育良好规则意识的出行环境。众多交通参与者仍然是非机动化出行时代的出行意识和习惯，应逐步将严格按基本交通规则出行作为刚性要求；交通执法除了针对严重交通违法行为，也应加大对路权、基本通行规则的关注。

（9）要有效服务于人的交通出行，需要从服务机动车出行转向服务于人的出行。随着机动车增长率降低，在新发展趋势下，从交通发展规律而言，"以车为本"无法永远满足机动化的需求，"以车为本"的道路交通智能管控难以发挥作用。

二、"十四五"道路交通管理科技发展建议

（1）"十四五"道路交通管理科技发展应注重追本溯源、夯实基础、系统优化、规则出行、跨域融合等，应特别关注交通组织优化不到位、交通流量采集不实、规则意识缺失、跨域融合差的基础性问题。

（2）追本溯源即准确把握道路交通管理科技的内涵（本质）。"科技"包含科学和技术，一个精神层面，一个物质层面，应以科学的精神来应用技术。科学精神的内涵在于按客观规律办事、有扎实的基础、以人为本的理念考虑，也就是说新技术"要不要用、怎么用、为谁用"要考虑到位。

（3）夯实基础的关键在于要重视道路交通基础技术的研究应用。保证全面、详实的实时交通流量采集，需从两个方面入手，一是继续挖掘现有各类交通流检测技术的有效利用，用好现有线圈、红外、视频等检测数据，利用浮动车数据对信号控制优化辅助，在信号控制中探索应用卡口数据、车联网数据等新数据源的技术和方法；二是重新重视研发应用可靠、有效、高性价比的交通流采集技术，以"实用性与有效性"为研发应用原则，在技术选型上，充分考虑实际应用及成本，考虑各种检测方式的优势以及适用条件，细化各类检测技术规范、规定等，不应一味崇拜技术先进而不计经济成本。

（4）系统优化包括科学合理的时空交通组织和优化协调的管控与诱导，以传统交通工程技术为支撑，从宏观和微观两方面系统优化交通组织和控制。宏观层面的系统优化包括：科学合理分配交通用途的土地资源；以"完整街道""道路瘦身"等理念为指导；增加公共汽车、非机动车、步行等绿色交通方式的出行空间；引导城市交通结构的优化转变。微观层面的系统优化包括：科学梳理车辆、行人等通行空间；完善交通安全管理设施；精细优化路口路段交通渠化；交通信号控制。

（5）规则出行即通过系统手段稳步提升交通安全意识。以规则意识为核心的培训考试和宣传教育、工程技术、管理执法，减少交通行为的不确定性、降低交通系统运行的不可控性。

（6）需要一场全社会的"规则意识"启蒙行动，构建"路权-规则"为核心的机动化交通环境，包括加强培训教育，构建"路权-规则"为核心的培训考试和宣传教育体系；规范交通管理设施，科学设置交通设施，特别是隔离设施和安全设施，用规则和设施规范"选择"，减少交通违法行为；加强现场执法管理，充分发挥"电子警察"作用的基础上，通过更多的路面现场教育纠正和处罚来强化执法的根本目的、提升震慑力。

（7）融合发展包括跨域信息融合和共享便捷交通服务。从支撑执法管理为主向支撑执法与服务并重转变，进一步强化数据融合与共享服务。

（8）从基本交通规律与先进理念方法的融合，传统交通工程技术与高新技术的融合，交通工程师与数据、算法专家的融合，充分实现"人-机"智能的结合与协同，与更大范围的ITS、车联网等深度融合等多方面实现不同领域思路方法、不同类型数据的跨域融合。

（9）智能化和信息化发展历程中，多源数据汇聚驱动使得两者逐渐深度融合。在现阶段"智慧交通发展阶段"，随着大数据、云计算、人工智能等新一代信息技术的发展，智能化系统和信息化系统进一步深度融合、集成应用，衍生出新的系统和应用，并且现在这种融合的趋势和进程正在加速。

（10）数据融合支撑交通管控与服务，交通事故、交通运行、路面执法等数据以及路网结构数据深度融合有助于深度优化道路交通组织和交通管控。

交通强国建设背景下的中国道路交通安全科技发展方向

闫学东　北京交通大学副校长、教授

交通强国是人民满意、保障有力、世界前列的现代交通综合体系，其具备五大特征：安全、便捷、高效、绿色、经济。而安全始终是我们现代交通发展的第一目标。交通强国是每个人的梦想，每个人的责任，专家们也提到了很多未来交通科技发展的趋势。那么，当以交通安全为目标来发展时，交通科技的发展方向和要求就是标准化、精细化、智能化。下面，围绕我国交通安全现状与问题分析、我国道路交通安全科技发展方向两大主题为大家介绍相关内容。

一、我国道路交通安全现状与问题分析

1. 我国道路交通安全现状

当前道路交通安全的典型问题主要有3个：一是交通事故总体发生起数稳中有降；二是交通事故总量与发生率依然居高；三是交通事故占全部安全生产事故比重高。

从世界各国来看，交通安全发展的过程可以分成4个阶段：

（1）第一阶段，交通事故数量上升阶段，社会发展处于工业化初期，经济快速发展，管理粗放，交通事故多发。

（2）第二阶段，交通事故持续高发阶段，社会发展处于工业化中期，管理逐渐规范，交通事故数量达到高峰，引起全社会重视。

（3）第三阶段，交通事故稳固下降阶段，社会发展处于工业化成熟期，交通事故数量得到有效控制，稳步下降并伴有波动。这也是我国所处的阶段。

（4）第四阶段，交通事故全面控制阶段，社会发展处于后工业化时代，管理精细化、系统化，安全生产状况平稳，交通事故起数少、死亡人数少。这也是建设交通强国要实现的目标。

我国交通行业发展正由高速增长向高质量发展转变，道路交通安全发展水平总体上处于第三阶段，即：交通事故稳步下降阶段。美国、日本、德国等发达国家基本都经历了从交通事故多发、逐步控制，到下降和趋于稳定的过程，目前处于交通事故全面控制阶段。而我国，目前一方面交通运输规模急剧扩大，另一方面交通安全治理能力尚不满足发展要求，交通事故总量依然偏高且波动下降，重特大交通事故（事件）时有发生。

2. 我国道路交通安全面临的主要问题

（1）交通参与者。交通参与者安全意识以及安全素质滞后于社会经济发展进程，我们对交通参与者影响交通安全的行为识别与规律把握不到位。各类统计数据显示：由于交通参与者的交通违法行为造成的道路交通事故起数占比和死亡人数占比分别超过90%。

（2）运载工具。一是从车辆安全性能方面来看，车辆可靠性、结构安全性和行驶安全性技术及有关应用水平有待提升。主动安全防控技术应用不足，货运车辆车型多、不合规车辆多、标准化水平低。车辆维护和安全例检走形式，维修配件质量参差不齐，车辆非法改装、带病行驶等问题突出。二是自动驾驶汽车方兴未艾，但市场推广过程漫长，传统交通设施和运营方式与自动驾驶技术实施存在诸多安全性问题。如：自动驾驶难以保障绝对安全，如何构建人、机、路整体智能运行环境？自动驾驶与传统车辆混合运行下，如何实施安全的一体化交通管控？这些问题都给我们带来很大挑战。

（3）交通设施。尽管近年来我国道路安全标准不断提升，但交通设施安全保障能力相对薄弱，历史欠账较多。早期建设的道路受资金制约，按照"先通后安"、低标准建设，对驾驶人行为规律认识不足、安全防护设施不足、防护能力不够；而在新标准颁布后，部分道路没有及时根据新标准要求进行风险评估和改造，部分道路建设理念仍停留在美国1965年以前的"传统公路"体系而不是现在的"宽容公路"标准体系。

（4）交通环境。复杂道路环境以及恶劣天气等突发事件会影响驾驶行为、车辆性能、交通流量特性，进而严重威胁道路交通安全。据《全国道路交通事故统计年报白皮书》统计，30%的交通事故与恶劣天气相关，复杂道路环境与恶劣天气等给交通系统的安全运行带来极大隐患。

（5）管理水平。目前，由于缺乏基于大数据的智能交通安全管控系统建设，管理水平无法实现交通运行态势精确感知和智能化调控，不能大范围、实时反馈交通拥堵情况、临时交通管制等数据。这里面有几项重要工作需要开展：一是构建交通数据公开机制，实现数据公开、实时、共享；二是建立历史交通事故数据库管理、深度挖掘的技术方法体系；三是构建高精度、通用的事故监测及事故风险预测方法。

二、道路交通安全科技发展方向

1. 道路交通安全核心科学问题

道路交通安全核心科学问题是交通安全管理面临的亘古不变的问题，即：紧密围绕"人-车-路"交通系统，科学揭示各要素对交通安全的影响机制，精准量化交通运行安全水平，及时地研判交通安全变化态势。这个核心问题具体可分解为以下3个问题：

一是如何发现导致交通事故发生的驾驶人行为规律？二是如何利用交通数据来量化交通事故频次和严重性？三是如何精准判别交通事故发生风险？即交通事故是否可预测。

2. 我国道路交通安全科技发展体系

围绕未来交通强国建设，需要构建现代化工程建设质量管理体系；逐步打通城市道路微循环，形成广覆盖的农村交通基础设施网；不断打造先进的交通信息基础设施；加强智能网联汽车（智能汽车、自动驾驶、车路协同）研发，形成自主可控完整的产业链。那么，传统的交通五大要素：人、车、路、环境、管理这一系列技术核心要求就是标准化、精细化和智能化，即：交通安全设计标准化、管理精细化、系统智能化（图1）。

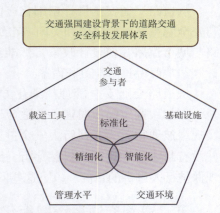

图1 交通强国建设背景下的道路交通安全科技发展体系

三、道路交通设计标准化

标准化是制约我国从交通大国向交通强国转变的关键因素，美国、日本以及欧盟各国很早都将标准化作为重要的国家战略。具体来讲，设计标准化的方向主要有：行为规则与秩序的标准化、载运工具的标准化、道路设计的标准化、标准化建设的可持续机制。

1. 行为规则与秩序的标准化

依据交通参与者的行为规律，建立标准行为规则，并有效诱导交通参与者行为是道路交通安全的首要任务。包括：如何诱导机动车驾驶人遵守秩序，如何管理非机动车驾驶人的行为，如何针对年龄、性别制定行为规则，如何针对在交通中容易受到伤害的群体合理制定行为规则等。

2. 载运工具的标准化

提升客货运车辆技术标准、制定载运工具上路标准、规范载运工具维修标准是交通安全运行的基础。目前阶段，针对各种车辆的管理难度越来越大，尤其是老年代步车的管理问题。此外，还有电动自行车等各方面问题都需要进一步规范。

3. 道路设计的标准化及标准化建设的可持续机制

需要不断地完善和统一交通基础设施安全技术标准规范，但还面临一些具有挑战性的问题：相关标准牵涉多个部门，到底由谁来牵头制定更为合适？国标、行标、地标，标准被层层加码，究竟要如何制定？3年、5年、10年，标准更新不协同，标准到底要何时更新？因此，解决上述问题，需要统筹规划，形成一体化、统一协同、能考虑多方重点关切、能解决行业实际难题的标准体系。

四、道路交通管理精细化

在道路交通环境日益复杂、多变的背景下，实现道路交通精细化管理是未来道路交通安全管理中的重要目标和任务。需要由科学研究入手，到具体设计落地，实施全生命周期的精细化管理，构建现代化工程建设质量管理体系，推进精品建造和精细化管理。具体包括：道路交通安全研究精细化、设计精细化、管理精细化。

从道路交通安全研究精细化方面来看，需要开展全方位、多角度、精细化的交通安全研究，围绕人、车、路、环境、管理的各个方面开展数据和相关安全研究。

从道路交通安全设计精细化方面看，如果道路交通设计不精细，就会带来出行不便与安全隐患。对比中国和美国城市道路设计标准，我国现行标准只有118页，而美国《公路与城市道路几何设计政策》标准长达1047页，其内容十分严谨、丰富，这种精细化的标准非常值得我们学习和借鉴。

从道路交通安全管理精细化方面看，如果交通管理不精细，就会造成交通资源浪费。例如：固定绿波时速不能适应道路在不同天气、不同时段下的道路状况，注定无法实现绿波通行；为方便行人安全过街设置的过街天桥，由于管理不到位，路口的人行道并没有封闭，导致行人仍然穿行马路，天桥利用率低下，不仅造成资源浪费，也无法实现保护行人过街的目的。以上这些问题都需要我们进行精细化管理来解决。

五、道路交通系统智能化

道路交通系统智能化是交通在未来主要的发展方向，通过多维度的交通信息感知与综合分析，加强管控系统、基础设施、车辆、交通参与者之间的联系，能有效提升交通安全，显著减少交通事故发生。为实现道路交通系统智能化，我们需要做好3方面工作。

1. 从智能驾驶到自动驾驶

自动驾驶的发展道路非常漫长，目前是作为人的每一个个体来承担法律责任，但是一旦车辆自动驾驶，那么就由系统来承担法律责任，很多责任系统是承担不起的，这是首先要解决的一个问题。在实现自动驾驶之前，最需要解决的问题仍然是智能驾驶的核心技术问题，包括车路协同、车辆智能驾驶辅助系统，以及网联化等技术来帮助形成人的感知、决策和车辆辅助能力的提升，在此基础上形成非常友好的人机环境的时候，自动驾驶就会逐步变得可行。

2. 交通安全大数据应用智能化

交通安全大数据应用智能化的核心是交通安全大数据信息融合管理的技术,在数据方面,我们有交通要素数据库、交通事故数据库和交通运行数据库,要想解决好交通问题,深刻把握交通规律,一定要实现上述3个核心数据库之间的整合。实现数据整合需要做好3项工作:一是建设、维护高标准原始数据库。二是对3个核心数据库的数据进行打通、质量加工、数据管理,形成高品质的数据产品,这些数据产品不仅仅供交通管理使用,还给各行各业所用。三是建立各种各样的模型库,利用模型和方法来推动交通安全管理、运行监测预警以及设施的诊断评估,从而不断提高工程措施、安全教育以及法律法规在提升交通安全方面的实施效果。

3. 交通安全智能化管控系统

建设交通安全核心的智能化管控系统后,需要融入城市智能计算管理平台中,这个平台一定是由数据采集层、平台支撑层、模型算法层、应用层和用户层组成,从而不断提升整体交通管理水平。

扫一扫查看原文

交通法规符合性测试助力自动驾驶系统安全落地

王长君　公安部道路交通安全研究中心主任、研究员

当前,随着技术和产业的迅速发展,自动驾驶车辆上道路测试、示范运行和产业化应用不断推进,在这个过程中,交通安全成为管理部门、企业、消费者、交通参与者最为关注的问题,交通管理工作面临新的挑战。那么,对自动驾驶车辆而言,在道路上行驶时该如何遵守交通法规,以保障最基本的交通安全?本文关于"交通法规符合性测试助力自动驾驶系统安全落地"内容的分享,希望可以为自动驾驶系统安全、合规融入现有道路交通系统提供一种思路。

一、为什么交通法规符合性测试很重要

1. 现有测试模式不足以保障自动驾驶车辆对交通法规(通行规则)的有效遵守

2018年4月,工业和信息化部、公安部和交通运输部联合发布《智能网联汽车道路测试管理规范(试行)》和2021年7月发布的《智能网联汽车道路测试与示范应用管理规范(试行)》,明确要求自动驾驶车辆应预先开展封闭场地测试,对自动驾驶功能进行安全验证,通过后方可申请上路测试的临时牌照,开展特定区域内的公开道路测试。上述做法对保障自动驾驶车辆测试安全起到了积极的推动作用,但在实践中也发现了不少问题。

一是现有封闭场地测试涉及的通行规则较少。目前,在封闭场地测试项目中只有8项

涉及交通法规的内容。通过系统梳理，发现自动驾驶车辆上道路行驶需要满足48类通行法规要求，现行的封闭场地测试只能够验证不足20%的内容（表1）。此外，封闭场地测试项目多为定性测试，难以验证安全驾驶操作规范方面的要求，例如，自动驾驶车辆超车测试，不仅要定性地测试车辆能不能完成超车，还需要根据车辆超车过程中的速度、车头时距、安全距离等定量测试去验证是否能完成安全超车。

新旧封闭场地测试项目对照表 表1

2018版《智能网联汽车道路测试管理规范（试行）》自动驾驶功能测试项目	2021版《智能网联汽车道路测试与示范应用管理规范（试行）》自动驾驶功能通用测试项目
交通标志和标线的识别及响应	交通信号识别及响应（包括交通信号灯、交通标志、交通标线等）
交通信号灯识别及响应*	
前方车辆（含对向车辆）行驶状态识别及响应	周边车辆行驶状态识别及响应（包括影响本车行驶的周边车辆加减速、切入、切出及静止等状态）
障碍物识别及响应	道路交通基础设施与障碍物识别及响应
行人和非机动车识别及避让*	行人与非机动车识别及响应（包括横穿道路和沿道路行驶）
跟车行驶（包括停车和起步）	
靠路边停车	风险减缓策略
超车	
并道行驶	
交叉路口通行*	
环形路口通行*	
自动紧急制动	
人工操作接管	动态驾驶任务干预及接管
联网通信*	车辆定位
	自动紧急避险（包括自动驾驶系统开启及关闭状态）

注：*为选测项目

二是特定区域内道路测试覆盖的通行场景不全。现阶段，我国的公开道路测试都是在某一特定区域开展的。以北京为例，自动驾驶车辆公开道路测试在亦庄、海淀、顺义等特定区域内开展。然而，特定区域内的交通环境、道路设施及交通流具备固有特征，大部分测试场景相似度和重复度极高，导致实际道路测试出现大量重复无效的测试，即便累积了大量的里程，也无法遍历足够多的测试场景，特别是缺少交通违法、危险路况等随机的高安全风险场景，无法有效解决自动驾驶车辆测试的长尾问题，严重影响了自动驾驶测试的效果和效率（图1）。

2. 自动驾驶车辆遵循交通规则的情况不容乐观

交通规则以及良好的驾驶习惯是自动驾驶决策的基础，也是交通安全的最基本保障。从实际情况看，目前自动驾驶车辆更多地聚焦于功能安全，缺乏完整交通规则的引入。

一是封闭场地测试反映出自动驾驶车辆存在较多不遵守交通法规的行为。北京智能车联产业创新中心发布的《2020年北京自动驾驶车辆道路测试报告》显示，封闭场地测试综合能力评估中，交通法规遵守机制不健全的问题高达29%，主要包含未正确使用转向灯（约占该类问题的77%）、未遵守停车让行标志、未按照车道指示方向行驶、连续变道等（图2）。

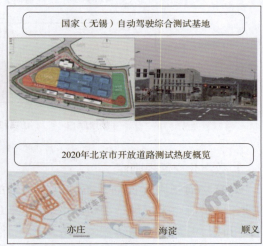

图1　目前验证自动驾驶功能的测试较为单一

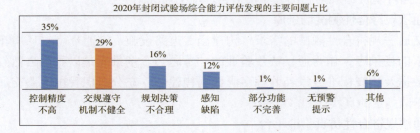

图2　2020年北京封闭场地测试中发现的主要问题

二是自动驾驶车辆典型交通事故中暴露出不少违反交通规则的问题。目前涉及自动驾驶辅助系统和自动驾驶汽车的交通事故时有发生，而交通事故调查主要聚焦于自动驾驶系统本身安全性，很少评估其在法规遵守方面的表现。根据公开的交通事故调查和道路测试报告分析，自动驾驶系统在决策时对交通法规考虑不足的情况屡见不鲜。如近期某起涉及自动驾驶系统的交通事故中，发生碰撞时涉事车辆在自动驾驶状态下以约110km/h的速度在城市主干道上行驶，存在严重的超速行为。

二、如何开展交通法规符合性测试

为了保障自动驾驶车辆能够有效遵守交通法规，可以类比人类驾驶人，建立上路前测试、使用中抽查的法规符合性验证机制。为此，提出"两库一平台"的交通法规符合性仿真测试方法，其中"两库"是指数字化交通规则库和测试场景库，"一平台"是指仿真验证平台（图3）。

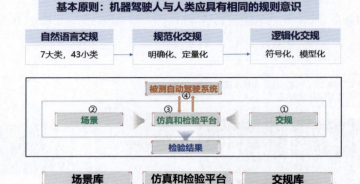

图3 自动驾驶车辆法规符合性验证系统

1. 数字化交通规则库

现有交通规则是面向人类驾驶人制定的、部分条款较为定性，人类驾驶人需要凭借抽象思维能力来理解，而机器驾驶人难以理解，需要将交通规则转化为可理解、可计算、可执行的数字交通法规。首先要将自然语言的交通规则转化为规范化交通规则，将模糊语义转化为定量化语句；其次要将规范化交通规则转化成机器可执行的逻辑化交通规则，建立数字化交通规则库。目前，已完成7大类43小类的数字化交通规则库，包括大部分高速公路环境交通规则和部分城市道路环境交通规则。

2. 交通法规符合性测试场景库

根据交通法规符合性测试的需求，构建涵盖道路设施、交通环境、环境车辆、被测车辆等要素的场景库，作为通行法规验证的"考题"。场景库是以我国自然驾驶数据、交通事故数据及法规标准专家经验等多源数据构建的，充分考虑我国道路交通特征，增强了仿真测试场景的真实性和多样性。

3. 交通法规符合性仿真验证平台

仿真验证平台是将数字化交通规则库、测试场景库及待测系统统一起来的综合平台，将各种数字化后的人、车、路、交通环境、管理等要素全都接入，驱动整个仿真测试。通过仿真测试，从通行法规视角提出多维度的安全量化评价，可以快速高效地实现几乎全部的自动驾驶交通法规的符合性验证，也能帮助自动驾驶系统及时学习、训练、掌握交通规则。

三、示范应用

依据这样的思路和技术路线，开展了交通法规数字化和测试场景库的研究构建，开发了相应的交通法规符合性仿真验证平台，并就自动驾驶汽车在高速公路上超车及无人配送车在城市道路上自动驾驶等进行了初步的交通法规符合性仿真测试，评估其在变道、超车等场景下的决策行为，取得了较好的效果。

通过交通法规符合性仿真测试，不仅可以评估自动驾驶车辆遵循

扫一扫查看原文

法规的能力，还可以协助改进现有决策算法，提高自动驾驶车辆遵守法规和安全通行水平，助力自动驾驶车辆安全上路行驶。

面向交通安全的智能汽车安全驾驶管理对策研究

王秋鸿　公安部道路交通安全研究中心助理研究员

2021年8月，因某品牌智能汽车用户在使用辅助驾驶功能时发生交通事故死亡、车辆严重损毁，智能汽车驾驶安全性再次受到公众关注。在此之前，特斯拉汽车也因频繁被曝光"制动失灵"交通事故而屡次站上舆论的风口浪尖。据了解，涉及智能汽车的交通事故一定程度上源于部分驾驶人对智能驾驶功能不够熟悉，对辅助驾驶功能开启不知晓或误操作、对何时及怎样接管车辆不掌握。随着自动驾驶技术不断发展、智能汽车日趋普及，智能汽车具备许多新性能和个性化特征，为降低驾驶负荷、调整驾驶体验带来了可能。但交通事故的多次发生也为社会和相关企业敲响了警钟，在享受智能汽车带来的便利和舒适体验的同时，也应加强对智能汽车使用者、消费者的针对性驾驶培训，提高智能汽车驾驶人的安全驾驶能力和综合素养，确保智能汽车快速发展新形势下的道路交通安全。

一、开展智能汽车驾驶培训的必要性

智能汽车在传统驾驶基础上引入智能驾驶模块，通过车载传感器、控制器，运用现代通信、人工智能等技术，使车辆具备复杂环境感知、智能决策、协同控制等功能，与传统汽车存在较多差异。同时，因生产厂家的设计思路与创新理念不同，不同品牌、不同类型的智能汽车在技术路线、操作逻辑、更新迭代和智能学习等方面也存在较大的差异性。开展智能汽车驾驶专业培训，能够有效应对智能汽车发展对传统交通安全管理的挑战。

1. 智能汽车操作逻辑与传统汽车存在较大差异

从技术层面来看，传统汽车是由人工操控的机械产品，智能汽车是由电子信息系统控制、以电动化为发展趋势的智能产品，二者在动力来源、车辆控制等技术特征方面存在显著不同，导致智能汽车的操作逻辑与传统汽车存在诸多差异（表1）。根据驾驶行为的感知、判断和操作三阶段理论，操作阶段是安全驾驶的关键。智能汽车与传统汽车在操作要求上的差异性，决定了对传统汽车的驾驶能力不能直接迁移至驾驶智能汽车，必须通过一定的驾驶培训，引导驾驶人或者使用者掌握智能汽车的基本操作方法、人机交互特性、智能功能应用场景等，确保对智能汽车的安全操控。

智能汽车与传统汽车的操作逻辑区别　　　　　　　　　　表1

主要区别点		传统汽车	智能汽车
基本构成	动力来源	燃油发动机	电动机
	传动方式	机械传动	电流驱动
	仪表显示	仪表盘	数字显示
	驻车制动	挡杆式	电控驻车制动
	挡位	挡杆式	挡杆式、电控式
	中控显示	内置，单一导航、音视频播放等功能，尺寸较小	内置或外置，娱乐、导航、咨询等多功能，平板模式多种尺寸
驾驶操作	操作感受	机械抖动与反馈	无机械抖动，反馈感弱
	声音感受	机械声音	相对静音
	动力输出	曲线输出（起步速度慢）	直线输出（起步速度快）
	眼睛在驾驶时的任务	车内部件单调，眼睛以观察交通环境为主	车内电子部件多，视觉注意分配向车内部分转移
	手在驾驶时的任务	机械操作，误操作可能性较小	电子部件增多，驾驶任务增加，误操作可能性大
	脚在驾驶时的任务	机械操作，制动和加速相对容易区分	机械操作，采用单踏板模式极易导致制动和加速踏板混淆
应急处置	车辆起火	起火速度慢，随车灭火器配置差异，燃油车灭火方式	起火速度快，随车灭火器配置差异，蓄电池灭火方式
	车辆落水	不影响机械操控	可能影响电控驱动
	制动失灵	机械故障修复，把控转向盘、频繁踩制动踏板或采用驻车制动等方式	电控失灵，把控转向盘、频繁踩制动踏板或采用驻车制动等方式

2. 智能汽车人机任务分工与传统汽车存在明显不同

在驾驶传统车辆的过程中，驾驶人是车辆的绝对控制者，承担环境感知、判断决策和驾驶操作等全部驾驶任务。而智能汽车已经具备了一定的环境感知、智能决策和车辆控制等功能，在上路行驶过程中，其智能系统会与驾驶人分享车辆控制权并协同完成驾驶任务。特别是在当前技术发展形势下，未来较长一段时间智能汽车都会处于人机共驾的阶段，驾驶任务由传统的人类驾驶人全面进行监控和全程手动驾驶，转变为智能汽车自动驾驶和人类驾驶人手动驾驶交替变换的过程。驾驶人保持对环境的观察感知和执行全部驾驶操作的任务减弱，但需要在车辆处于不适合自动驾驶的状态或系统提示需要人工操作时，及时接管车辆；车辆不再是被动执行驾驶操作的机械设备，需要承担部分感知、判断和操作任务。面对人机分工任务的变化，应当对智能汽车驾驶人进行充分的培训，确保驾驶人掌握人机交互要求，有效应对各类驾驶任务。

3. 智能汽车频繁更新迭代导致车辆使用的品牌特异性

传统汽车不同品牌类型之间在硬件配置和操作要求等方面具备较多共通性，驾驶人掌握基本的驾驶技能即可安全操控同车型的各类车辆。而智能汽车因生产厂家的设计思路与创新理念不同，不同厂家品牌的智能汽车产品差异性明显，加上同一品牌的不同代际产品不断更新迭代，不同智能汽车在起动方式、挡位设置、仪表显示、中控方式等方面存在特异性。因此，驾驶人很难全面掌握各类智能汽车的操控方法，有必要对智能汽车驾驶人开展特定品牌或特定车型智能汽车的针对性培训。

4. 智能汽车的智能学习能力塑造了车辆的个性化特征

智能汽车还会在日常用车的过程中通过读取个人驾驶习惯数据和对场景的深度学习，获得驾驶人的驾驶风格。为确保智能汽车通过学习获取安全文明的驾驶能力，应预先开展针对性驾驶培训，在提高驾驶人对智能汽车性能熟悉度的同时，纠正和改变驾驶人可能存在的不良驾驶习惯，避免未来将不良驾驶习惯传递给智能汽车。此外，随着智能汽车的不断学习，车辆的性能不断发生变化，对驾驶人的驾驶能力要求也不断调整。因此，对智能汽车驾驶人的驾驶培训，应该是一种持续的、个性化的教育，贯穿在日常驾驶的各个阶段。特别是针对租用、借用智能汽车等临时、短期使用车辆的情形，更加需要进行使用前的驾驶培训。

二、国外智能汽车驾驶培训要求

我国目前尚未明确对智能汽车的培训内容和方法要求，但部分国家在智能汽车及自动驾驶相关的法律法规政策中已经规定，应对智能汽车的消费者和使用者进行适当的教育和培训，具体要求如下。

1. 车企或销售商是智能汽车驾驶培训的责任主体

国外普遍要求车辆生产厂家或销售商有责任告知消费者或者使用者车辆相关使用信息，对测试智能汽车的驾驶人更需进行专业培训。美国在2017年9月发布的《自动驾驶系统2.0：安全愿景》中，提出了自动驾驶12项主要的安全要求，其中重要的一点就是消费者的教育和培训，即企业应当建立相关制度和机制，要求员工、销售商及其他人员对消费者实施教育和培训。日本在2018年发布的《自动驾驶汽车安全技术指南》中，规定要向自动驾驶汽车使用者提供告知信息，汽车生产商、经销商以及移动服务系统供应商，应采取措施让自动驾驶汽车使用者了解相关信息。英国在2017年7月发布《通往无人驾驶之路：自动驾驶汽车测试实践准则》，要求测试智能汽车的驾驶人需通过测试机构的专业培训和授权，测试机构应制定稳妥的风险管理、风险处理和培训流程等。

2. 培训内容设计以适应和安全驾驶智能汽车为目标

美国要求对智能汽车消费者教育培训的内容应包括自动驾驶系统的功能和设计意图、操作参数、功能适应性和局限性、人工操作的进入和脱离、人机交互内容和方式、遇到紧急情况时车辆的反应、操作边界及其责任，以及潜在的可能改变驾驶功能和习惯的内在机制。日本规定对智能汽车使用者进行的培训内容应包括系统使用方法、设计运行域（Operational Design Domain,ODD）、系统异常时车辆的反应、适当进行软件升级等；要求测试智能汽车驾驶人的培训内容要包含了解义务与责任，掌握安全驾驶测试车辆和应对突发情况的知识和技能，以及其他必须掌握的知识和技能。整体看，因不同品牌、类型的智能汽车间存在较大差异，各国法律法规中对培训内容的要求仅为原则性表述，具体培训内容由车企或销售商自主把握。

3. 智能汽车驾驶培训尚未建立规范化的模式

许多国家只是提出了应进行智能汽车驾驶培训的指导性意见，但对培训方式、培训手段、培训时间、培训频率等并未形成统一规范的模式。目前美国在《自动驾驶系统2.0：安全愿景》中的规定相对明确，要求针对智能汽车使用的教育和培训应该具有层次性，应先由产品和技术员工教育市场和销售人员，再由后者教育终端销售商，最后是教育消费者；可以采用实车或虚拟现实的方式进行；培训的内容和方式应听取销售商、消费者及相关机构的意见。

三、我国智能汽车安全驾驶管理对策建议

当前，自动驾驶已经成为各国技术竞争、产业竞争的战略制高点，我国也在加大力度推进智能汽车的研发和落地应用。2020年发布的《智能汽车创新发展战略》中提出，到2025年，实现有条件自动驾驶的智能汽车达到规模化生产，实现高度自动驾驶的智能汽车在特定环境下市场化应用。面对智能汽车越来越多参与道路交通的趋势，构建智能汽车驾驶培训制度体系，明确培训主体、内容和方法，从而提升智能汽车驾驶人的安全操作水平，对保障新技术发展形势下我国道路交通安全运行具有重要意义。

1. 明确智能汽车驾驶培训主体

智能汽车驾驶培训的关键在于帮助车辆驾驶人准确、有效的理解智能汽车技术特征和掌握安全的驾驶方法。考虑到智能汽车的品牌特异性和个性化特征，制定统一的智能汽车培训要求并不适宜，传统驾培机构也无法完全掌握所有类型智能汽车的操作要求。为确保开展的培训符合车辆性能和使用特点，切实提高智能汽车的驾驶安全性，建议构建驾培机构与汽车厂商或销售商相结合的培训共同体：传统驾培机构充分发挥在基本的交通安全法律法规知识、道路通行规则和传统驾驶技能培训方面的丰富经验，主要负责智能汽车基本驾驶技能、应急处置能力的培训和遵法守规、安全文明意识的培养；汽车厂商或销售商对所生产销售车辆的性能、功能模式、运行逻辑及人机交互方法等有全面深入的理解，主要负责针对智能汽车个性化特征、智能化性能和人机交互方法等方面的培训。同时，要推进智能汽车标准化发展，制定统一的国家或行业标准，规范智能汽车操控部件的设置和使用，要求各生产厂商在智能汽车的关键部件上，统一设置方式、统一称谓名称、统一使用方法，提升智能汽车使用的便利性和规范性。

2. 细化智能汽车驾驶培训内容

我国目前的驾驶培训内容涵盖道路交通法律法规、安全文明驾驶常识、车辆基本操控和实际道路驾驶，不包括智能汽车的驾驶操作方法和注意事项。为满足智能汽车及部分具备自动驾驶功能汽车的安全驾驶需求，建议结合《中华人民共和国道路交通安全法》和《机动车驾驶证申领和使用规定》修订，适时修订机动车驾驶人培训大纲，探索将智能汽车驾驶培训部分内容融入大纲，细化培训内容，确保驾驶人从容应对智能汽车的驾驶特点，与智能汽车安全和谐共处。一是注重对智能汽车基本操作部件使用方法的培训。智能汽车的部分操作部件与传统汽车有很大不同，应培训驾驶人对这些部件的识别和使用能力，特别是仪表盘、中控屏、制动踏板和加速踏板等关键部件，确保驾驶人

掌握智能汽车基本的安全操作方法。二是突出对自动驾驶功能或者辅助驾驶功能使用的培训。应引导驾驶人理解智能汽车的技术边界，掌握智能系统的操作方法，特别是当前人机共驾状态下，自动驾驶功能或者辅助驾驶系统的开启与退出方法，随车监控、人工接管等人机交互模式，以及智能系统异常情况的处置方式等，智能汽车驾驶培训内容和不同机构分工建议见表2。

智能汽车驾驶培训内容与机构分工建议表　　　　表2

机构分工		培训内容	机构分工		培训内容
驾培机构负责通用知识培训	理论知识	法律、法规及道路交通信号 道路通行规则 违法处罚及交通事故处理 机动车基本知识	智能汽车厂商/销售商负责智能驾驶专业知识培训	理论知识	自动驾驶相关法规及标准 自动驾驶分级标准及基本技术体系 智能汽车基本结构与功能 自动驾驶操作边界与责任 自动驾驶与人工驾驶区别 自动驾驶风险感知 自动驾驶状态下的防御性驾驶 智能汽车典型案例
	实际驾驶技能	场地驾驶技能 道路驾驶技能		实操技能	智能汽车系统及功能的检查 智能汽车基本规范化操作 自动驾驶状态下的车辆监控 自动驾驶人工接管条件、接管操作及要求 自动驾驶状态下的应急处置 智能汽车系统升级方法及检查测试
	安全文明驾驶常识	安全行车知识 文明礼让 特殊条件下驾驶 危险源辨识与防御性驾驶 紧急情况应急处置 交通事故现场处置与急救			

3. 丰富智能汽车驾驶培训方法

智能汽车处于技术不断升级、性能不断更新的动态发展中，因此，针对智能汽车的驾驶培训应保持可持续、常为新的状态。一是强化使用前的驾驶培训。使用前培训是驾驶智能汽车的开端，应充分重视这一阶段的驾驶培训，除将车辆操作方法写入车辆使用手册外，更重要的是综合采用实车驾驶、模拟器驾驶等方式，并结合虚拟现实技术呈现丰富的交通场景，帮助接受培训的驾驶人充分掌握不同场景下的安全驾驶方法。二是持续开展日常教育。智能汽车性能和操作要求会随着技术的发展不断更迭，应根据性能和操作模式的变化，推出针对性的日常教育内容，通过短视频、公众号等多种渠道，扩大日常教育的触达范围。三是注重个性化教育。除通用的智能汽车驾驶培训内容外，汽车厂家和销售商，还应关注使用者和驾驶人对车辆的使用特征和驾驶过程中存在的问题，进行针对性的反馈和因人而异的引导，最大限度提升驾驶人对车辆的理解程度和操控安全性。

此外，在机动车驾驶人了解掌握智能汽车自动驾驶功能的同时，更为重要的是智能汽车应严格遵守道路通行规则，推进智能汽车合规化上路行驶。一方面，要推进道路通行规则逻辑化、数字化转换，将自然语言的道路通行规则转化为机器语言、数字语言，运用数字表征道路通行权，让智能汽车读得懂、能学习；另一方面，要推进道路通行规则可测试、可评估，综合采用仿真测试、道路测试等多种验证方式，在智能汽

扫一扫查看原文

车上路前和使用中加强对其遵守交通法规能力和安全通行水平的测试评估,让智能汽车能遵守、会遵守,提升智能汽车上路行驶的合规性和安全性。

自动驾驶汽车运行安全要求探讨

周文辉　公安部道路交通安全研究中心副研究员

　　自动驾驶汽车更多地是被"软件"定义的,与传统汽车相比,包含了更多的环境感知、决策算法、执行控制等方面的内容,在这样的技术特征背景下,其安全性能要求也与传统汽车有较大差异。自动驾驶汽车的安全性,是国内外研究的重点和热点。本文系统梳理了美国和联合国欧洲经济委员会发布的研究成果,介绍了自动驾驶汽车有别于传统汽车的15个运行安全要求方面的内容,内容涵盖数据记录和共享、隐私、系统安全、信息安全、人机交互、碰撞安全、消费者教育、产品认证、碰撞后反应、遵守道路交通法律法规、伦理考量、设计运行域、目标和意外的检测与响应、退出机制、车辆维修和检测等方面,其中,前14个方面的运行安全内容主要通过梳理美国交通部发布的自动驾驶政策获得,车辆维修和检测方面的内容主要来自于联合国欧洲经济委员会的自动驾驶汽车技术法规内容。

一、数据记录和共享

　　厂家在测试、试用阶段,应该记录异常事件、事故和碰撞数据,目的是记录导致误操作、系统性能降低和功能未正常发挥的原因。数据的收集、记录、共享、存储、审查和解构,必须符合厂家制定的消费者隐私和安全保障策略。对于以碰撞事故重建为目的的数据存储,除了能被厂家读取,也应被主管机构读取。

　　车辆收集的数据至少应包括事件相关数据、车辆系统的表现,以及事发时自动驾驶系统的状态和人员操作的状态。为了增强自动驾驶系统通过学习获得更高水平安全性能的能力,也为了增强公众对自动驾驶技术的信心,自动驾驶系统"成功应对"各类事件的情况也应详细记录,包括对安全相关状况的识别,成功避免事故的决策等。厂家应当制定实现上述数据共享的具体方案,信息共享前应当脱敏,即不应通过共享信息推断出具体的车辆所有者或使用者。信息共享应当符合数据隐私和安全方面的协议,或征得车辆所有人或使用人的同意。数据共享目前发展较为迅猛,需要利益相关者开展更多的研究和讨论,便于达成共识。对厂家来说,多数倾向于能够在共享数据池里检索和存储所制造销售车辆的信息。

二、隐私保护

　　汽车厂商应该确保实现以下隐私保护目标:

　　(1)数据政策应透明。应当制定易于理解的、清晰的、内容完整的信息隐私和安全协议，告知消费者厂家收集、使用、共享、审查和销毁车辆产生的数据或从车辆读取数据的详细步骤。

（2）使车辆所有者有决定权。应当给予车辆所有者对于信息收集、使用、共享、保存、销毁方面的决定权，尤其是对于地理位置信息、生物特征信息和驾驶操作习惯等与个人特性密切相关的数据处置决定权。

（3）忠于数据收集的目的。数据的使用应当与数据收集的目的一致。

（4）最少信息原则。在满足合理应用的前提下，收集和保存的信息应尽量少，信息应及时脱敏。

（5）数据安全。实施确保数据不被泄露的措施。

（6）数据完整和可更正。应允许车辆操作者或所有者检查和更正错误的有关个人的信息。

（7）检查。针对上述有关措施的落实，应具有合理的检查步骤。

三、系统安全

厂商应当根据系统工程理论，设计和验证自动驾驶系统，尤其是要使用和遵从诸如道路机动车辆功能安全等工业标准，确保系统的鲁棒性，如当系统遭遇电子的、通信的或机械的误操作时，以及遭遇软件错误时，仍能保持处于安全状态。自动驾驶系统应当包含风险分析和安全评估系统，同时还应描述遭遇误操作时，系统的设计裕量和决策安全策略。自动驾驶系统应当特别关注软件的研发、测试和验证。研发软件要进行良好的计划、控制和文档管理，便于及时有效检测和更正由于软件研发导致的失误。设计决策算法时，要充分考虑决策框架、传感器、执行器和通信失误，软件功能实效，系统可靠性，潜在的控制不足，可能与其他交通参与者发生的碰撞，驶离道路，偏离车道，交通违法，偏离正常驾驶操作等。所有的设计策略均应是能被测试和验证的，所有的设计过程均应详细记录，任何改变、决策策略、分析数据、测试数据均应能溯源。

四、信息安全

厂商应当根据系统工程理论，设计和验证自动驾驶系统，确保系统在遭受信息威胁时的鲁棒性。设计时，应当全面评估遭受攻击时系统的安全性能。威胁的确定、保护、识别、回应和恢复等各个环节，均应配合风险管理的决策，及时消除风险和威胁，并且应具备快速反应和学习应对能力。信息攻击防护是一个快速发展的领域，需要大量更进一步的研究，行业还未形成统一的标准，在此之前，厂家应了解、掌握和应用本行业或相关行业在应对相关问题时的良好实践。所有设计过程均应详细记录，任何改变、决策策略、分析数据、测试数据均应能溯源，溯源系统也应具有鲁棒性。另外，应当建立学习联盟，鼓励厂商及时上报在事故调查、内部测试、外部测试等过程中遭遇到的攻击，方便行业快速学习、共同研究应对。

五、人机交互

人机交互，即车辆和人之间的信息、操作交互，一直以来在汽车设计领域扮演着重要角色。对于自动驾驶车辆来说，人机交互变得更为复杂，部分原因是车辆必须准确地向操作人员报告车辆的行驶意图和安全性能状况。尤其是对于部分自动驾驶汽车（L3）而言，在设计时即要求驾驶人在遇到系统请求时，能够及时监测和接管系统，但对于之前并未参与驾驶任务的驾驶人而言，要求及时回应和接管车辆难度较大。另外，人机交互还应考虑自动驾驶系统与周边车辆、行人、骑自行车人等关于车辆状态和行车意图方面的信息交互。目前自动驾驶人机交互技术发展迅速，但相关标准还未出台，因此，企业应该关注并实施本行业或相关行业的良好实践。人机交互应该至少涉及以下内容：系统功能是否正常；当前自动驾驶系统的模式（状态）；当前系统的局限性（即哪些功能还无法发挥作用）；是否遭遇了误操作；请求由驾驶人接管车辆；对于完全自动驾驶的汽车，还需要考虑与残疾人的人机交互（例如，通过图像、声音、触觉进行交互）；对于由驾驶人"远程"操作的情况，远程驾驶人应当时刻知晓车辆的状态。

六、碰撞安全性

由于可能遭受其他车辆的撞击，自动驾驶车辆应该满足现有的碰撞标准。自动驾驶车辆布设了先进的传感器，可以通过主被动安全相结合的办法，进一步提升车辆的碰撞安全性能。对于车内无人的自动驾驶车辆，需要在设计时考虑其碰撞时的几何尺寸兼容性和吸能作用，确保其他车辆的碰撞安全性。

七、消费者教育和培训

适当的消费者教育和培训，对自动驾驶车辆试用中确保其安全性是极为重要的。企业应当建立相关制度和机制，要求员工、销售商及其他人员对消费者实施教育和培训，培训教育的内容主要是自动驾驶车辆与传统车辆的不同点，确保消费者能够更准确、更有效、更安全地理解和掌握最低限度的自动驾驶技术特征。教育和培训应该具有层次性，先是由产品和技术员工教育市场人员和销售人员，再由后者教育终端销售商，最后是教育消费者。教育培训的内容应包括：自动驾驶系统的功能和设计意图、操作参数、功能适应性和局限性、人工操作的进入和脱离、人机交互内容和方式、遇到紧急情况时车辆的反应、操作边界及其责任，以及潜在的可能改变驾驶功能和习惯的内在机制。教育培训可以采用实车或虚拟现实的方式进行。教育培训的内容和方式，应当及时倾听来自销售商、消费者或市场调研机构的意见。

八、产品认证

自动驾驶车辆在生命周期内，会通过升级软件的办法改变车辆的自动驾驶等级。随着技术的不断更新进步，更新的产品会不断投入市场，之前投放的车辆就会被改变，提供类似于新车的功能，最常见的就是在保持硬件不变或改变很小的情况下，通过升级软件，使旧车的自动驾驶等级与新车一样。目前的车辆认证管理中，车企需要向管理部门提交关于车辆唯一性和安全特征参数的说明。未来，建议企业在车内提供向使用者或车主介绍车辆自动驾驶系统关键功能和特征的说明。例如，可在车内驾驶人座位视野范围内，或在靠近前排左侧座位的门锁处粘贴柔性标签，介绍车辆的功能、设计运行域（Operational Design Domain，ODD），以及获得进一步信息的方式和渠道。考虑到车辆生命周期内会不断通过升级软件或硬件改变车辆功能，因此，上述升级情况也应在标签中标明。特别需要说明的是，车企应当全面描述车辆在每个设计运行域中的功能适应性和局限性，如运行速度、地理区域、天气状况，以及在人机交互中或车辆产品说明书中提供的设计运行域信息。

九、碰撞后反应

车企应当针对碰撞后自动驾驶车辆的反应策略建立评估、测试和验证制度。若事故中车辆传感器或主要安全控制系统被破坏，则车辆不得再以自动驾驶模式运行。若检测到故障，则在救援或服务到来之前，车辆应该保持"最小风险状态"。

十、遵守道路交通安全法规

车企应当详细说明如何确保产品遵守道路交通安全法规。在设计运行域中，自动驾驶车辆与传统车辆一样，应当遵守适用的道路交通安全法规。在遇到前方障碍时，人类驾驶人有时会跨越车辆实线，绕过障碍，自动驾驶汽车最好也具备同样的能力。对于类似的可能遭遇到的场景，车企应当建立独立的评估、测试和验证制度。很多这样的场景，是出于安全目的违反交通法规，对于车企而言，可能希望记录这样的安全"动因"。道路交通安全法律法规可能会因地而异，并且会不断改变，这对自动驾驶汽车是一个挑战，但不管如何，还应遵守上述法律法规。

十一、伦理考量

自动驾驶汽车会有不同的决策策略，进而导致不同的伦理困境或伦理影响。这样的决策策略是由自动驾驶系统做出的，或是通过学习习得的。可能单从设计上看不出任何的伦理倾向，但程序化的自动驾驶系统可能做出有重大伦理影响或后果的决策。为了防止责任不清，车企需要清楚说明各类伦理决策及其后果是经过清晰设计的。

驾驶人在行车决策时，一般需要考虑安全、抵达和法规三个维度的目的。在大多数情况下，上述3个目的可无冲突地同时达成，但特殊的时候也会出现冲突。比如，在施划中心实线的双车道道路上，若前面故障车辆横跨中心实线停滞，此时，后车若停止，则无法实现"抵达"目的，若横跨中心实线绕过故障车辆，则一方面涉嫌违反法律；另一方面，也有与对向来车发生碰撞的可能。

自动驾驶车辆在面对这种冲突情况时，可以有多种决策策略，这取决于决策程序算法如何设计，也可交由人类驾驶人或乘客去做决策。同样的，即使在"安全"维度，也会遭遇冲突，如如何在确保a车车内乘客安全与确保b车车内乘客安全之间作出选择。在这种进退维谷的情况下，自动驾驶系统的决策程序设计决定了交通参与者的"命运"。这样的决策算法不仅与自动驾驶及其乘客密切相关，也深刻地影响着其他交通参与者，因此，决策策略应该被最广泛地接受。那么，自动驾驶汽车能否利用"特殊的策略原则"去解决上述冲突，是需要认真考虑的问题。具体的策略算法及其形成过程应该高度透明，充分考虑现有法律法规，以及驾驶人、乘客和易受伤害的交通参与者的意见，以及自动驾驶汽车对其他交通参与者的影响。

十二、设计运行域

对于要上公共道路测试或测试运营的自动驾驶车辆，企业应当定义并记录每辆车的设计运行区域（ODD）。设计运行区域应当详细描述在设计中定义的车辆可正常、安全操作的区域，即车辆的"能力"范围，包括：道路类型、地形区域、速度范围、环境要求（天气、白天/夜晚等），以及其他环境和范围的限制。

对于车辆的上述"能力"范围，企业应当建立规范的程序进行评估、测试和验证。在国家层面的检测和技术要求方面的标准规范出台之前，企业应当建立和应用企业层面的标准和规范。在设计运行域中，车辆应该能够安全运行。当车辆所处环境不再满足设计运行域时，车辆应当及时切换至"最小风险状态"，并通过人机交互系统告知车内驾驶人或乘客，车辆已进入"最小风险状态"，自动驾驶系统不再起作用。为了让驾驶人或乘客更好地了解车辆的能力边界，有关设计运行区域的内容，同时应当在产品使用说明书中用浅显易懂的语言描述。

十三、目标和意外的检测与响应

目标和意外的检测与响应（OEDR），指驾驶人或自动驾驶系统能够及时检测到的与即时驾驶任务相关的交通环境信息，并作出及时的响应。对于OEDR，企业应当建立规范的程序进行评估、测试和验证。在设计运行域中，车辆应当能够对周边的车辆、行人、自行车、动物及其他影响行车安全的物体作出检测和响应，也能够对应急车辆、临时施工区域、交警指挥、公路建筑区周边交通指挥、应急救援人员的指挥等多种情况作出回应。OEDR又分为两类，一类是正常行驶状态下的行为能力，一类是避免碰撞。

正常行驶状态下的行为能力包括：对速度限制（包括建议限速）改变的检测与回应，高速并道，低速并道，驶出行车道并停车，对占用对向来车道的检测和响应，对超车区和禁止超车区的识别并实施超车，车辆跟驶，对静止车辆的检测与响应，对车道变化的检测与响应，对车道中静止障碍物的检测与响应，对信号灯和停车/让行标志的检测与响应，通过交叉口并实施转弯操作，通过环岛，通过停车场或停车区，对限制通行（单行道、禁止转弯、斜坡）的检测与响应，对施工区域或人员指挥交通的检测与响应，作出合适的通行权决策，遵守交通法规，服从警察或应急救援人员、施工区域人员的指挥或信号，对临时交通管制的检测与响应，对应急救援车辆的检测与响应，礼让行人和非机动车，与周边交通参与者保持安全距离，对绕行等临时交通改变的检测与响应。以上列举的是一些通用的要求，具体的行为能力还需要根据自动驾驶系统、设计运行区域、退出机制（最小风险状态）等来确定。

另一类是避免碰撞，在设计运行区域的基础上，自动驾驶系统应当能够应对绝大多数碰撞前的危险场景，包括失去控制、侧面碰撞、车道改变或合并、正面或与逆行车辆碰撞、追尾碰撞、车道偏离，以及倒车或停车时的低速碰撞。对于道路维修、警察指挥、车道内故障车辆等在设计运行区域中可预见的事件，自动驾驶系统应尽可能识别和响应，应对困难的，应退出至最小风险状态。

十四、退出机制（最小风险状态）

企业应当建立规范的程序对遭遇故障或事件时，退出进入最小风险状态进行评估、测试和验证。自动驾驶车辆应当能对车辆故障、系统退化，以及车辆不在设计运行区域范围内的情况进行检测，并提醒人类驾驶人及时接管车辆或退出至最小风险状态。最小风险状态策略还应考虑人类驾驶人可能出现的分心、酒精或药物影响、疲劳、生理短暂不适、人类误操作、人类认知局限等情况。最小风险状态与具体的故障或事件直接相关，其典型操作是将车辆停靠在安全地点。

十五、车辆维修和检测

在用车安全状况的保持需要借助诸如维修、安全检测等制度。汽车厂商应当对维修提供必要的协助，尤其是涉及事故车的修复时，协助内容包括确定车辆系统和部件、检测自动驾驶相关系统在修复后能够正常发挥作用等。

扫一扫查看原文

泰州："手脑"协同让高速公路主动管控更精准

公安部道路交通安全研究中心交通言究社

近年来，随着社会经济的发展，泰州高速公路路网交通流量每年保持约10%幅度持续增长，重要节点如江阴大桥单日最高峰通行量达16万辆，超饱和运行，2021年路网内大客车和危险品运输车日均通行量分别为2132辆和516辆，疏堵保畅和重点车辆管控压力较大。

为更好地进行交通管控，确保道路安全畅通，泰州高速公路交警围绕高速公路管理核心需求，探索打造了泰州高速公路主动管控平台。秉承智能化是决策者的辅助而不是替代，功能设置紧贴基层交警"用"的设计理念，实现了路网流量实时预测、管控策略一体配置、道路事件精准画像、通行数据全量分析、重点车辆智能监管五大功能，并取得一定成效，现将主要做法介绍如下。

一、预判堵点、制定对应主动管控策略,提升通行效率

高速公路大流量引起的长时间、长距离拥堵严重影响通行效率、易诱发交通事故、增大应急救援难度,均衡路网交通流量、提升路段和节点的通行效率一直是近几年泰州高速公路交警的工作方向之一。

自2020年国庆节开始至2021年春节、清明、五一、端午等历次重大节假日,泰州高速公路交警都会利用主动管控平台,根据泰州高速公路路网近年来的流量变化趋势和路网结构改变情况,结合历次节假日事后评估分析结果,对泰州高速公路及周边路网易发生拥堵的路段和时段进行提前预判(图1)。

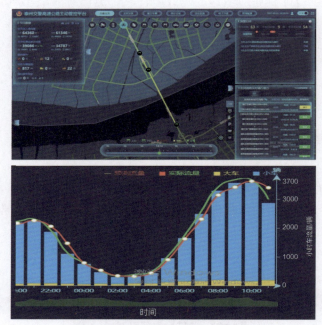

图1 预判易发生拥堵的路段和时段

根据堵点预判情况,综合考虑路径诱导时机是否合理、车道管控与应急处置是否冲突、出入口管控如何考虑高速公路与普通道路交通流的均衡等问题后,对以往经验做法进行优化完善,在泰州高速公路路网各收费站、枢纽、出入口匝道、主线汇流口等交通节点,共计预设了18处以路径诱导、车道管控、出入口管控、速度管控等方式为主的主动管控策略,并设置流量触发阈值,形成了流量提前预判、策略事前配置、管控多方协同的路网大流量管控勤务模式(图2)。

以2020年国庆节为例,泰州高速公路路网实际发生拥堵的点段共17处,提前通过主动管控平台预判出了16处,预判准确率达94.1%(图3)。泰州高速公路交警与相邻地市高速公路交警大队及路网内其他应急联勤部门通力协作,采取大范围多路径诱导分流、出入口管控、车道管控等主动管控措施共81次,在泰州高速公路路网总流量较往年上涨15.79%的情况下,辖区拥堵指数同比仅上涨1.6%,与往年相比基本持平;拥堵里程占比同比上涨16%,远低于全国高速公路拥堵指数66%、全省高速公路拥堵指数71%的涨幅。

图2 多处预设主动管控策略

同时,泰州高速公路交警还针对2h内的短时流量变化趋势,以每15min为一个预测区间,对全路网主要路段、节点进行实时流量预测、拥堵预警(图4),辖区大队勤务模式由以往的"拥堵产生—引发事故—被动接警—事故加剧拥堵—引发多起事故",转变为"大流量拥堵预警—主动干预缓解拥堵—提前囤警于拥堵路面—警示降速控距—事故快处"的路段大流量管控新模式。

图3 通过主动管控平台预判出国庆节16处拥堵点段

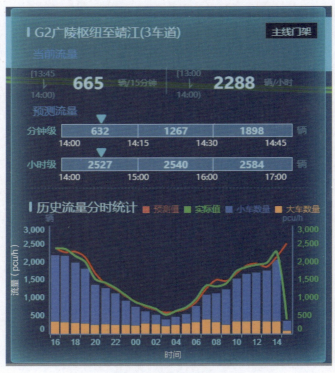

图4 短时流量变化趋势

以京沪高速公路江阴大桥段为例，2021年清明、五一节期间，平台共预警79次，辖区大队迅速响应快处快撤，共处置271起交通事故，从事故发生到撤除现场平均处置时长仅为6.4min。

二、精准制定事件管控预案，保障路网通畅

以往路面施工、交通管制等事件对交通流带来的影响往往是组织者凭个人经验值进行分析预判，准确性不高、实时性不强，不能为施工、管制方案的制定提供可靠依据，往往给后续的现场安全管理增加很多困难。

现在泰州高速公路交警利用主动管控平台，提前根据事件的具体形态，预判该事件对交通流造成的具体影响，制定相应的管控方案，并根据交通流变化实时优化调整。以施工现场管理为例，从以往的"凭经验值制定方案—静态管理—固定勤务模式"，转变为"精准预测制定方案—动态监测—动态勤务模式"，最大限度保障泰州高速公路路网的畅通。

下面以大雾天气为例，来看使用主动管控平台前后制定管控预案的区别：泰州境内高速公路路网夜间大雾警情发生后，省调度指挥中心启动恶劣天气管控预案，指令泰州支队于0时至8时在京沪高速公路广陵枢纽设置管制点管控北行车流禁止进入雾区（图5）。（注：江苏高速公路管理模式为省调度指挥中心统一发布全省高速公路的管控指令，由各市支、大队具体考虑采用适合的勤务模式细化执行。）

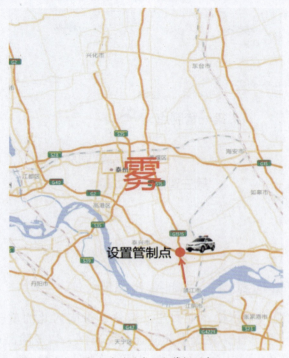

图5 启动恶劣天气管控预案

以往泰州高速公路大雾管控预案及影响：

0时管制至8时，管制点后方积压大量车辆，拥堵长度约15km；

8时解除管制后，滞留车辆由停止状态依次驶出，至拥堵路段末端约需2~3h；

受"拥堵波"影响，全路段恢复畅通需4h、5h，受波及路段约40km以上。

现在泰州高速公路大雾管控预案及影响：

接到省调度中心大雾指令后，在平台中输入管制点位、方向、时间及预测流量等关键要素进行推演，得出本次管制可能会导致约15km路段的车辆滞留积压。

通过平台模拟大雾管制解除后因拥堵路段前后车流量差形成的"拥堵波"，得知该15km的拥堵路段想要缓解很困难。

根据预测结果将此类管制模式以单点管、静态疏的被动勤务模式转变为多点控、动态通的主动管控模式。

根据该管制路段结构特点，设置3个管制点（图6），各管制点之间控制滞留车辆长度，留下足够缓冲路段。

在8时解除管制时，让三路段积压车流同步响应，并利用缓冲路段以警车引导，让三路段车流平稳相接。

至9时许，全线约15km的积压车流均以相对稳定的速度有序通行并迅速恢复高速公路畅通。

优化后的管控预案有利于全路段在最短时间内恢复畅通，科学合理的应对措施有效地将对交通运行的影响降到最低。

图6 根据管制路段结构特点，设置3个管制点

三、主动填补管理真空，抵御输入风险

泰州作为长三角地区一体化"大交通"形势下承南启北的重要陆路通道，每日大量外地籍"两客一危一货"车辆途经泰州高速公路路网，以危险品运输车辆为例，据统计，2021年以来每月在泰州境内运行的危险品运输车辆约15480辆，其中本市号牌车辆仅有1550辆左右，其余本省外市和外省号牌车辆共有约13930辆。以往未能掌握这部分外省市车辆的基础信息，存在管理真空，输入型风险较大。

2021年以来，泰州高速公路交警通过整合车脸识别、路网ETC门架、公安集成指挥平台对过往车预警数据等方式，获取了长期在泰州高速公路路网运行的1354辆外省籍、6743辆本省外市籍危险品运输车的精准基础信息（图7），利用前端设备实时监测并结合历史轨迹，数据建模精准分析，加强全市高速公路路网的交通安全监管，填补管理真空，有效抵御输入性风险。

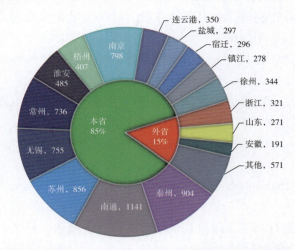

图7 长期在泰州高速公路路网运输危险品车辆所属地分布（辆）

深化平台应用,逐步掌握"八个知晓":知晓有多少危险品运输车在泰州高速公路路网内长期运行;知晓本市、本省外市、外省各有多少辆;知晓车上驾驶人、押运员是谁;知晓车上装载的是什么性质的货物;知晓每日实时在泰州高速公路路网内通行的危险品运输车有多少辆;知晓每辆车是从哪里来;知晓每辆车要到哪里去;知晓当日还有哪些车将要进入泰州高速公路路网(图8)。将这些信息及时建档入库,每新增1辆就更新入库1辆,并根据所载货物危害性、驾驶人交通违法情况等特征实行分级管控。

图8 某时段重点车辆运行分布情况

积极开展推行"领航员"式精准化监管诱导服务,平台实时监测在辖区高速公路路网内运行的危险品运输车辆的通行轨迹、速度,发现异常情况及时报警提示,人工干预核实情况;遇有发生突发事件等造成交通通行受阻,平台立即预警通知即将驶入受阻路段的危险品运输车辆,提醒更改路径避开拥堵路段;因恶劣天气等实行交通管制,平台提前推送信息通知有该路段通行需求的危险品运输车辆,预防和减少车辆滞留、等候等带来的安全隐患。

四、深入分析交管数据,优化警务部署

以往路段违法行为与交通事故之间的关联分析相对比较粗放,路段区间划分不够细,分析的维度不够丰富,一些OD(Origin Destination,起讫)路径数据、道路工程类基础数据等采集不够,与路面勤务模式契合度不高。

针对这些问题,泰州高速公路交警将泰州高速公路路网共322.7km的路段分为54个路段区间,对各区间内超速或低速行驶、随意变更车道、黄牌车辆违规占道、大货车不

按规定靠右行驶等严重危害高速公路通行秩序的重点违法行为进行逐段分析，梳理各区间段内多发违法行为种类，与该区间的道路线形坡度、标志标线等通行要素进行关联排查，找出违法行为多发的原因并加以整改，同时进一步加大执法力度。

有效消除安全隐患。以京沪高速公路1007~1027km路段为例，该路段双向平均车速较快，小型车辆的平均通行速度达118km/h，雨天小型车辆的平均通行速度达105km/h，导致雨天交通事故多发。据统计，2020年1月至2020年6月，该路段共发生道路交通事故512起，其中，雨天发生各类道路交通事故92起，占道路交通事故总起数的18%。针对这一隐患，2020年6月，泰州高速公路交警联合相关部门在该路段区间综合采取增设各类提示、警告标志牌、施划振荡线、减速标线、安装恶劣气象速度管控综合执法系统等措施。2020年7月至12月，该路段在雨天共发生交通事故总次数45起，环比下降51%，雨天小型车辆的通行速度约85km/h，降幅达19%，取得了较好的效果。

有效开展精准打击。2021年五一长假前，针对非法营运（黑车）违法行为有所抬头的趋势，泰州高速公路交警通过平台分析非法营运车辆轨迹特征，初步筛查出19座以下客车4251辆，经相关部门进一步筛查，确定涉嫌非法营运的重点车辆34辆。在推送数据布控的第二天，执勤民警即查获非法营运黑车1辆。

扫一扫查看原文

西安：提升科技对大交管的支撑乃至引领作用

胡伟涛　西安市公安局交警支队副支队长

一、科技支撑城市交管工作之西安实践

西安是一座千万人口的城市，建成区面积不到800km^2，每年增长40km^{2}左右。西安机动车保有量已超过400万辆，排在全国第7位，机动车的密度和路网的密度不成比例，交通管理任务重压力大，针对这样的形势，需要科技来支撑。

迈向智慧交管需要从5个方面入手：数字化，做好外场感知；网络化，把三网数据融通，尽可能支撑网络安全；信息化，汇聚数据，为政研服务，做好交通政策研判；智能化，做科技研发，为整个交警管理体系以及每一个单兵赋能；实战化，让指挥中心推进整个指挥体系以及交警实战应用的进一步发展。

对于西安交警具体的科技实践工作有3项要求：实战化、系统化、精细化。一切工作朝实战化应用走，实战是整个交管工作的灵魂；为了实现实战化，针对整个科技长链条的特征，须用系统化思维统筹安排；落实到每一个科技人，需要每个环节工作精细化。

加快科技发展,提高灵敏的外场感知,进行全面的数据汇聚,做到精准的分析研判,实现交警勤务灵活、指挥高效快捷、打击各类交通违法行为更精准、信号管控更优化、对群众的服务质量和其满意度更高。

1. 数字化支撑实现精准感知

截至2021年6月,西安自建卡口设备的有600多个路口,自建视频设备的有1130多个路口,但仅靠这些实现不了精准感知,为做强外场,通过共享的方式获取了更多数据。同时,为保证全方位数字化,获得多渠道的大数据,西安交警配备4G回传的执法记录仪,给警车装上4G回传行车记录仪成为"智慧战车",交警摩托车也配上相应的回传产品,灵便地把信息传回来。图1为西安交警指挥智慧战车的画面,精准感知路况信息及道路上发生的突发警情,为指挥中心预测研判发展态势、精准调度、高效处置服务。

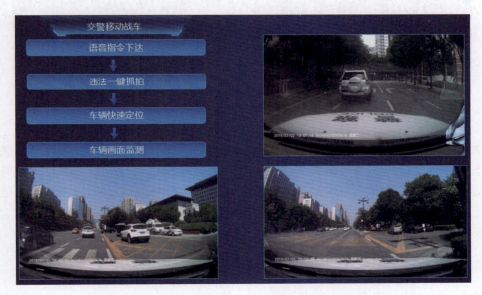

图1 智慧战车,高效互动

此外,还广泛采集视频卡口数据,深度融合多家互联网地图数据,建成了集实时路况、交通指数、研判分析、交通诱导等九大功能模块于一体的西安交警互联网路况大数据平台,精准把脉交通运行态势,实时监测全市拥堵情况,掌握交通整体运行态势(图2)。

2. 三网融通一图展示

西安交警通过搭建安全网络边界,整合公安网、视频专网、互联网三网,将各网数据汇聚融合,同时把各类相关信息在一张图上展示。如最近实现了整个路网路况数据、视频监控数据以及信号管控、警力分布、警车分布等各类信息在一张图上叠加展示,让指挥中心更精准地了解各方面信息,深度灵活地处置突发交通事件。

3. 智能化支撑态势研判

视频巡检利用AI技术及时发现路面出现的警情,人工视频核查,进行深度研判,预测发展态势，支撑感知整个路面堵点乱点能力的提升。积累历史数据精准定位交通事故多发点段，关联点位与交通事故数据分析，支撑交通事故预防机制启动，深度调研治理多发路段，为交通安全服务。

图2　利用大数据平台掌握交通整体运行态势

4. 高效调度、部门协同，提升应急效能和特勤保障

融合三网各类信息，打造实战指挥平台，全局扁平化可视化指挥，实现精准感知、研判态势、科学指挥、高效调度、快速响应、跟进考核、提升效能。同时，政府各部门、交警支队内部各部门协调联动，深度推进和提升全市突发事件联合应急处置能力。有了这套系统的支撑，面对大型活动可提供万无一失的保障，可以采取分段管控、精准管控等科学合理的应对措施将活动对城市交通运行的影响降到最低。

二、科技引领大交管发展之探索

随着我国城镇化推进，经济社会的发展，机动车总量、出行总量、运输总量在迅速增加，对交管工作提出了更高的挑战。交警除了交通疏导，还须参与城市规划、道桥隧设计、城市景观优化、产业布局等多方面业务，仅靠个人学习提升自身素质不足以应对新形势，需要科技发挥更大作用，助力交警携手各部门，推进智慧交管、交通强国各项工作。

1. 实战中用科技给交警增智赋能——单兵赋能

给每一名交警都配备新的科技装备，科技赋予每一名交警"特种兵"的能力，则队伍整体战力翻倍。如卡口数据接入警务通App（图3），定制预警推送，实现"一点发现、全网布控、全线拦截"，2021年西安已查获交通违法10万余例，截获13辆套牌车。利用人脸识别技术，通过"扫脸"将违法当事人信息录入云端数据库；"扫脸"纠违帮助民警清楚掌握违法当事人信息和过往交通违法记录，对检查中发现的高频次违法当事人，交警将通过向其所在单位发函，上门约谈，发送教育提醒短信等方式，实施精准教育，全面提升行人、非机动车遵章率和交通文明素养。通过"321平台"、高速路网"三道防线"等多系统联合，实现路面管控能力的高效提升。

图3 卡口数据接入App

2. 大数据引领治乱、治堵、扫黑除恶、预防交通事故

平台布控，全网响应，车辆缉查由"人工布控核查"向"智能布控核查"转变，推动交管路面执法质量变革、效率变革。为刑侦、治安案件的破获，提供第一手的破案线索，在维护公安安全、打击违法犯罪、扫黑除恶、反恐维稳等方面，体现出交警在路面交通管控和车辆信息侦测方面的专业性和权威性。开展精准打击，营造高压态势，西安交警在支队指挥中心通过卡口电子警察违法预警平台精准提取渣土车超速、闯红灯等严重违法，通过北斗定位平台确定渣土车实时位置，信息同步大队指挥中心，迅速调集就近巡逻警力布控拦截，现场纠正处罚违法行为；再把数据通过后台推送到交警安监部门，上门组织集体学习教育；同时请新闻媒体记者报道全过程，做成专题片播出，综合手段营造社会氛围，大大提高了治理效果。此外还进行堵点治理和外卖行业车辆整治，梳理交通堵点、乱点和交通事故多发点，在各大队间举办擂台赛，对治理成效进行评比，促使交通整体运行效能明显提升。

3. 智能信控保障动态交通运行

西安所有信号灯实现了联网联控，感知拥堵状态、非饱和状态，并根据交通管理需要制定信控方案，根据每个车道交通流向、流量、流速数据实现精准的信号管控；在传统"绿波"模式下尽可能减少对相交方向的交通干扰，提高通行效率，尽可能让城市交通流均衡分布，高效运行。

4. 设备-民警绑定

把外场设备与民警进行绑定，民警认领设备，逐一落实超速设备的标定、执法设备的备案、后台每一个设备技术参数的设置，以及抓取的交通违法图片进行审核。每一个环节都有考评，落实了责任，提升科技设备对重点违法的精准打击能力，并对轻微违法实行人性化执法。

5. 强化多级指挥中心架构的分工协作

勤务优化，应急响应。实行分级勤务响应、点线面责任管理，并设应急处置铁骑分队，确保指挥调度有警可派。日常由大队、中队指挥中心自行巡检、发现警情自主调度处置；重大警情多级联动，快速处置，给各级中心共用同一指挥平台，保证警力资源和视频资源实时同步，指挥指令实时同步，提高大事件的协同处置效率。

6. 科技引领跨部门协作提升城市治理水平

交警在多种科技手段的支撑、保障下，对城市交通发展的问题有更深入的研判，针对存在的问题和短板，可以协助相关部门优化公交线路布局，改善道桥隧设计方案，优化产业布局，减少职住分离现象等。让交警携手多部门共同发力，驰骋在绿色交通发展的轨道上，快速驶向交通强国。

引领和支撑是科技的两个抓手，两者不矛盾，要做强科技支撑，实现科技引领。

扫一扫查看原文

第六篇

交通安全文化与宣传教育

推进交通安全文化建设首先要建立科学的理念

郭敏　交通工程师

任何有意的行为，都会受根植我们内心的文化影响，交通安全领域也不例外。有人即便知道超速、酒驾、不系安全带这些行为会带来风险，但思考后仍会去做，这看上去虽然显得莽撞、冒险，但亦属思考之后有意而为，并非无心之举，如同有人经过思考决定遵守规则一样。从个人决策角度来看，交通安全风险可分为两类，一类是有意而为的行为风险，另一类是道路、车辆、环境不佳造成用路人来不及反应的系统风险（图1）。事故可能会由其中一种风险或者两种叠加造成。这些有意而为的行为取决于个体的愿望和意图，而愿望和意图取决于信念和价值评判，每个人的信念和价值评判通常会受到文化的影响。在交通安全领域里，这样的信念和价值评判就是交通安全文化。

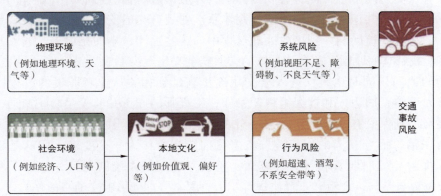

图1　交通事故中物理和社会因素起到的作用示意图（图片来源：A Strategic Approach to Transforming Traffic Safety Culture to Reduce Deaths and Injuries，NCHRP Project 17-69，Jan. 2016）

一、什么是交通安全文化

概念化交通安全文化，通常容易陷入空泛的表达中，经常会出现一些正确却无用，且难以评判效果的口号。不过，如果从交通事故发生率的角度讨论交通安全文化，可以将空泛的叙事转为数字化的衡量。以交通事故的角度来看，交通安全文化就是促成道路上交通事故零伤亡的价值评判体系。这样的价值评判体系同样落实并深入到交通事故相关的因素——人、车、路、环境。"零伤亡愿景"（简称"零愿景"）并非只是数字，而是通过确定数字目标形成有目标导向的评判体系，促进交通安全领域的工程、教育、救援等各方面的改进。这个体系透出的价值观就是交通安全文化。

传统的交通安全，优先考虑的是减少或防止事故，关心"为什么会出事故"；而

"零愿景"主张将重点放在伤害上，关心"为什么那个人在事故中受伤这么严重"，或者以公共卫生的角度思考"是否可以预防"。也就是，"零愿景"价值评判体系围绕着"人"而思考，将人的出行当作使用运输系统的过程。一旦人受到伤害，运输系统的每个组成部分都难逃其责，包括与之相关的道路或车辆工程师、医生、政府工作人员、各级组织等。

这是一种强调社会整体责任的思维方式，因个体伤害而产生的关系，诸如与家庭、与朋友、同学，与社区、社会的各个组织，与国家的政策、标准、法律的关系，从个体开始扩散，直至到国家层面，都可以认为是利益相关方。譬如有人不系安全带开车，发生事故后造成了严重伤害，在"零愿景"导向的价值评判体系里，就应追问很多问题。如，这个人不系安全带的原因是什么？不知道法规要求，还是他的朋友也不系安全带？没有人告诉他这样危险吗？当地不系安全带现象是否普遍？罚款数量及去向如何？当地相关组织是否推动"系安全带"这样的活动？……这些追问组成了从个案到周边环境，到社会评价方式的过程。

不过，在当前处理事故过程中，这些问题即便存在，也多被忽视，往往没有纳入交通事故处理程序中。其实，这些问题正是价值评判方式的体现，是交通安全文化的具体化。只有这类追问多了，被所有人当回事，才能形成可信、可靠、有血有肉的交通安全文化，形成社会共识的信念和价值评判体系。要提升交通安全文化，无疑要鼓励这样的追问，并将这些追问纳入到事故处理过程中。这些追问，本质是调查，实事求是地调查，不仅能找到真实原因，还会让具体的交通安全文化逐步形成。

这样的追问，同时也是交通安全文化逐步蔓延到相关从业者职责的过程，浸入到每个用路人个体、周边人和社会组织。譬如，工程师的职责并非仅是防止交通事故和碰撞，更要努力确保没有人会受到导致重伤或死亡的碰撞力；医生和救援系统并不只是到现场进行医治，而要在人的伤势进一步恶化前能有所作为。这要求人们从基础设施项目、医疗保险、政府职责和行为等方面，整体考虑运输系统的运行，也要了解技术指南、公众教育与参与、政策和车辆法规等"上游因素"如何影响交通事故伤亡。

简单而言，这是对交通伤害的无边界"追问"，可以不停地问"为什么"，直到找出交通伤害的根源，并形成群体共识，从而通过宣传、教育，用共识改变个体有意的不良行为，譬如不系安全带、酒后驾车等，从而推进交通安全的提升。这个过程中的群体共识，就是交通安全文化，是影响交通安全行为的信念和价值评判体系的总称（图2）。

二、交通安全文化的一些基本理念

传统的交通安全方法通常只适用于道路系统中的具体时间和地点，只能在有限的时空范围里产生效果，而交通安全文化却能在更大的时空范围有效，且成本相对不高。随着交通安全文化的成型、固化和传播，人们会形成范式行为来维持个体或群体的交通安全，例如，习惯系安全带的人会每次开车、坐车都系安全带，形成范式行为。

然而，要形成人们容易接受并坚守的交通安全文化并不容易，而破坏却轻而易举。身边人及电影明星、知名人物、政府官员等具有影响力人物的不良示范，会使人们不信任交通安全文化所教导的规则具有安全上的普适性,甚至会认为只是权力大小区别下的选择性约束规则。同样,不合理的道路规则,也会破坏良好交通安全文化的树立。譬如:许多城市采用的左转车道右置,颠覆了人们对车道规则的一般认知,会理解为规则会因地制宜,全国各地不一样,即便一个城市不同地区也会不一样,于是就不太信任规则的通用性;或者许多直行车道开着开着却突然变成了左转或者右转车道,导致遵守规则想要直行的驾驶人不得不赶紧变道。道路管理、工程措施经常性地出现不合理例外,让交通安全文化的普适性和通用性难以建立。规则不确定,常常有例外,如何形成社会共识?何谈交通安全文化呢?

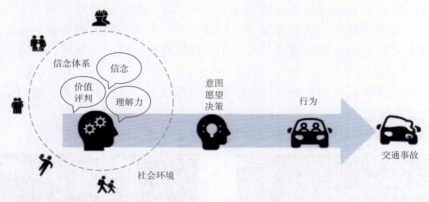

图2　交通安全文化受用路人个人和社会环境影响（图片来源：Traffic Safety Culture Primer，MDT，2019）

　　寻求改变人们行为的交通安全文化,不应当是空洞的口号,而应是覆盖工程、教育、执法、应急救援等领域的专业性工作。文化一旦形成,具有全社会的普适和通用。交通安全文化的含义,已阐明为信念和价值评判体系,既然是评判体系,交通安全文化应当包含有评判所需的具体思路和方法,评判工程、教育、执法、应急救援的种种政策和措施的衡量指标。这些评判方法,国内外已有许多研究提供了相关的因素、维度以及度量方法,用数学的方法形成体系,并有许多的实践。因此,口号、标语、理念并非交通安全文化的全部,更多的是可用的科学思想、方法和度量工具。

　　不过,就当前而言,我们通常面临的交通安全文化问题,首要的并非具体评判方法,而是先要理清一些交通安全文化里的基本理念,譬如平等使用、规则一致性等。

1. 平等使用交通设施,是交通安全文化急需提倡的理念

　　平等使用交通设施,是交通安全文化的一个基本理念。然而真正在路上实现平等使用并不容易,譬如经常会出现机动车挤压非机动车车道,或者车辆随意停放在人行道让行人无路可走诸如此类的现象。然而,强调平等使用理念最迫切的并不只是这些,而是无障碍出行。

　　无障碍出行不仅仅指残疾人,还包括老年人、婴儿及幼儿、孕妇等。"平等使用"的理念,并非指有路人人可以走,而是指无论是谁,无论是否残疾或者年老无力,都能独立、自主使用交通设施出门办事。譬如轮椅使用者可以自主或借助辅助工具独立进出街边的建筑物,可以一个人出门乘坐公交车,盲人可以依赖手杖独自走回家等。因此,要在交通设施上进行针对性设计或改造，提供所有人都能平等使用的条件，如设置轮椅坡道、盲道等诸多措施使无障碍通行成为可能；也应在通行上制定便于残疾人、老年人等使用的规则，譬如公交车上设置轮椅位置、老年人专座、横穿马路的绿灯时间足以让老年人从容通过等。无论行走、乘坐或者等候，残疾人、老年人、孕妇等人群都能安全、便利、从容地使用交通设施。

尤其，当我们的社会正在逐步老龄化，这样的问题变得更加紧迫。越来越多的老年人希望"原地养老"，尽可能独立地在已有居住环境里生活尽可能长的时间。平等使用交通设施，是交通安全文化急需提倡的理念，不仅让年轻力壮的人能使用交通设施，还要让老年人、残疾人等使用交通设施不发生意外，这些需求应通过交通安全文化尽快进入到法律、工程和政策中。从世界各国的经验来看，平等使用交通设施的理念虽然简单易懂，但要落实到遍布全国的路口、公交车、建筑物出入口、小区里，却要花费数十年的时间。

对以上类似这些琐碎的交通安全事项长期坚持改进，普惠每个人，是当前社会急需的交通安全文化理念。

图3中展示了一些不友好的交通设施以及相对便利的交通设施。

a) 为残疾人使用的陡坡，即便身强力壮的年轻人也无法使用（Bulbasaur 提供）

b) 公交车站用栏杆隔离，使乘坐人无法安全地乘坐公交车（Bulbasaur 提供）

c) 公共汽车上车设置的缓坡便于老年人行走

图3　不友好交通设施与相对便利交通设施对比

2. 规则一致性是提升交通安全文化的前提

交通规则要符合常识和逻辑，才能为人理解、接受并遵守，只有人们遵守了才能促进安全。红灯停、绿灯行,既是交通规则,也是现在世界上最为常见并通用的交通安全文化。然而,在近几年里,经常会有"抓拍闯绿灯"的新闻冒出来误导人们,这样颠覆常识的宣传,污染了交通安全文化,也有害交通安全本身。

交通规则一旦形成,就可能会逐步成为当地社会的文化,逐渐传播。譬如许多国家的停车标志,其规则为:无论什么车什么情况,在停车标志前必须停3s以上,于是可以看到大家都会规规矩矩在停车标志前倒数3s,即便是在前面空荡荡没有车或人的时候。这些规则,在长久的使用中,会和红绿灯规则一样,成为社区、地区甚至全国性的文化,成为用路人下意识去遵守的规则,也在整体上降低了社会运转成本和个体驾驶任务难度,提高道路安全。还有一些规则是基于人的自然认知,例如左转车要先靠道路左侧然后左转,右转车要先靠道路右侧然后右转,逐步成为社会共识。

只有符合常识和逻辑的交通规则,才有可能逐步成为交通安全文化。而一旦成为大家共识的文化之后,让用路人遵从就会变得轻而易举,降低社会运转成本。虽然这些规则仍然需要用路人思考,但所费的时间或思考甚少,如遇到红灯一脚制动停车,几乎已经成为每个人的下意识反应。但一些地方经常为了创新,推出与常识冲突的"规则",令人心生犹豫且难以遵守,即便多次路过,仍会心生狐疑。导致普遍性的犯错。这些颠覆常识的"规则",会让用路人怀疑规则的可靠性、确定性,波及其他的交通安全共识,使交通安全文化整体出现危机。因此,把左转车道放在道路右边、公交车道有时禁止有时不禁止社会车辆通行等破坏规则的做法,其安全风险远大于创新带来的好处。

因此,提升交通安全文化的前提,是规则的一致性。一致性有3层含义:一要让交通规则与人们认知的常识和逻辑一致;二要让交通规则虽有时间、地点的不同,但交通规则一致;三要让交通规则对所有人的一致,不因社会地位、财富多寡而不同。只有规则一致,只有法治,才能酝酿出映入人心的交通安全文化,文化就是人心所向。

三、如何实现交通安全文化的普及

虽然口号、标语朗朗上口,容易记忆,可以很快地传播一些交通安全知识、规则,成为社会文化的一部分。但是,如果缺乏科学支撑和严谨的设计,经常会造成一些误导。譬如,宣传"斑马线就是安全线"的口号,无疑会让老百姓以为斑马线具有神奇的力量。事实上,斑马线本身并没有神奇力量,是车与人都遵守规则才会带来安全。又例如类似"车让人、人让车"的口号,容易让大家将路权理解成个人素质和道德修养,停、让都是基于规则的行为选择。单纯靠道德、礼貌并不能促进安全,规则和法治才是保证安全的基础。

交通安全文化影响了用路人行为,也影响了与交通安全相关的人员、机构的价值评判方式。同时,交通安全文化也受到我们所属群体如家庭、同学、朋友、公司、管理机构、社区等社会环境的影响。虽然可以借助口号、标语来传播交通安全文化的一些简单概念,但在实际工作中,仍然需要以科学、实事求是和可定量化的方法来帮助大家树立起交通安全文化,而非依赖口号,更不应将文化等同于道德、素质。

交通安全文化的普及,内容和范围要根据具体情况而定,譬如在学校、公司单位、社区等，都有自身范围所要求的文化特点。普及的方法也多样，可以是宣传材料，也可以是工程、执法等方法。

1. 用工程来推动交通安全文化普及

以社区为例，交通安全的最大威胁是乱停车、人车混行、车辆速度过快和外部车辆借道通行，因这些原因造成的事故如小区内车辆与玩耍的儿童相撞，或者车辆速度过快撞到散步的居民经常会在地方新闻里看到。虽然大多数驾驶人希望能够"小心谨慎"地开车，许多社区也通常会设置5km/h、10km/h的限速标志，但在实际生活中，驾驶人、居民、家长并不会如自己认为的那样"小心谨慎"，大部分驾驶人也难以做到5km/h、10km/h的限速。

因此，"小心谨慎"的共识虽然需要在社区里遵守，但不会是靠竖块5km/h、10km/h限速标志来解决，更不会仅仅通过依赖个人道德、素质提升来解决。社区里的交通事故，通常与场所混用、超速两个因素有关。"零愿景"的交通安全文化会鼓励人们追问，类似的交通事故是居民不小心，还是驾驶人不小心，为什么会不小心呢？

场所的混用，通常会导致人车混行。居民的习惯和儿童的天性，做不到立即分清何时危险、何处危险；而在现实生活中，显然驾驶人也无法做到在小区里停车、起步或者通行的过程中立即发现周边所有风险并避让。这些"做不到"是因为场所混用导致的。仅靠居民或驾驶人个人去解决混用风险，无疑是缘木求鱼。因此，制定社区场所分离规则，在时间或空间上分离，用颜色、文字、标识明显地提醒使用人，才有可能让他们轻易地分清危险区域和安全区域，并依据规则形成习惯。应对社区里的超速行为也是如此。5km/h限速规定驾驶人是否能做到？要用什么方法才能让速度降下来？这些才是交通安全文化背后要思考的问题，支撑文化的基础是采用符合科学的方法。交通安全文化在社区的体现和传播，是场所分离，是限速的物理措施强制，而非停留在"小心谨慎"的口号上。图4展示了一些引导和迫使驾驶人降低车速的方法，因为中低速情况下，限速标志很难有效地让驾驶人将车速降低到30km/h以下行驶，需采用各种道路上的改造，增加物理措施。

在社区里，交通安全文化普及通常会依赖工程措施来实现，譬如强制缩窄车道后的不得不减速，或者地面铺装颜色不同和车辆无法进入的健身场所等，社区里，"小心谨慎"不是口号，而是具体的工程措施。因此，工程措施，是推动交通安全文化普及的具体手段。

2. 用执法来促进交通安全文化普及

有许多行为对交通安全具有危害性，不系安全带、超速、酒后驾驶这3种严重影响交通安全的危险行为，是驾驶人有意而为的行为，体现了驾驶人交通安全文化的淡薄。而物流运输和外卖的限时送达造成的超速等违法，并不完全是驾驶人和骑手个人的独立自由选择，而是体现了经济组织整体的交通安全文化淡薄。这些问题需要通过立法、执法层面合理地干预并坚持，才能逐步让相应的交通安全文化在家庭、社区、经济组织、城市里生根。

在用路人个体层面，交通安全文化在行为上的表现，主要集中在出行前和途中。出行前对自我状态的判断、对路径的选择，都会有交通安全文化的影响，譬如喝过酒了叫代驾，困了就休息一下再出发，这些是正面的影响；途中的交通安全文化影响，也多体现在有意识的决策和选择上，譬如突然变道，狂按喇叭或者超速，这些危险行为看上去发生突然，却也有个人交通安全文化淡薄造成当事人做出不良决策的原因。

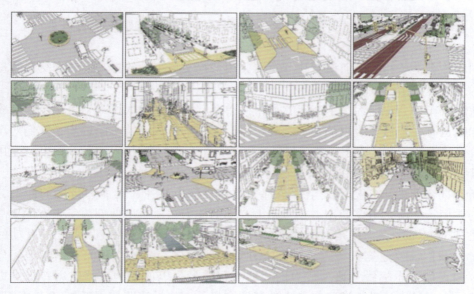

图4　增加物理措施，引导和迫使驾驶人降低车速（图片来源：NACTO 全球街道设计指南）

除了个人选择以外，外卖公司对外卖骑手送货的限时考核，物流货主要求货车驾驶人准时送达，这些经济运转的实时要求，迫使当事人忽视交通安全的需求。外卖骑手在机动车道上快速行驶、非机动车道上逆行、闯红灯等这些违法行为，背后有限时考核的需求。即便没有书面规则，但快速送达带来的褒奖会使外卖骑手、货车驾驶人认同准时会更重要，频频在路上做出不良决策。当前社会的零工经济，其经济结构设计的责权利刻意分离，使交通安全文化难以在这类群体所在工作环境里得到有效传播，当事人在经济压力下不能做出符合交通安全需求的选择，因此，应当在立法和执法层面上关联其受益者和他们的安全责任，从经济组织系统层面上形成法律制约，建立起安全的工作环境，才能传播交通安全文化。

许多交通违法行为，仅依赖交通安全文化的宣讲经常会敌不过朋友、同学的劝说，或者抵不住经济利益的诱惑，以至于宣讲没有效果。这些交通安全文化的无效，是方法的无效，并非当事人不能认同文化的具体内容。这些危害交通安全的行为，需要用法律的力量去改变，或对个人或对经济组织，并且需要长期支持，当执法力度减弱时，不安全行为和环境可能会卷土重来。

作为影响用路人行为意图的交通安全文化，整体来看是融入在交通安全领域工程、教育、法治里的思想，也是用科学的方法来调查、评估、决策的评判体系。因此，对有意而为的行为，对其意图，只有实事求是地调查其成因，并针对性地提出对策，才是交通安全文化的正确提升方法。

扫一扫查看原文

从交通管理的技术意识角度探讨"礼让"

官 阳 3M交通安全系统部首席交通安全教育与政策联络官

到底什么是"礼"、何谓"让"？本文用"咬文嚼字"的方式，结合交通管理和控制技术来讲解"礼"和"让"。

我国汽车社会化已经历了20年，如果简单总结，就是投入巨大、进步巨大、收获巨大，同时也有一些需要吸取的教训。随着科学发现的深入和技术的进步，我们对出行提速的价值认识和安全认识越来越深刻，这也是为什么我们在10年前建立了122"全国交通安全日"，2021年正好是10周年。

随着社会化的出行提速，全社会都面临着要适应高速运动能力带来的冲击，这种冲击的典型特征就是道路使用者在道路上互动的能力与质量遭遇到前所未有的挑战，而这种挑战的起因之一，就是人的能力的局限性。为了提高道路使用者之间互动的效率和质量，我们需要建立人与人之间互动和谈判的秩序，为此，我们在不断地优化交通规则、改善以标志标线为典型代表的交通工程质量，以便能为道路使用者提供更清晰准确的行为引导、运动轨迹和操作点的参照和提示，告诉道路使用者如何使用道路，如何与其他道路使用者互动和谈判，以尽力降低个人判断、人车谈判和处置风险的负荷，减少对人的能力挑战。从这个角度看，我们是在为使用道路出行构建起一套社会契约体系。

为了能让这些规则知晓于天下，我们才有了全民交通安全素质教育的提法，希望全体国民都能守规则和知礼懂让。从技术角度讲，这个素质教育过程实际上是从精英意识到公众意识的教化过程，所谓教于上、化于下，要有好的大众教化效果，专业层的认识首先需要正确。因此，本文探讨的两个重点话题就是：到底什么是"礼"、何谓"让"。

一、"让"乃交通流控制技术之"让"

1. 使"让"的行为有据可循是交通控制的任务

对于交通流的管理与控制而言，其实本质上是管好两个动作：动和停，在停和动之间还有一个动作状态就是"让"，动和停都是绝对的，"让"则是相对的，因为"让"夹杂了人的主观能动性和差异性，其状态的存在是考虑到交通流的流动需求和特征，如何使"让"的行为有据可循也是交通控制的任务。

具体来讲，这里面的逻辑是：动，代表了起动、前进、倒退，需要控制的实际上是围绕着操作点进行的速度和超越决策；停则是在什么情况下和什么操作点要先看到再减速再停住（这也是停车视距的由来）；让什么时候发生呢？在意识到可能有危险时，运动中的人会下意识减速，这时如果有足够的空间凭借放慢速度就可以避开风险，人们就不会主动停下，因为借助动力的惯性可以在减速后更容易再提高速度。无论是行人、非机动车还是机动车，只要是道路使用者在运动，我们要控制的都是这些动作，而控制的依据就是规则。对规则的透彻理解则是"守规则"的第一基础和前提。

2. "让"和"停"是交通控制的重要手段，但意义不同

也正是因为这个原因，交通工程师应该对"停"这个字非常关注和考究，因为"停"是一种有时需要利用有时需要避免的交通状态，是控制的重要手段，清楚其技术界限非常重要。

举个例子：图1左侧的八角"停"标志，全世界都用来要求车辆停下，右侧的倒三角标志则是国际通行的"让"标志，为了提高道路使用者的认知，很多地方还会增设标志下面的辅助说明标志。如果我们对交通流控制的层次和力度的理解不到位，就很难准确理解这里面的专业差别和错误所在。实际上从交通控制的内容讲，"停车让行"的文字表达含义是错的。"停"标志的意思是要求车辆停下，不管有没有人或者车要经过，都必须在标志前面（大都配有停止线）的位置停下来，这和红色信号灯亮起是一个意思，不存在"让"的状态和条件，只存在"停"的必须，即使没车没人需要让，也要停一下。执法时，如果在这个标志前不停住再走，其性质和闯红灯是一样的，这也是目前世界上最低成本的交通控制措施之一。而"让"标志是在遇到有预期的路权冲突或危险时，也就是有互动双方的时候，让对方先行，自己不一定要停下，而只要"让"就行了，也就是说，在没有对象可让的时候，这块标志的任务只是要求驾驶人注意观察和准备避让，并不需要停下再走。

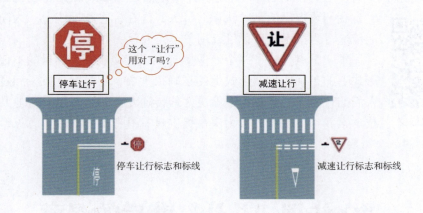

图1 "停车让行"标志和标线、"减速让行"标志和标线

从交通控制的力度来说，"停"和"让"的力度是不同的。如果我们没有准确的技术概念和交通流控制层次的意识，很难用好这两个措施，公众自然更无所适从了。因为当公众理解"停车让行"时，接下来的惯性思维顺序就是既然没有人需要"让"，为什么还要"停"？事实上，使用"停"标志的地方，一般是流量比较大或者视距不足的地方，使车完全停住观察清楚后，再动的操作可以明显改善安全通行条件。

二、"礼"乃规则之"礼"

1. "礼让斑马线"的背后还是按规则通行

礼让斑马线已提倡多年,但是还是有很多人不肯让,除了一些驾驶人确实缺乏安全意识外,这里面有些重要的交通控制设施设置的基本原则被忽视了,这个基本原则就是传递的交通控制信息要清晰准确,要考虑信息受众的遵从度。"礼让"的说法在语气与内容上淡化了法律的力度,并没有强势要求遵守的示意。为什么这么说呢?这要从"礼"的起源说一说:"礼"本源于祭祀,进一步演变成一系列重要场合的礼仪活动,即所谓典礼,也就是在重大场合上人们的行为规范。后来随着现代汉语的发展,"礼"字已经慢慢失去了以往崇高的地位,礼尚往来、请客送礼、讲礼貌等等,绝大部分人开始更关注社会公认行为规则意识下的形式部分和物质内容,慢慢地忽视了权利和义务部分,因为权利和义务部分的内容已经让给了另一个词——"法"。所以,当说到"礼该如此"时,往往会让人认为这是指形式和面子上的,不如此也没事儿。也正是从这里开始,"礼让"的"礼"字弱化了路权分配原则中法规级别的强势和力度。从向道路使用者"传递的交通控制信息要清晰准确,要考虑信息受众的遵从度"方面考虑,"礼让"和"法让"的分量就可以感觉到明显的差异。

2. "让"具有法律赋予的强制性

事实上,我们需要全体道路使用者都知道是法律赋予了"让"指令对交通参与者的行为约束力,交通控制中的"让"是"法让"不是"礼让"。车辆必须让斑马线内的行人先通过,转弯车辆必须要让直行车辆先通过,路口有"让"标志的方向上,车辆必须要避让其他方向的车辆,这些都是法律规定,并不是面子和形式。提高教化的力度和效率,我们要提倡的是"法让"行人,而在标志和标线上,为简洁和清晰地传递行为指示信息,可以用"车让人"。

本文重点探讨了两个专业概念,"咬文嚼字"的目的不仅仅是为了形式上的正确(虽然形式上的正确很重要,它是视觉质量问题,会影响人们的行为)。也是为了能更好地传递专业知识,提升行业乃至国民的技术素养与文明素养,为决策提供具有参考价值的专业意见,这也是交通文明建设的一个重要部分。

扫一扫查看原文

"守法规知礼让"背后的深意

丁立民　中国人民公安大学交通管理学院副教授

自从2012年国务院批复公安部《关于将12月2日设立为全国交通安全日的请示》以来,"全国交通安全日"已经成为国家大力倡导安全文明出行,提升全民交通法治意识、安全意识和公德意识的特别主题日。实践证明,"全国交通安全日"的设立,助推了全国各地完善"党委领导、政府负责、社会协同、公众参与、法治保障"的交通安全社会治理体系，对于确保道路交通有序、安全、畅通，增强交通参与者的获得感和幸福感，推动社会文明进步和建设更高水平的平安中国产生了积极而深远的影响。

众所周知，每年的全国交通安全日都有一个鲜明的主题，如2012年的"遵守交通信号，安全文明出行"，2013年的"摒弃交通陋习，安全文明出行"，2020年的"知危险会避险，安全文明出行"。2021年12月2日，是第10个"全国交通安全日"，主题为"守法规知礼让，安全文明出行"。那么"守法规知礼让"又有何深意呢？

一、守法规

《说文解字》对"守"的解释为："守官也。从宀从寸。寺府之事者。从寸。寸，法度也"。寺府就是官府，守字的本义是官吏掌管法度。今年主题里单一个"守"字，就表达了"交通参与者实质上是交通法律法规的掌管者"的内涵，即《中华人民共和国道路交通安全法》是广大交通参与者自己的法律规范，是保障交通参与者的人身财产安全与合法权益的有力武器，交通参与者自觉守法，自觉依法参与道路交通活动是理所当然的。

1. "守法规"的五层含义

广义的"守法规"蕴含了"尊法""知法""懂法""守法"和"用法"五层含义：

"尊法"是指尊重道路交通安全法律的基本价值从而表现为一种内心的崇尚、敬畏与坚守。中共十八届四中全会首次提出了要"使尊法守法成为全体人民共同追求和自觉行动"。法国思想家卢梭曾经说过："一切法律中最重要的法律，既不是刻在大理石上，也不是刻在铜表上，而是铭刻在公民的内心里"。思想是本、行动是形，本正则形立。只有在思想上树立尊法的意识，使法律成为信仰，才能在行动中践行法律的要求，才能使"守法"成为一种主动（我要）而非被动（要我）的遵守。正所谓"法律必须被信仰，否则将形同虚设"。

"知法"是指通过学法而知晓、了解道路交通安全相关法律法规及其内容，明晰自己在道路交通过程中的权利，例如交通参与者应当明确自己的路权，即上路权、通行权、优先权和占用权。同时还要知晓其必须承担的义务，诸如车辆靠右行驶、各行其道、让行、注意、遵守交通安全法律法规以及确保安全等。

"懂法"是指不仅要深刻理解道路交通安全相关法律法规的内容、原则和意义，还要懂得守法与己、对家、与人、对社会的利益价值。

"守法"是指严格依照道路交通安全相关法律法规享有权利的同时依法履行自己应尽的义务。"守法"就是要厉行守法的积极性和主动性，营造守法光荣、违法可耻的社会氛围，并成为道路交通安全法律法规的忠实崇尚者、自觉遵守者和坚定捍卫者。因此，交通参与者的"守法"既是道路交通安全法律法规的作用得以实现的主要途径，更是道路交通安全依法治理的基础。

"用法"是指充分尊重他人的合法权利和自由，自觉运用法律评价交通出行活动，依据法律规范自己的交通行为，积极寻求解决道路交通纠纷、争议的法律途径，维护自己的合法权益，主动抵制违反法规和破坏交通安全秩序的行为。例如：依据道路交通安全法律法规判断自己或者他人的交通行为是否规范，是对或是错，这就是"用法"；严格遵守交通规则出行是"用法"；人们通过"随手拍"平台举报道路交通安全违法行为，对公安机关交通管理部门的行政处罚有异议而依法申请行政复议或提起行政诉讼，也是"用法"。

从"守法规"的五层含义中我们不难看出，"尊法"树威，"知法"立信，"懂法"明理，"守法"尚诚，"用法"崇德。"尊法"是关键，"知法"是基础，"懂法"是保障。因此要真正做到"守法规"，必须在"尊法""知法"和"懂法"上下功夫，正所谓知行合一。

2. "守法规"是安全的保险栓

许多交通参与者把交通安全法律法规看作是一种约束和枷锁，让自己的出行"不便"，甚至认为即便是违反了也不一定就会引发交通事故，没什么大不了的。而实际上，交通安全法律法规是道路上每一个人生命安全的最大保障，它存在的意义不仅仅是为了约束，还是作为交通参与者的出行规范，可以有效减少交通冲突，改善交通秩序，降低交通风险，保障出行安全。从这个意义上来讲，交通安全法律法规相当于交通安全的保险栓，实施交通安全违法行为即是开启了保险栓，此时若稍有不慎便会"擦枪走火"、伤及无辜并有可能酿成人间惨剧。统计表明，驾驶时未按规定让行、分心驾驶、酒后驾驶、违反限速规定以及违反交通信号等违法行为是引发交通事故的重要成因。因此，唯有"守法规"，才能让行车安全的保险栓永远关闭。

古人云："国无常强，无常弱。奉法者强，则国强；奉法者弱，则国弱"。习近平总书记也指出：法治兴则国家兴，法治衰则国家乱[1]。只有广大交通参与者做到"守法规"，使法治精神、法治意识、法治观念深入人心，才能打造人人有责、人人尽责、人人享有的交通安全社会治理共同体。这也正体现了今年全国交通安全日主题"守法规"之本意。

二、知礼让

"礼让"在《国语辞典》中的解释是"守礼而不争夺"。六尺巷、孔融让梨等典故告诉我们，中国是一个崇尚谦恭礼让的文明礼仪之邦。"谦"是于己而言，"恭"是对人而言，是指发自内心地尊重他人，"礼让"则是谦恭的外在表现。正所谓："谦者自恭人，恭人者自谦"。孔子云：礼节民心，让则不争。在国人看来，正是由于"礼"为冰冷严肃的法条赋予了温度，才使"礼让"体现了一个人的道德修养，同时也成为人与人和谐关系的润滑剂以及调节社会关系的重要手段。"礼"代表了中国传统文化的核心思想，礼让文化的基因早已深深植根在每一个中华儿女的心中。中共中央、国务院印发的《交通强国建设纲要》明确提出要积极推进优秀交通文化传承创新。"礼让"作为社会主义核心价值观中友善的具体体现，能引导交通参与者树立正确的"守法规"价值

---

[1] 引用自《人民日报》（2021年11月17日05版）。

观,构建和谐共治的道路交通安全社会体系。

在日常的交通出行中,"礼让"不仅指机动车礼让行人,而且体现在机动车与机动车、非机动车与非机动车、行人与行人、机动车与非机动车以及非机动车与行人之间的相互依法礼让。礼让不仅仅是法律法规的要求,更是交通参与者"尊法""知法""懂法""守法"和"用法"的具体体现;既是对自己交通安全义务的履行,更彰显了对其他交通参与者的交通权利的保障和尊重。

1. 知礼让,就是要知敬畏

人的生命权、健康权至高无上。生命权是公民作为人的存在、作为权利主权的前提条件,健康权是公民维护其身体健康即生理机能正常运行的保障。《中华人民共和国民法典》第一千零二条和第一千零四条明确规定:自然人享有生命权和健康权。自然人的生命安全、生命尊严和身心健康受法律保护。任何组织或者个人不得侵害他人的生命权和健康权。交通参与者之间彼此的礼让就是践行对生命的敬畏,对人的生命权和健康权的尊重,这是每一个交通参与者应当具备的基本认知。曾经在各大社交平台刷屏,被广大网友定义为2020年开车必备技能的"45°让路法"就是一个很好的例证,它不仅体现出礼让对生命的敬畏和尊重,还让全社会都感受到了礼让的温馨与力量。

2. 知礼让,就是要知路权

近年来的统计表明,机动车不按规定让行的交通安全违法行为已经成为引发伤亡事故的第一原因。我们知道,不按规定让行实际上是侵犯了相对方的优先权。所谓优先权是指交通参与者依据道路交通法规的规定所享有的优先使用道路的权利。先与后是时间概念,因此优先权又称时间路权,多用在车辆与车辆、车辆与行人发生交叉时冲突,由法规规定谁先谁后。例如:行人在人行横道上享有优先权,车辆必须停车让行。礼让是路权分配的基本原则,是道路交通安全立法传递的价值导向,也是城市交通发展的题中之义。车辆和行人都是拥有路权的主体,享有通行的权利,也意味着都要尽礼让的义务。礼让并不意味着任何一方权利的缺位,而是通过对路权归属的界定,涵养权责明晰的马路文明。

3. 知礼让,就是要知责任

作为交通参与者而言,责任就是做应该做的交通行为。例如:遇车辆并线或超车时主动减速让行;遇行人过街时提前减速,停车让行;乘坐公共交通时主动礼让老弱病残孕乘客。责任还体现在不做不应该做的交通行为。例如,在没有优先权的情况下不与其他车辆和行人争抢;让行时不给其他车辆和行人施加压力或做出不友善的举动;行人不在机动车临近时强行横穿马路;非机动车不并行、行人并行不超过两人以免阻碍后面车辆和行人的正常通行;乘坐机动车开关车门时不妨碍其他车辆和行人通行。有句话说得好——"好驾驶人是在开五辆车",这里所谓的好驾驶人即是有责任感的驾驶人,因为好驾驶人知道,遵守法规并关照好路上的其他交通参与者是他的责任。由此可见,责任体现了一个人的心智、格局和胸怀,更体现了其对待人生和生命的态度。希望每一位交通参与者都具有这样的责任意识,那就是对自己、他人和道路交通秩序以及道路交通安全所负责任的认识、情感和信念,以及遵守法规、承担责任和履行义务的自觉态度。

4. 知礼让，就是要知共情

礼让不仅是一种交通规则，也体现了交通参与者之间的一种社会互动关系。交通参与者通常多是素不相识的陌生人，而对待陌生人的态度正是社会文明的一面镜子。尽管未曾谋面，大家却在共用着同一条马路，任何一方的角色扮演，都会直接影响到另一方的出行品质和交通体验。就此而言，交通参与者之间构成了出行共同体。当双方猜忌、排斥和对立时，就会互害；而当双方信任、友善和合作时，就会互利。况且，交通参与者之间的角色也不是固定不变的，你今天坐在驾驶位上，明天可能就是骑车人或行人，不妨换位思考，将心比心，想想其他交通参与者的感受，避免因汽车所带来的权力感和自恋感而丧失共情心。古人云：礼尚往来。往而不来，非礼也；来而不往，亦非礼也。当对方礼让时，一个灯语、一声鸣笛、一个伸手示意、一个向上竖起大拇指、一句敬人的话语和一个会心的微笑，会让相互关系发生微妙的变化，猜疑和敌意瞬间化解，一次愉快的让行给彼此带来了一天的好心情，这正是我们都希望看到的马路上的和谐场景。

礼让是一种修养，一种境界，一种传承，一种美德，更是一种应当。礼让行人，可以让出一份文明、一份和谐、一份畅通、一份安全和一份幸福。正如孟子所云：君子之于仁存心，以礼存心，仁者爱人，有礼者敬人。爱人者，人恒爱之；敬人者，人恒敬之。

"守法规""知礼让"，既是法律规定，也是道德要求。习近平总书记指出："法律是成文的道德，道德是内心的法律❶。"法律是准绳，任何时候都必须遵循；道德是基石，任何时候都不可忽视。在法律的约束下保障社会稳定、人身安全，在道德的警钟下保障社会和谐和人心融洽，道德和法治相辅相成，社会才能长治久安。守法规知礼让，护航安全文明出行，2021年全国交通安全日描绘了最美好的愿景、提出了最殷切的期望，那就是法与礼的交相辉映，那就是马路上人车和谐的最美乐章。

扫一扫查看原文

"守法规知礼让"需要良好的交通环境支撑

梁康之　美国资深交通工程师

如何教育和引导用路人安全文明出行，是交通管理和道路交通工程等领域一直在努力的方向。用路人遵循交通规则、尊重道路和控制设施的前提是规则与设施的科学合理，我们要为用路人提供良好的道路设施，文明的驾驶环境和可靠、反映真实路况的交通控制设施。本文由资深交通工程师讲述职业生涯中亲历的3个真实故事，让我们以第一视角感受交通工程师眼中的"守法规知礼让、安全文明出行"。

---

❶ 引用自《人民日报》（2022年2月19日02版）。

一、提供符合交通工程的道路环境是用路人守法规的前提

多年前,在马里兰州公路管理局开始了我交通工程师的工作。没多久就接手了职业生涯中第一件信号灯的项目,调查是否要在一个交叉口设置信号灯控制。按调查程序和要求,首先搜集交叉口12h车辆转弯流量、过街行人和非机动车数量、3年的交通事故记录、接近交叉口的车辆运行速度、现场观察高峰和平峰时段的车辆运行状况等。然后是分析数据、计算对比设置信号灯9项条件是否满足。进一步分析,是否在设置信号灯控制后能够改进安全和提高效率。最后是写报告,提出建议安装信号灯。主任工程师,也是我职业生涯的第一个师傅说我太幸运了,参加工作后第一个信号灯的调查结果就满足安装条件。而多数的调查结果则是达不到安装信号灯的要求条件。

按规定,在提交信号灯调查报告,交给设计团队时,要有一份根据信号灯控制的交叉口改造建议图。改造建议要根据交叉口的现状、预计信号灯控制后的车辆运行和排队等待绿灯、各车道使用等,对交叉口作重新设计。当时还没有电脑制图,要用制图工具按实际的比例画出交叉口各方向的左转、直行和右转车道,在比例图上表示出车道的位置、长度、过渡段等标线和相应的标志。交稿时,师傅审查各项数据、现场实地体验和修改报告,仔细查看图纸上建议的车道使用、车道位置、过渡连接,还蹲在桌子边上,在图纸上标注一样高的平面从各车道的行驶方向向前看。师傅解释说,这样是能够从驾驶人的角度,在车道里看前方是否连接顺畅、车道在跨过交叉口后是否是顺直连接。

我们希望每一位驾驶人都能守法规,作为交通工程师就要为驾驶人提供符合交通工程的道路环境。如果一条道路上的车道是顺畅的,符合过渡通行连接的要求,并且合理安排车道使用,在接近交叉口时不需要频繁地变换车道,通过交叉口后能平顺地进入下一段的行车道,就能够很大程度上减少驾驶人的违法行为,降低驾驶人的工作负担,这样不但提高了道路交通的安全性,也增加了驾驶人文明出行的概率。

二、文明的道路才能引导用路人文明出行

在刚刚开始试行闯红灯和超速的摄像执法时,由于政策和财政预算限制,在我们的责任区域内只选择了几个实验点安装。但很多居民都要求在他们居住的附近街道上安装这样的设施,希望能降低车速,减少闯红灯和超速的车辆。在一个社区信息会上,一位居民提问说,如果短期内还不能在我们要求的地点安装测速和闯红灯的摄像执法设备,是否能安装和摄像执法设备外形一样的盒子,这样可以起到威慑作用,让超速和闯红灯的人见到这些空盒子时也能减速,或不闯红灯。

我的第二任师傅(马里兰州公路管理局规定,新工程师在完成第一年的工作后,必须到相同级别和专业的另一区域办公室任职),另一位主任交通工程师回答了这位居民的要求。他说,"感谢您关心我们社区的交通安全,并提出这样好的建议。公路管理局是州政府的一级机构,我们的工作是不断地改善交通安全,并保障道路的畅通。道路上的任何交通控制设施都是根据联邦公路局和州公路管理局的规范和指南,经过工程师的调查和分析判断,做出决定是否设置相关的控制设施。任何设施都应该是真实地反映道

路状况和车辆运行需求，只有这样的控制设施，用路人才能尊重和遵守，才能认真遵循道路控制的指令、警告和引导。一旦用路人发现我们的设施没有反映道路实际状况和车辆运行实际要求，用路人将有可能不再尊重和遵守交通控制设施。虽然摄像执法不属于交通控制设施，是执法设施。但和控制设施一样，一旦用路人发现盒子内没有相应的设施，有可能再次看到类似的设施时不再遵守规则。"他最后说，"公路管理局不能欺骗居民"。

我们如何敦促和善诱民众文明出行，引导用路人自觉地执行道路上的控制设施，按规则行驶？首先我们的道路设施和交通控制设施要遵从道路工程和交通工程的基本原理。驾驶人在行驶的过程中，通过感受周围环境，观察到前方道路状况和控制设施的信息，才可以合理操纵车辆行驶。文明的道路设计和控制设施才能带来用路人的文明行走和操控车辆。如果我们的道路设计不符合应有的物理环境状况，而控制设施也不能正确地告诉用路人可用的有效信息，我们就无法提供文明的道路，很难引导用路人文明出行。

三、道路设计适用性高，驾驶人才能更安全有效地使用道路

曾经有一个项目，投诉人说在US 15公路一段连接线上常有车辆在硬路肩上行驶，要求公路管理局采取措施。这是一件不常遇见的项目。

我们首先调取了近3年事故记录，并没有看到涉及在路肩行车或停车引起的交通事故。从现有日均交通流量看，在高峰时段的流量是能够畅通行驶的，没有超过通行能力。车辆在路肩行驶的原因是在现场观察后分析得出的。在现场确实观察到少数车辆在由南向北驶入三角端部位后进入路肩行驶。但这些车辆在路肩宽度减小后又返回行车道。现场观察还注意到，虽然中央双黄线清晰可见，但与当时的地面颜色相比，晴朗的天气下反差相对减小。另外三角端之后的左侧路肩比行车道宽，远看似乎是2条车道（一般左侧路肩较窄）。分析道路和车辆运行状况，有可能是一些驾驶人在接近三角端时，由于在阳光照射下的路面标线不够清晰，误认为左侧的路肩是增加的车道。这些错误驶入路肩的车辆虽然没有造成行车交通事故，但是有潜在的安全隐患，可能会与正常在行车道高速行驶的车辆碰撞。我们采取了在接近三角端时增加中央双黄线的宽度，和在三角端内增加黄色斜线来警示左侧的路肩不是行车区域（图1）。改进后没有再观察到类似的行驶错误，也再没有收到同样的投诉。

图1　改进后的道路

我们引导民众"守法规知礼让，安全文明出行"，设计的适用性反映了驾驶人有能力安全有效地使用道路，与能力不兼容的设计会增加出现判断错误、碰撞或低效地操控车辆的情况。驾驶任务取决于驾驶人正确接收和使用信息。驾驶人在行驶过程中收到的信息会与他们已经拥有的信息进行比较，然后根据经验做出决定。在驾驶过程中，接收的信息按性能分为3个级别：操纵、引导、方向导航（图2）。操纵是操控转向盘和控制合理的行驶速度，认为是复杂驾驶任务中的最低端；引导是根据道路和交通状况，沿着行车道保持在安全路径上行驶，是处于驾驶任务的中间；方向导航是驾驶任务的最高端，即按照旅行计划和路线行走。

图2　驾驶过程接收的信息按性能分为3个级别

许多驾驶人出现错误的原因是：

①驾驶人可能没有意识到自己需要做出哪些特定的反应。

②驾驶环境可能导致任务超负荷或注意力不集中。

③有缺陷或不一致的道路设计或信息显示可能会导致判断不清楚。

驾驶人错误也可能是由于时间压力、决策复杂性或信息过载造成的。驾驶人的操纵和引导错误可能直接导致碰撞；方向导航的错误会导致延误、效率降低，可能间接导致交通事故。

我们督促和鼓励用路人知法、守法、文明，要"守法规知礼让、安全文明出行"，那就要求我们道路的建设者要比用路人先行一步，不仅要懂法，还要知道法律的运用和实施。我们提供了文明的道路和控制设施，用路人就能文明地使用道路；我们清晰、明确、简洁地为用路人提供了交通控制信息，用路人就可以轻松地做出正确的决策；我们设计的道路顺通流畅，就可以减少车辆在行驶过程中的相互冲突，即增加了"守法规知礼让"的可行性，也为"安全文明出行"做出了更多的保障。

扫一扫查看原文

斑马线及让行的变迁与启示

程金良　浙江省公安厅交警总队警务技术四级主任
　　　　上海同济大学道路交通安全与环境教育部工程研究中心特聘研究员

道路人行横道线，又称斑马线，一直以来是道路交通安全管理的重点部位，是城市道路交通管理中的难点和热点。新中国成立以来，斑马线的形态、通行规则几经修改完善，彰显着道路交通活动中行人（非机动车）与机动车和谐共生的点滴进步。进入

21世纪前后，以1999年沈阳率先出台的"撞了白撞"规定，2009年杭州大学生"5.7"飙车肇事案为标志的行人过街安全问题，一度成为社会关注焦点。尤其是"5.7"飙车案后，杭州率先发起其他城市效仿，开展了一场席卷全国、史无前例的斑马线"让行革命"，其中包括斑马线样式及配套工程改造，管理政策强化等方面，将斑马线安全管理推向了全新的高度。本文通过梳理斑马线及其管理规则的变迁，厘清一条主线，即不断改进机动车与行人路权分配规则，以路权的赋予体现对人的健康权、生命权的尊重，并进一步思考在高度关注斑马线安全的今天，我们还能做什么，如何深化演绎斑马线上的安全革命。

一、斑马线的技术标准变迁

关于斑马线全国统一的行业标准，最早应该是交通部于1982年8月12日公布的《公路标志及路面标线标准》（JTJ 072—82）；相关国家标准，最早的是1986年《道路交通标志和标线》（GB5768），经历了1999年修订版、2009年~2018年修订版，目前在用的《道路交通标志和标线 第三部分：标线》（GB 5768.3）为2009年修订版（以下分别简称为JTJ 072—82、GB 5768—86、GB 5768—1999、GB 5768.3—2009）。纵观标准的发展历程，对斑马线的几何形状、应用情形、功能定位等不断完善、逐渐成熟。近年来，在标准基础之上，又不断涌现出大量创新型斑马线。纵观标准修订过程、细数这些形态万千的创新斑马线，无不强烈体现着对保障行人、非机动车过街安全与提高道路通行效率的重视。

1. 斑马线的几何形状变迁

斑马线的条纹白实线由细趋宽、趋醒目。JTJ 072—82规定的斑马线条纹实线宽度为15~20cm，间距为1m，GB 5768—86开始，条纹线宽度规定为40~45cm，间距60cm。

规定了斑马线与道路中心线的夹角。一方面，有利于以固定参数的方式进一步明确全国统一的形制；另一方面，规定的内容符合行人"最短路径"过街，便于行人快速通过，也有利于驾驶人观察和及时对斑马线上动态情况作出合理判断。GB 5768.3—2009与GB 5768—1999、GB 5768—86比较，增加了"人行横道线一般与道路中心线垂直，特殊情况下，其与中心线夹角不宜小于60°（或大于120°），其条纹应与车道中心线平行"表述内容。

信号灯控制路口斑马线的施划方法更加合理。GB 5768—1999规定"信号灯控制路口的人行横道线，采用两条平行粗实线划出人行横道线的范围，可不画斑马线（图1）"，这种设计醒目、警示效果不佳，不利安全。GB 5768.3—2009不再区分信号灯控制与否，均使用白色平行粗实线。

增加了斑马线"Z"字设置法。

图1 信号灯控制路口人行横道施划方法

GB 5768.3—2009中4.9.5规定："在安全岛面积不能满足等候信号放行的行人停留需要、桥墩或其他构筑物遮挡驾驶人视线等情况下，人行横道线可错位设置"，前提是"路面宽度大于30m的道路"。但当前"Z"字斑马线的应用早已突破这一前提，在路面宽度大于或小于30m时，有视线遮挡或无视线遮挡的路段、路口，均得到广泛应用，因其有极大的事故预防作用。当行人在走"Z"字形过街线路时，进入道路另半幅路面之前必须有一个"面向来车"的过程，能清楚地观察到所要进入路面的来车情况，从而大大降低了事故的发生。

2. 斑马线功能强化

GB 5768.3—2009较GB 5768—1999、GB 5768—86增加了"……又警示机动车驾驶人注意行人及非机动车过街"内容，强调了斑马线的警示提示作用，丰富了斑马线作用的外延。

3. 明确了斑马线"应设"情形

GB 5768.3—2009中4.9.2规定："道路交叉口和行人横过道路较为集中的路段中无过街天桥、地下通道时，应施划人行横道线；学校、幼儿园、医院、养老院门前的道路没有行人过街设施的，应施划人行横道线"，与GB 5768—1999、GB 5768—86比较，属于新增内容，为老弱病残、幼儿学生等特殊群体过街提供了强制性保障。

4. 强化了"二次过街"保护

GB 5768—86、GB 5768—1999均对二次过街的安全岛设置要求作了规定："横穿道路的行人较多，路面宽度超过30m时，可在适当地点设置安全岛"，GB 5768.3—2009中4.9.5则规定："路面宽度大于30m的道路上，应在中央分隔带或对向行车道分界线处的人行横道上设置安全岛"，条文用词从"可"调整为"应"，取消了"横穿道路的行人较多"这一前提条件，体现了一定的强制性，强化对一个灯次无法通过全断面道路的行人，在道路中央驻足等候过程的安全保护。

5. 创新型斑马线

增加非机动车过街带（图2），将行人与非机动车进行分离，提高斑马线过街效率。

后撤机动车停止线，并在斑马线与停止线之间施划网状线（图3）。GB 5768.3—2009中5.5.4规定："设有人行横道线时，停止线应距人行横道100~300cm"。以杭州为例，部分停止线后退6~9m，单向三车道以上时停止线借位设置，属货运廊道的路段，停止线与斑马线之间还需设置网状线。后退停止线是为了让机动车提前停车，与人行横道保持更远的纵向距离，给冲出停止线的机动车更多的缓冲机会，避免机动车直接进入人行横道伤及行人；施划网状线是对确保车辆在停止线前停车的一种管理措施，在网状线区域停车的可以实施违法停车处罚。

图2 增加非机动车过街带

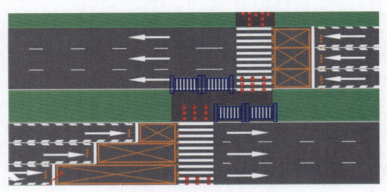

图3 后撤机动车停止线

在停止线前后施划"车让人"地面文字标记，提示驾驶人让行。

在斑马线起始端增设行人等候区域，一般以彩色地面+文字提示，加以隔离栏强制诱导，使欲过马路的行人、非机动车"集中出发"，规范"出发"，避免零散"乱跑"。

对斑马线线形改造，有立体线型斑马线，爱心、脸谱等图案构成的斑马线，彩绘斑马线等不一而足，还有在斑马线适当位置增加"向左看""向右看"等文字标记的，深圳试点推出宽度为3cm的细线条新型斑马线等。

在斑马线区域应用光电设施，给驾驶人更强的视觉刺激，以提高其注意力。

二、斑马线让行的立法变迁

1. 行人过街规定

新中国成立以来，全国性道路交通法律法规至少颁布过六部，分别有：1951年5月5日公安部颁布实施的《城市陆上交通管理暂行规则》（以下简称为《陆上规则》），1955年10月1日公安部颁布实施的《城市交通规则》（简称为《城市规则》），1960年8月27日交通部颁布的《公路交通规则》（简称为《公路规则》），1972年3月24日公安部、交通部联合颁布实施的《城市和公路交通管理规则（试行）》（简称为《道路规则》），1988年8月1日公安部颁布实施的《中华人民共和国道路交通管理条例》（简称为《条例》）和2004年5月1日全国人大颁布实施的《中华人民共和国道路交通安全法》（简称为《安全法》）及其下位法，国务院颁布的《中华人民共和国道路交通安全法实施条例》（简称《实施条例》）。纵观所有交通法律法规，对行人过街（马路）都作了规定，法律法规的变迁也体现了对行人过街的要求不断提高（表1）。一是几乎都强调了行人过街方式应当走人行横道，其中《陆上规则》强调要走"横断步道"，《安全法》及《实施条例》新增了"应当走过街设施"的规定；二是行人过街通行权规则逐步清晰，对行人过街的要求逐渐提高。如，通过有交通信号控制的人行横道时，距离现在最近的《安全法》《实施条例》都规定了应当遵守交通信号灯指示通行；通过没有交通信号控制的人行横道、路口或路段时，《陆上规则》《道路规则》规定了"（行人）应当注意避让来往车辆"，《公路规则》规定了"见有机动车驶来时，不得通过交叉路口或横穿公路"，《道路规则》《条例》规定了"严禁在机动车临近时横穿道路""须注意车辆、不准追逐猛跑"等规则,《安全法》及《实施条例》则规定了更高的要求——"确认安全后通过"。

2. 机动车让行规则

对机动车让行行人或非机动车的规则有着极大的变化,从《城市规则》《公路规则》的"非让车"、《道路规则》的"人车互让",到《条例》的机动车"有条件让行",再到《安全法》的机动车"绝对让行"(表1),彰显了我国社会主义法治的巨大进步和对人的生命权的日益尊重,《安全法》的实施更是实现了斑马线上机动车让行的革命性进步。

历次交通法规行人过街、机动车让行规定明细　　　　表1

序号	法规名称	实施日期	颁布机关	行人过街规定	机动车让行规定
1	《城市陆上交通管理暂行规则》	1951年5月5日	公安部	第六十一条：横穿马路须循横断步道通过,无横断步道地方,应注意避让车辆,禁止横断区域不得擅自通过	第四十条：电车行经交叉路口以及转弯处,或逢车马行人时,应在20m以外踏铃,如遇不及避让情况,应即用电闸停止
2	《城市交通规则》	1955年10月1日	公安部	第五十二条：行人必须遵守下列规定:(四)行人横过街道或通过交叉路口时,须在划定的人行横道线内通过	第二十条：在交叉路口各方同时来车时,必须遵守下列的规定:(一)非机动车让机动车先行
3	《公路交通规则》	1960年8月27日	交通部	第十四条：各种车辆让车的规定如下:(一)非机动车让机动车先行。第四十三条：行人必须遵守下列规定:(二)见有机动车驶来时,不得通过交叉路口或横穿公路	第二十一条：机动车行驶的速度,必须保证行车安全,在下列情况下,应当减低行车速度,每小时最高车速不准超过15km/h:(一)行经交叉路口或行人稠密的地点时
4	《城市和公路交通管理规则(试行)》	1972年3月24日	公安部/交通部	第二十三条：行人必须遵守下列规定:(二)横过街道、公路或交叉路口时,从人行横道线内通过,并且应当注意避让来往车辆;无人行横道线的道路,应当在无来往车辆时通过,严禁在机动车临近时横穿道路	第十条：车辆行驶的一般规定:(二)机动车在行驶中发现车辆、行人横过街道、公路时,要减速慢行,礼让行车
5	《中华人民共和国道路交通管理条例》	1988年8月1日	公安部	第六十三条：行人必须遵守下列规定：横过车行道,须走人行横道。通过有交通信号控制的人行横道,须遵守信号的规定；通过没有交通信号控制的人行横道,须注意车辆,不准追逐、猛跑	第四十一条：车辆行经人行横道,遇有交通信号放行人通过时,必须停车或减速让行；通过没有信号控制的人行横道时,须注意避让来往行人
6	《中华人民共和国道路交通安全法》	2004年5月1日	全国人大	第六十二条：行人通过路口或者横过道路,应当走人行横道或者过街设施；通过有交通信号灯的人行横道,应当按照交通信号灯指示通行；通过没有交通信号灯、人行横道的路口,或者在没有过街设施的路段横过道路时,应当在确认安全后通过	第四十四条：……通过没有交通信号灯、交通标志、交通标线或者交通警察指挥的交叉路口时,应当减速慢行,并让行人和优先通行的车辆先行。第四十七条规定：机动车经人行横道时,应当减速行驶；遇行人正在通过人行横道,应当停车让行
	《中华人民共和国道路交通安全法实施条例》		国务院	第七十五条：行人横过机动车道,应当从行人过街设施通过；没有行人过街设施的,应当从人行横道通过；没有人行横道的,应当观察来往车辆,确认安全后直行通过,不得在车辆临近时突然加速横穿或者中途倒退、折返	

三、交通事故中责任划分规则变迁

1. "撞了白撞"

曾几何时,在顶着巨大争议的背景下,"撞了白撞"首次以法规形式面世,在全国引起极大的轰动。1999年沈阳市率先出台了《行人与机动车道路交通事故处理办法》,规定行人横穿马路不走人行横道线与机动车发生交通事故的,如果机动车无违章,行人负全部责任。上海、深圳等十多个城市相继效仿,这表明了在当时历史条件下"撞了白撞"确实有其存在的土壤:一方面行人随意横穿马路的现象普遍,老百姓对其"深恶痛绝";另一方面集中反映了行人横穿马路与机动车通行权冲突的情况下,机动车对行人的让行规定"较为宽松"。

2. 对"弱者"保护力度日渐增强

1991年国务院发布第89号令《道路交通事故处理办法》第四十四条规定:"机动车与非机动车、行人发生交通事故,造成对方人员死亡或者重伤,机动车一方无过错的,应当分担对方10%的经济损失"。这是我国最早规定的机动车"无过错赔偿责任",也是保护行人、非机动车等"弱者"的首次具体体现。《安全法》第七十六条规定:"机动车与非机动车驾驶人、行人之间发生交通事故,非机动车驾驶人、行人没有过错的,由机动车一方承担赔偿责任;有证据证明非机动车驾驶人、行人有过错的,根据过错程度适当减轻机动车一方的赔偿责任"。这也是我国交通安全法律首次规定机动车的"超比例赔偿责任"。根据这一规定,在司法实践中以同等责任为例,机动车一方的赔偿责任最高可以承担至70%,进一步彰显了对"弱者"的保护力度。同时,"无过错赔偿责任""超比例赔偿责任"都在无形中体现了对机动车让行行人义务的要求提高。

四、思考与启示

1. "人行横道区域"及"未让行"的边界需进一步明确

公共安全行业标准《人行横道道路交通安全违法行为监测记录系统通用技术条件》(GA/T 1244—2015)明确:"机动车违反人行横道让行规定"是指机动车行经人行横道,车身任何部位没有进入人行横道区域,遇已进入人行横道且未闯红灯的行人即将通过机动车前方时,未停车让行的行为;"人行横道区域"包括人行横道以及人行横道与停止线(含)之间的区域。在道路使用实践中,大部分驾驶人认为,只要对行人实施了让行,不管车辆让行时停于斑马线区域的哪个位置都是可以的。其实这是一个误区,正是这样的错误认识才导致了一次次车辆与行人在斑马线区域的交通事故,也正因此,交警部门采取了前文所述的"车道停止线后撤"的做法,迫使车辆在进入斑马线区域前实施停车让行。至于"人行横道区域",笔者认为应该进一步扩充,如上文图2所示的非机动车过街带也应当包括在人行横道区域内,以解决它的法律地位问题。

2. 让行带来新问题的思考

交通信号控制情况下的让行,行人、机动车都还存在概念不清的问题。一是部分行人误认为机动车"礼让斑马线"是无条件的，也导致行人闯红灯情况较为普遍。笔者以为"礼让"一词表述有误导作用，网络词条中"礼让"之义为："守礼仪，懂得谦让"。交通法律法规条文中规定的"让行"是一个法律概念，本义应为"依法让行斑马线"，毕竟"法"与"礼"还是要区分开来，先确保"守法"，再谈"礼让"，很明显，当前还是处于"先确保守法"的阶段。二是机动车在绿灯状态下一概不管斑马线上是否有行人通过，认为机动车在绿灯状态下就是有绝对的通行权。《实施条例》规定："红灯亮时，禁止行人进入人行横道，但已经进入人行横道的可以继续通过"，可见，在机动车行驶方向亮启绿灯时，斑马线上很可能还有行人正在通过。上述两种情形其实为错误解读法律规定的两个极端，根本原因是信号控制情况下的让行规则概念不清。同样作为道路使用者，行人与机动车首先要遵守交通信号，"红灯停、绿灯行"对两者均同样适用；在现有通行规则下，机动车经过斑马线时的通行权不一定就是"独家"的，需要格外注意对同样具有通行权的行人的让行。

人车互动不足，道路通行能力下降问题。随着机动车让行措施的不断深化，机动车在斑马线前让行的习惯已逐渐养成，行人被让行也逐渐深入人心。然而，随着"他不敢不停车""他不敢不避让"等思想成为主流观点后，部分行人在斑马线上慢慢吞吞地享受着他的"绝对路权大餐"的同时，道路通行能力因让行严重下降，就如许多城市提倡的"车让人、人快走"要成为"风景"恐怕还有很长的路要走。笔者认为，应当尽快建立行人、非机动车过街状态评价机制；积极开展立法工作，明确行人过街使用手机等"不积极实施尽快过街"的行为为交通违法，进一步明确不文明过街行为的界限，用舆论推动"告别陋习"，以促使行人在斑马线区域与机动车的良性互动，提高道路的综合通行效率。

"让行"执行不平衡，行人盲信、机动车不习惯于让行问题突出。笔者发现，同样的让行规则，在不同的区域（比如城市繁华区与郊区）因路口交通量、执法威慑力度等原因，机动车让行的执行是不平衡的，繁华区域执行得好，郊区执行得不够好。习惯于在繁华区横穿斑马线的行人去到郊区，由于惯性思维，盲信机动车会让行，往往导致机动车未让行的交通事故发生；同样，习惯于在郊区行驶的机动车去到繁华区域，由于不习惯于斑马线前让行，导致在斑马线上交通事故频发。对这类问题的解决，在于加大执法覆盖与宣传力度，努力解决法律规定的执行短板，积极消除"地区差异"，人车都要做到敬畏斑马线。

自由右转车辆与直行行人的冲突问题。在当前通行规则下，自由右转机动车与右侧斑马线上直行的行人发生路权冲突的现场较为普遍，机动车在让行过程中还可能造成进口直行车辆受阻，机动车不让行，行人的"绝对通行权"受到侵害。笔者认为，在自由右转机动车和直行行人交通量较大时，应考虑设置方向指示信号灯以控制自由右转车辆，对人行横道信号灯采用绿灯"早启""早断"等错时方式，减少与右转机动车的冲突。

3. 进一步提高斑马线的辨识度

前文列举了大量关于斑马线创新做法，绝大部分是为了提高斑马线辨识度，但仅仅以地面标线的方式作用有限，尤其是夜间、雨天效果差，雨夜更差。通过光电的方式提高斑马线的辨识度，看似效果也不错，但是这些光电效果斑马线五花八门、杂乱无章，有长明灯光、爆闪光，有单色光、多色霓虹灯……一方面，长明灯带来光污染问题，从地面发出的光容易形成对驾驶人的眩光，不统一的光电标识也很难给斑马线打上统一的、高辨识度的标签；另一方面，过于炫酷的光电效果，给路口驾驶任务本来就重的驾驶人又增加了对道路交通信号认读难度。因此，笔者认为建立区域统一的斑马线光电标识的标准意义重大。

4. 优化交通信号灯配时

重点解决信号配时不合理、行人过街时间不足或过街等待时间过长等问题。对行人过街距离较长的信号灯路口，可设置行人二次过街信号灯；为解决前文提到的机动车绿灯时斑马线上还有未清空的行人问题，建议将人行横道灯的绿闪时间设置成大于行人安全过街所需的时间。对行人流量较少的路段斑马线，可采取行人请求式按钮信号控制，有效平衡行人过街和车辆通行需求；路口信号灯与近距离下游路段人行横道信号灯可设置为"子母灯"，减少机动车停车次数，提高道路通行能力。

扫一扫查看原文

随着"安全至上""生命至上"的理念不断深入每一名道路使用者的头脑，斑马线上的安全受到越来越高的关注度，作为道路使用者和一名道路交通安全管理者，积极建言献策、摸索践行斑马线成为"安全线""生命线"，责任重大，意义非凡。回顾历史而知得失，立足当下而知进退，展望未来以明方向，斑马线安全问题的探索与思考永远"在路上"！

我国老年人交通安全宣传教育现状及存在问题研究

高海燕　公安部道路交通安全研究中心

一、我国老年人交通安全概况

第七次全国人口普查数据显示，我国60岁及以上人口为26402万人，占总人口的18.70%，其中，65岁及以上人口为19064万人，占总人口的13.50%，接近14%的深度老龄化水平，辽宁等10个省市已经迈入中度老龄化阶段，人口老龄化程度进一步加深。

随着人们生活水平的提高和交通工具的多样化，老年人的出行方式更加多样，从传统的步行、骑自行车、乘坐公交车，到驾驶电动自行车、电动三四轮车、小型轿车等；交通出行场景也多样化，包括生活购物、接送儿童上下学、出游等。然而，随着年龄增加，老年人的生理机能衰退，观察、判断和反应能力下降，成为交通事故的高发群体,且一旦发生交通事故,受伤甚至致死的几率较高。此外,农村老年人进入城市后,对城市交通环境不熟悉、不适应,交通安全知识匮乏,交通安全意识淡薄,交通法规遵守性差,自我保护能力较差,使得老年人交通安全问题突出,交通事故造成的老年人伤亡呈上升趋势。"十三五"期间,老年人肇事事故、事故伤亡人数均呈上升趋势,同比"十二五"年均上升163.2%;老年人因交通事故年均死亡、受伤人数同比"十二五"年均分别上升62.5%和74.3%,交通事故中死亡的老年人在总死亡人数中的占比从2015年的25.77%增加到2019年的37.18%;受伤的老年人在总受伤人数中的占比从15.50%增加到23.44%(统计范围为61岁及以上老年人)。

二、老年人交通安全宣传教育模式

交通事故会给老年人自身带来伤害,给家庭带来沉重的经济负担和照护负担,在当今社会老龄化加速的现状下,预防和降低老年人交通事故伤害是一个亟须解决的社会性问题,为此,各地均在开展不同模式的交通安全宣传教育,具体包括:

1. 以交警为主体的进社区、进小区、进村镇宣教

针对老年人喜欢聚集的特点,交警走进社区、居民小区、公共广场、农村文化大礼堂、农村集市等老年人较为聚集的场所开展交通安全宣传教育活动,形式包括:播放交通安全宣传片,交通安全宣讲;摆放宣传展板,发放纸质宣传材料;发放交通安全文创产品如反光条、反光物品等。

例如,北京市昌平交通支队依托"一区一警"工作机制,深入回龙观地区开展交通安全专场宣传活动,针对老年群体出行特点,提示老年人不随意横穿马路,过马路走人行横道等行人过街设施;浙江省宁波市镇海交警大队走进公共广场、居民小区,用通俗易懂的语言讲解老年人驾驶电动自行车不佩戴安全头盔、乱停乱放、违法变道等行为的危害,发放《老年人安全出行篇》《电动自行车骑行人篇》等宣传资料;山西省临汾交警支队以辖区老年人典型交通事故案例为警示教育素材,制作警示宣传短片、案例展板等在辖区老年人事故多发地、老年大学等地进行巡展,并向老年人赠送反光腰包、反光背心等;广西柳州、百色、崇左、河池等地交警结合少数民族地区特点,在农村传统节日如"壮年""三月三歌节""吃新节""歌坡节""侬侗节"等开展交通安全宣传教育,特别是发挥壮族、瑶族、侗族山歌特色优势,将交通安全知识改编成山歌对唱等形式参与到传统节日当中,用当地通俗易懂的语言开展宣教。

2. 以社会力量为补充的协同宣教

随着共建共治共享社会治理格局的逐步完善,交通安全宣传教育也逐渐社会化,基层政府、文明办、教育部门、老龄协会、保险公司等社会力量参与到老年人交通安全宣传教育中,具体宣教模式包括:

1)以平安村社考核为抓手的精准化宣教

浙江省杭州、台州等市将交通安全宣传教育纳入政府平安村(社区)建设,建立了村社交通平安考核制度,考核内容包括交通安全宣教、头盔佩戴率、交治站运行率、隐患排治四大方面,具体考核由交警负责实施,促进村社落实交通安全主体责任。具体措施包括：一是由交警、各镇街（场站、平台）、各村（社区）联合建立三级文明交通宣讲员团队，以村社为主体，对辖区60周岁及以上老年人进行底数摸排，对出行方式、主要出行目的地进行建档，做到"一人一档"，村社干部为主要宣教员，结合村社养老服务系统对老年人开展点对点、一对一的精准化交通安全宣传教育；二是将村社交治站作为交通安全宣传教育主阵地（图1），以村社为主体开展老年人交通安全宣传教育工作，尤其是60~70岁骑乘电动自行车出行、有交通违法行为、在穿镇穿村沿线生活的老年人为重点教育对象，在交治站通过看视频、宣讲员讲解的方式进行交通安全宣传教育；三是交警联合乡镇、村社区宣讲员走入农村文化大礼堂，进入老年人活动场所等，采用方言土语的讲座、围坐式拉家常对老年人开展交通安全教育提醒。例如，浙江省嘉兴科技城天香社区组织工作人员、网格员、小组长及志愿者在辖区开展老年人交通安全入户宣传活动，向60周岁及以上的老年人宣讲交通安全知识，针对大多数老年人视力不好或不识字的情况，在小区老年人聚集区域进行集中宣传，将出行注意事项

图1 浙江杭州将村社交治站作为交通安全宣传教育主阵地

逐字逐句念给老年人听，向老年人讲解横穿马路、闯红灯、逆行等交通违法行为的危害性，为老年人们发放《老年朋友交通安全承诺书》，实现60周岁及以上老年人承诺书签约率100%。

2）以"两站两员"为主体的农村老年人宣教

2019年，公安部、中国银保监会联合部署以"警保合作"方式推进"两站两员"建设，融合农村劝导员队伍和保险公司协保员、营销员队伍，共同履行交通安全劝导员、宣传员、快处快赔代办员、保险业务代理员等职责，由交通安全劝导员和宣传员对交通违法人员进行劝导和宣教。例如，浙江省台州市杜桥交警中队在G351国道与章溪线交叉口、224省道杜川路口设立两个劝导站，联合办事处协警对过往的老年人骑行二、三轮电动车、驾驶机动车等进行劝导，对交通违法人员进行现场宣传教育；重庆奉节交巡警大队推动政府、部门、企业三方发力建设劝导站，特别是保险、邮政和烟花爆竹公司参与共建共治，每个劝导站设工作人员3名，站长由乡镇（街道）交安办工作人员兼任，其余2名专职劝导员既是乡镇（街道）护林员和公益性岗位工作人员，又是保险公司协保、协赔人员、烟花爆竹公司安全检查人员和邮政"三农"服务人员，将农村劝导站作为村（社）文明交通共治的前线阵地和重要依托，开展老年人及其他人群的交通违法行为劝导等工作。

3）以其他行政机构、行业协会等力量为补充的联合宣教

除与政府、公益企业合作外，公安交管部门还探索开展与老龄办、教育部门等联

合开展老年人交通安全宣传教育。一是与老龄办、文明办等联合开展普法宣教。例如，山东省济南市历城交警大队联合历城区港沟街道老龄办在保利花园社区开展老年人交通安全宣传教育讲座；济南市槐荫交警大队与槐荫区卫生健康局、槐荫区文明办联合开展"银龄安康行稳致远"交通安全宣传教育系列活动，以槐荫区各街道为单位，对全区60周岁及以上老年人开展普法，进一步加强老年人出行文明与自我保护意识，进而引导家庭成员安全出行；上海市法宣办深入社区对社区老年居民开展交通安全宣传教育工作。二是针对部分老年人承担着接送孩子上下学任务的情况，联合教育部门开展接送孩子老年人交通安全宣教。例如，浙江省台州交警大队以道专委名义下发督办任务书，由教育局开展"一大一小"交通安全教育，尤其是老年人隔代接送专项宣传教育，通过上一堂交通安全教育课的方式加强老年人接送孩子的交通安全教育，并发放一份致家长的公开信，对有隔代接送需求的家庭进行定点宣教；天津市交管局联合市教委、市文明办、团市委开展"小手拉大手 千警进千校"交通安全宣传教育活动，对中小学生和接送孩子的老年人进行交通安全宣传教育。

4）以电台、媒体等为载体的多种形式线上宣教

随着网络、媒体的发展，交警不断拓宽宣教阵地，利用广播电台、农村大喇叭、微信群、短视频平台等开展多种形式的老年人交通安全宣传教育。例如，浙江萧山交警大队联合萧山广播电台，通过"农村大喇叭"使用方言投放交通安全公益宣传提醒，全天候滚动播报；与萧山本土的萧山综合、萧山影视、萧山生活、萧山戏迷四大电视台合作，在黄金时段播放交通安全公益广告，每天不少于30min；与互动电视iptv合作，在电视大屏端开设萧山交警专区——云上交治站（图2），通过云上交治站对老年人等不同人群开展宣传教育。湖南省长沙市天心交警大队联合天心区坡子街街道、社区在辖区开展"知危险、会避险，交通文明出行——老年人出行交通安全宣传活动"，讲解交通安全知识、普及法律法规，并利用抖音平台直播，扩大活动受众面。

图2　电视大屏端开设萧山交警专区——云上交治站

三、老年人交通安全宣传教育现存问题

虽然各地公安机关交通管理部门均在开展老年人交通安全宣传教育，取得一定成效，但仍在宣教力量、宣教内容及方法等方面存在以下问题：

1. 宣教力量的社会化有待提升

大部分地区的老年人交通安全宣传教育以交警为主，社会协同共治的局面尚未全面形成，在基层宣教民警有限的现状下，宣教活动缺乏持续性、深入性，触达面有限。此外，即使有的村社设立了交通安全宣传员，但由于主要是基层干部兼任，大多数交通安全宣传员未经过专业、系统的交通安全知识培训，缺乏开展专业交通安全宣传教育工作的能力，宣教效果有限。

2. 宣教内容的针对性有待提升

目前，老年人交通安全宣传教育主要针对步行和驾驶电动自行车、电动三四轮车，宣教内容多为告诉老年人"应该怎么做"，较少阐述"为什么要这样做"，对于出行习惯已经养成、接受新知识能力较差的老年人来说，较难真正理解宣教内容，宣教效果大打折扣。

3. 宣教方法的有效性有待提升

当前老年人交通安全宣传教育形式主要为现场宣讲、观看视频、摆放宣传展板、发放宣传材料，虽然也通过媒体平台开展老年人交通安全宣传教育，但是宣教的针对性不强，触达率和有效性难以评估，如何结合老年人群体的心理特点，采用老年人喜闻乐见、易于理解的形式开展宣教有待研究。

四、强化老年人交通安全宣传教育的对策建议

俗话说"家有一老如有一宝"，老年人交通安全宣传教育需要长期开展方能久久为功，建议从以下三方面强化老年人交通安全宣传教育：

1. 建立与涉老群体管理机构、组织的协同宣教机制

公安交管部门积极推动与基层政府、老龄协会、妇联等涉老行政机构、组织的协同，一是推动政府将交通安全纳入平安村社建设和考核，为老年人交通安全宣传教育落实提供有力抓手，建立由交警、村社基层干部、志愿者组成的交通安全宣传教育队伍，由交警对宣教人员开展交通安全专业知识培训，激发基层活力；二是建立与老龄协会、妇女联合会等组织的常态化联合宣教机制，将老年人交通安全宣传教育纳入相关组织的日常工作中，借助社会力量的集约化和专业化水平，进一步提高老年人交通安全宣教工作的广泛、持久、深入地开展。

2. 强化老年人交通安全宣传教育内容研究

根据当地老年人交通违法和交通事故情况、历年涉及老年人交通事故统计分析，开展老年人交通安全风险研究，结合当地道路交通特点，构建系统、针对性强的老年人交通安全知识体系和内容。在此基础上，选取与宣教时间节点、受教育老年人群出行特征相匹配的内容，制作交通安全宣传教育文化作品，提高老年人交通安全宣传教育内容的

针对性,避免宣教内容大而全、大而空。

3. 强化老年人交通安全宣传教育方法研究

根据当地老年人基本特征,如年龄、文化程度、语言习惯、偏好的信息接收渠道等研究,得出适合当地老年人群体的交通安全宣传教育方法,如宣教途径、形式等,以老年人喜闻乐见、易于接受的形式展现交通安全知识,提高老年人交通安全宣传教育的有效性。

扫一扫查看原文

老龄化背景下老年人交通安全风险分析及宣传教育对策建议

高海燕　公安部道路交通安全研究中心

近年来,我国老年人口逐年增多,2020年第七次全国人口普查数据显示,我国60岁及以上人口达2.64亿人,占总人口的18.70%,其中,65岁及以上人口达1.90亿人,占总人口的13.50%,接近国际通行的深度老龄化水平标准14%。"行"作为最基本的一项生活需求,在老龄化程度不断加深的背景下,老年人出行安全问题备受社会关注。

一、老年人交通行为风险分析及暴露出的问题

随着我国老年人口的持续增加和老龄化趋势加速,道路交通事故造成的老年人伤亡呈上升趋势。据统计,"十三五"期间,老年人年均肇事交通事故起数同比"十二五"上升163.2%,交通事故导致老年人年均死、伤人数同比"十二五"分别上升62.5%和74.3%,交通事故中死亡的老年人在总死亡人数中的占比从2015年的25.77%增加到2019年的37.18%,受伤的老年人在总受伤人数中的占比从15.50%增加到23.44%。通过老年人交通事故统计分析可知,老年人交通事故发生原因及暴露出的问题主要包括以下4个方面。

1. 部分老年人缺乏必要的交通安全知识,风险识别和规避能力不足易导致交通事故

部分老年人不了解和掌握出行中应遵守的交通规则和必要的事故防范知识,无法准确识别和判断出行中遇到的交通安全风险,遇到紧急情况无法及时、正确应对,易因判断失误和应急处置不当引发交通事故。例如,从大型车辆前盲区范围内横过道路、过马路时不注意观察、横穿高速公路和城市快速路(图1),骑行在路口等候信号灯时进入大型车辆内轮差区域、路口转弯时不让直行的车辆、行人优先通行,在机动车道上拦乘机动车、下车时未经观察直接打开车门等。

2. 部分老年人交通安全文明意识淡薄,交通规则的遵守度低易引发交通事故

部分老年人自认为阅历丰富,存在侥幸心理和盲目自信心理,出行随意性大、主观性强,对交通规则持轻视态度,风险防范意识和自我保护意识薄弱,步行闯红灯、抄近

道翻越中央隔离栏（图2）、路口左转直接斜穿、在机动车道内行走、绿灯末尾跑步抢行过马路，骑行时闯红灯、逆行、占用机动车道、不佩戴安全头盔等违法行为易发多发，极易引发交通事故。

图1　老年人横穿高速公路被撞身亡

图2　老年人抄近道翻越中央隔离栏

3. 多数老年人出行习惯已经养成，保守固执思想易诱发交通事故

随着年龄增长，老年人的中枢神经系统功能退变，保守固执思想使其较难接受新规则、新知识，出行习惯较难改变和纠正，出行中更多依靠经验作出判断和决策，极易由于判断决策错误发生事故，例如，老年人如果有多次闯红灯但没有发生交通事故的经历，则认为闯红灯是安全的，在出行中继续闯红灯。

4. 其他机动车违法和道路设施不完善，增加老年人出行安全风险

根据交通事故原因认定，机动车违法行驶是导致老年人交通事故的主要原因，包括机动车闯红灯、未按规定让行、分心驾驶、超速行驶等碰撞、碾压老年行人和非机动车骑乘人员。此外，道路设施不完善，例如道路缺陷、未设置道路安全设施或安全设施损坏、灭失等影响老年人出行，尤其是过街设施设置不合理、不完善增加了老年人出行风险，易诱发交通事故。

二、老年人交通安全宣传教育存在的问题

根据老年人交通安全宣传教育调研，总结得出我国老年人交通安全宣传教育存在三方面问题：

1. 协同宣教机制尚未建立

目前老年人交通安全宣传教育以交警进村社宣教为主，其他行政机构、行业协会、农村"两站两员"等联合宣教为辅，个别地方建立了以平安村社考核为抓手的宣教机制，但社会协同开展老年人交通安全宣传教育的局面尚未全面形成，由于基层宣教民警有限，宣教活动缺乏持续性、深入性，对于交通行为习惯已经养成、较为固执的老年人来说，间断性的宣传教育收效甚微。

2. 宣教内容缺乏针对性

宣教内容主要集中在老年人步行闯红灯、骑行电动自行车未佩戴安全头盔、驾驶电

动三、四轮车警示教育，未根据不同区域老年人的日常出行方式聚焦老年人突出交通安全风险，多为告知老年人"应该怎么做"，较少阐述"为什么要这样做"，缺乏老年人出行习惯和交通心理分析，宣教内容的针对性有待提升。

3. 宣教效果有待提升

老年人交通安全宣教形式主要包括民警宣讲、播放交通安全宣传片、摆放宣传展板、发放纸质宣传材料、发放交通安全文创产品等传统形式，老年人互动参与较少，往往更关注接受宣教后能得到的物质回馈，较少关注交通安全对自己平安健康生活的影响，宣教效果有限。交通安全文艺演出虽然更受老年人欢迎，但往往由于创作周期长、成本高、人力物力有限导致难以全面开展。

三、老年人交通安全宣传教育对策建议

1. 部门协同，推动健全联合宣教机制

推动地方党委政府将交通安全治理纳入平安村社建设，建立健全"省-市-县（区）—乡镇（街道）-村（社区）"五级"政府主导、部门协同、交警主抓"的交通安全管理责任体系，将交通安全宣传教育纳入平安村社考核，进一步压实基层党委政府主体责任，以常态化交通安全主题宣教活动、文明交通示范城市（村、社区）创建等为着手点，健全与其他行政机构联合开展老年人交通安全宣传教育工作机制，促进形成部门间长效合作机制。

发动干部群众，充实基层宣教力量，建立由交警、村社基层干部、网格员、安全员、劝导员等为主体的老年人交通安全专职宣讲队伍，由热心群众、离退休人员、志愿服务者构成的交通安全宣讲志愿队。

探索建立平安村社积分制度，对自愿参与交通安全宣传教育的群众予以加分，激发群众参与交通安全宣传教育的积极性，作为"一对一"老年人帮扶、入户开展交通安全宣教的有益补充。

2. 突出重点，针对不同群体开展精准化宣教

针对老年人普遍缺乏的交通安全知识开展"扫盲"宣教，主要包括步行和骑行横过机动车道、通过路口的正确方法、机动车让行规则、车辆盲区和内轮差事故防范、防御性驾驶方法等相关知识。

针对老年人突出的交通违法行为开展"警示"宣教，主要包括闯红灯、不按规定横过道路、骑行不佩戴安全头盔、逆行、驾驶电动三、四轮车等非法车辆等，利用"身边事教育身边人"，通过持续的事故案例警示教育让交通规则意识逐渐深入老年人心中。

针对农村地区老年人开展务农务工赶集出行安全"常态"宣教，主要包括随意横穿道路、搭乘货车和农用车、乘坐超员面包车、无证驾驶摩托车和电动三、四轮车等交通违法行为的危害，在务农务工时节、赶集日等开展经常性宣传教育，打破老年人固有认知。

针对外地进入城市生活老年人开展城市道路交通安全知识"补课"宣教，主要包

括步行和骑行时正确的过街方法（含行人过街设施的使用、信号灯的识别与遵守规则等）、骑行载人安全知识、内轮差危险等。

3. 创新形式，将宣教内容以适宜的宣教方式呈现

抓住老年人心理特征，改变一味强调"应该怎么做"的传统宣传教育方式，抓住老年人"不给子女添麻烦"这一心理，从老年人自身平安健康关系着家庭幸福的角度告知老年人"应该怎么做""为什么要这么做"，使宣传教育更有感染力和吸引力。

根据不同宣教内容的特点，充分运用图文、音频、视频、文艺作品、互动体验等形式，将交通安全知识以最适合的宣教形式呈现，例如，交通安全知识普及教育适宜交警宣讲、视频讲解、互动体验等形式，交通违法行为警示教育适宜图文、视频、互动体验等形式，实现宣教内容与形式的有效融合，最大限度提高宣教的贴近性和有效性。

4. 丰富载体，做实做细老年人交通安全宣传教育

设立交通安全宣传栏（橱窗）、宣传墙，创新利用便民综合服务中心、老年人活动室、农村电商服务站等场所，抓好村社交通安全宣教主阵地，开展渗透式交通安全宣传教育。

扫一扫查看原文

充分运用各类"网、端、微、屏"载体，例如老龄网、中国养老网等老年人网站、公安交管部门微信公众号、订阅号、微博新媒体平台，抖音、快手等短视频平台，地方电视台、村社微信群、农村大喇叭等载体，开展全媒体老年人交通安全宣传教育。

通过设立老年人交通安全教育专区等形式，拓展基地新功能，尤其是在老龄化程度较高的城市，利用社区活动中心等场所打造社区老年人交通安全宣传教育基地（室）。

持续深化农村交通安全劝导站建设，因地制宜建立流动交通安全劝导站，充分发挥农村"两站两员"在老年人交通违法劝导和日常交通安全宣传教育中的作用。

境外老年人交通安全宣传教育经验做法

高海燕　公安部道路交通安全研究中心
王政阳　公安部道路交通安全研究中心研究实习员

一、美国提供高龄驾驶人学习课程

美国国家公路交通安全管理局（NHTSA）针对老年人特别设置了高龄驾驶人、行人安全、乘员保护等子模块，辅以文字、图片、视频等内容，针对性强，形式多样。针对老年驾驶人，NHTSA通过与许多国家、州和社区合作伙伴合作并教育他们为驾驶人、家庭、护理人员、医疗保健专业人员、执法部门和机动车辆部门提供资源，展示了其对老年驾驶人安全的承诺：

①告知老年驾驶人身体机能老化如何影响驾驶，例如视力、身体素质和反应能力的变化可能会引起安全问题，建议老年人通过准确评估与年龄相关的变化，调整驾驶习惯，以保持道路安全或选择其他类型的交通工具；

②告知老年驾驶人可以做些什么来继续安全驾驶，例如调整车辆以满足特定需求，选择合适的功能、安装和了解如何使用自适应设备，并进行良好的车辆维护；

③由USAA教育基金会、AARP（America Association of Retired Persons，美国退休人员协会）和NHTSA开发"安全驾驶，优雅老去"（Driving Safely While Aging Gracefully）教育资源，使老年驾驶人注意到自己的视力、身体健康、注意力以及对突然变化做出快速反应的能力发生了变化时可以安全驾驶，主要是帮助老年驾驶人识别警告标志并获取有关如何保持安全驾驶的有用提示。

美国为高龄驾驶人提供自愿学习的驾驶课程。国家安全委员会、美国汽车协会、美国退休人员协会等专门为高龄驾驶人提供了正式课程，例如"美国退休人员协会驾驶人安全计划"（以前称为"55岁活跃课程"），自1979年成立以来，提供课堂课程或在线课程，课程通常为6~10h的课堂培训，内容涉及基本安全驾驶习惯以及随着年龄增长如何调整身体和心理的感知变化。

二、日本全方位推进高龄者交通安全教育

为提升高龄者交通安全，日本推进高龄者交通安全教育，国家以及地方公共团体培养针对高龄者的交通安全指导老师，开发教材、教具等，完善指导体制，积极推行以silver leader（高龄交通安全指导员）为对象的"参加-体验-实践性"的交通安全教育，让其理解随着年龄增大身体机能的变化会给交通行动带来的影响，并培养其掌握必要的实践技能以及交通规则知识。另外，和相关团体、交通志愿者、医疗机构/傅立设施合作，设立高龄者交通安全教室，利用各种面向高龄者的社会教育活动、福利活动、各种筹划会等进行交通安全教育，对于没有接受安全教育机会的高龄者，通过家庭访问进行个别指导，利用日常和高龄者见面的机会提醒其注意交通安全。在留意激发高龄者自觉性的同时，针对高龄者交通事故实际情况进行具体的指导，并努力普及反射材料等交通安全用品的应用。

日本将高龄驾驶人作为交通违法和交通事故的重点人群，实行严格管理，驾驶人超过70岁后必须每年到警察部门接受安全驾驶培训，超过75岁的驾驶人必须参加专门测试，接受针对性训练和身体检查；70岁以上老年人更新驾照时必须接受驾驶适性测试、义务交规学习等项目，如新申领驾驶证一年内记分超过3分，必须到驾校重新学习交通法规和驾驶技能，否则将被吊销驾驶证。日本还重视对老年驾驶人的防御性驾驶教育，从政府管理层面设置了奖励性再教育机制，即主动参加一定学时的防御性驾驶课程，可免除一定分值的交通违法记分，但每个记分周期只有一次机会。此外，和相关机关团体、机动车驾驶培训学校合作，开展个别高龄驾驶人安全驾驶指导讲座，扩大高龄驾驶人的听课机会，努力促进其自觉听课，并在地区和家庭中进行有效建议，努力促进交通安全全家活动、以高龄者为中心的儿女、父母三代人的交通安全交流等。对于使用电动轮椅

的高龄者，和电动轮椅制造厂等组织团体合作，加强购买时的指导和建议，促进交通安全教育使其能够安全使用电动轮椅。

三、新加坡交警与社区合力向年长者普及交通安全知识

为减少乐龄人士（年长者）交通事故发生，新加坡交警与社区合力向年长者普及交通安全知识，通过嘉年华活动、老年人交通安全运动等形式开展老年人交通安全宣传教育。

2019年10月12日，新加坡交警在新传媒剧院举办"老年人道路安全嘉年华"活动，以"让人看见安全"为主题，让老年人了解道路安全事宜，并提高他们使用指定行人过街设施的重要性，1000余名乐龄人士（年长者）出席活动，欣赏互动表演及短剧。2020年，新加坡交警与狮子乐龄之友协会和职总保健合作社携手合作，让更多职员和义工接受培训成为公路安全代表（Road Safety Champion），向老年人普及交通安全知识。

针对老年行人乱穿马路导致交通事故的问题，2020年8月28日，在道路运输管理局（LTA）和人民协会（PA）的支持下，新加坡道路安全委员会（SRSC）和交通警察（TP）启动了2020年老年人道路安全运动，在SRSC媒体平台上传了"生命是宝贵的，保持安全"老年人交通安全教育视频，教导老年人在通行时保持警惕，多使用人行横道横过道路，并组织了多种多样的道路安全活动，得到了新加坡道路运输管理局老年人友好型交通计划的帮助和补充。交警和新加坡道路安全委员会还与人民协会合作，在老年人口占比较高地区的社区俱乐部向老年人分发带有交通安全提示的手部消毒剂和湿巾。此外，政府提醒子女做好父母交通安全教育，告知其横穿马路时尽可能找有信号灯的地方，按信号灯指示通行；没有信号灯的地方，尽可能走斑马线，并告诉老人遵守交通法规是为个人生命负责，更是为家庭负责。

四、香港地区"同行计划"持续推动老年人交通安全

为减少老年人交通事故，我国香港警队实施"同行计划"，鼓励社会各界守望相助，"望多眼，扶一扶"，推动长者道路安全，通过一连串活动，包括探访长者、道路安全讲座、电台节目、街头绘画活动、交通安全城开放日等，宣扬互相扶持的精神和道路安全意识。

在"同行计划"中，警队对老年人交通事故进行统计分析，各道路安全组人员到访交通黑点附近的公园、酒楼、回收场等，向老年人派发道路安全小册子《长者道路安全守则》、折叠雨伞、环保雨伞套、酒精搓手液及香米。针对车辆盲区是交通意外的一大成因，警队人员联同政府化验所的化验师讲解汽车盲区的成因以及各种盲区的危险性，教育公众在驾驶及过路时要注意盲区的潜在危险，避免意外的发生（图1）。

此外，交通总部亦联合道路安全议会举办"长者道路安全产品设计比赛"，通过比赛令参赛者深入了解长者使用道路的情况及需要，并将优秀作品融入长者的日常生活中，实现"路上零意外，香港人人爱"的愿景。

 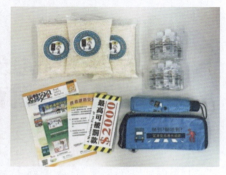

a)"同行计划"活动现场

b) 老年人交通安全提示材料

c)"同行计划"巨型海报和壁画

图1 香港"同行计划"

概括而言，境外部分国家和地区在老年人交通安全宣传教育方面的经验做法体现在三个方面：一是注重系统性和持续性。多方力量参与，政府、协会、企业、社区、家庭共同推进老年人交通安全，实施系统、持续的老年人交通安全宣传教育行动或活动。二是注重针对性和有效性。由专业机构研发老年人交通安全教育课程和宣教材料，宣教内容权威性、针对性强且简洁易懂。三是强制性和自主性结合。重视老年驾驶人教育，从高龄者教育、换证教育、自愿学习等方面开展老年驾驶人交通安全教育，强制教育和自主学习相结合，全面提升老年驾驶人交通安全意识和技能。

扫一扫查看原文

大学生交通安全现状分析及宣传教育对策建议

马金路　公安部道路交通安全研究中心助理研究员
赵洹琪　公安部道路交通安全研究中心助理研究员
王政阳　公安部道路交通安全研究中心研究实习员

根据公安部统计数据显示，我国机动车和驾驶人保有量呈现快速增长态势，根据2020年全国机动车驾驶人年龄分析数据显示，18~25岁驾驶人在驾驶人总量中占11.50%。与此同时，我国在校大学生交通安全现状呈现出一些新趋势、新特点，如：校园及周边交通环境日益复杂，大学生群体中新驾驶人及预备驾驶人比例增加，大学生租车、包车、驾驶共享汽车交通事故增多等。近年来，我国公安交管部门、教育部门、团委、街道、学校等单位联合行业协会、驾校等社会力量多部门共同参与、多管齐下、协同合作，充分发挥各自优势，在全社会层面采取多种形式，组织开展了内容较为贴近大学生群体的交通安全教育活动，提升大学生交通安全意识和文明交通意识。但是目前我国的大学生交通安全宣传教育工作处于起步阶段，距离社会化、制度化、多样化、系统化、常态化、效果最大化的要求，还存在很大的差距。

一、我国大学生交通安全现状

1. 我国在校大学生群体人员现状

随着近年来我国教育水平的发展，我国各类高等院校在校大学生人数逐年增多，根据教育部《2019年全国教育事业发展统计公报》显示，全国各类高等教育在学总规模4002万人，高等教育毛入学率51.6%（图1）。全国共有普通高等学校2688所（含独立学院257所），比2018年同比增加25所，增长0.94%。其中，本科院校1265所，比2018年增加20所；高职（专科）院校1423所，比2018年增加5所。全国共有成人高等学校268所，比上年减少9所；研究生培养机构828个，其中，普通高等学校593个，科研机构235个。普通高等学校校均规模11260人，其中，本科院校15179人，高职（专科）院校7776人。

普通本专科招生914.90万人，比上年增加123.91万人，增长15.67%；在校生3031.53万人，比上年增加200.49万人，增长7.08%；毕业生758.53万人，比上年增加5.22万人，增长0.69%。另有五年制高职转入专科招生46.00万人；专科起点本科招生31.75万人（表1）。

根据2021年最新发布的《中华人民共和国国民经济和社会发展第十四个五年规划和2035年远景目标纲要》第四十三章第三节要求，提高高等教育质量，推进高等教育分类管理和高等学校综合改革,构建更加多元的高等教育体系,高等教育毛入学率提高到60%。我国大学在校生及毕业生人数比例必将形成逐年增长态势。

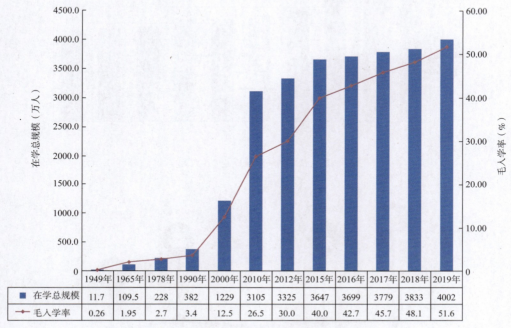

图1 我国高等教育在学总规模和毛入学率

2019年普通本专科学生情况　　　　　　　　　　　　表1

学　历	毕业生数（人）	招生数（人）	在校生数（人）
普通本专科	7585298	9149026	30315262
其中：本科	3947157	4312880	17508204
专科	3638141	4836146	12807058

另一方面从全国高校分布情况来看,各地区均有高校数量较多的城市,主要集中在发达地区及各省会城市。根据教育部数据显示,2019年全国高校数量排名最多的前10位城市分别为：北京、武汉、广州、重庆、郑州、上海、西安、成都、长沙、天津（图2）。

2. 我国在校大学生交通安全现状

目前,通过项目组调研发现大学生群体的交通安全问题呈现出：校园及周边交通环境日益复杂,大学生群体中新驾驶人及预备驾驶人比例增加,大学生租车、包车、驾驶共享汽车发生交通事故增多等一些新特点、新趋势。

根据公安部统计数据显示,2020年全国新注册登记机动车3328万辆,机动车保有量达3.72亿辆,其中汽车2.81亿辆；机动车驾驶人达4.56亿人,其中汽车驾驶人4.18亿人。受新冠肺炎疫情影响,2020年全国新领证驾驶人（驾龄不满1年）数量达2231万人,占全国机动车驾驶人总数的4.90%,比2019年减少712万人,下降24.19%。从驾驶人年龄来看,18~25岁驾驶人在驾驶人总量中占11.50%（图3、图4）。

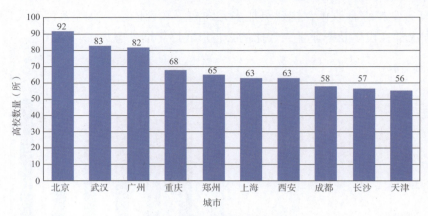

图2 全国高校数量排名前10城市

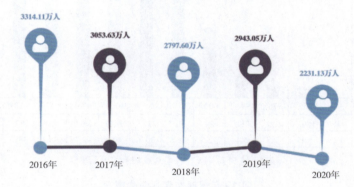

图3 近5年机动车驾驶人新领证情况

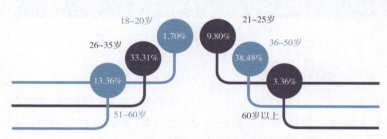

图4 2020年全国机动车驾驶人年龄分析

同时,从2015年至2019年新驾驶人年龄段构成来看,18~30岁的青年群体人数呈现逐年增长趋势,从2015年占40.80%升至2019年占比达到59.22%(图5)。结合调研部分驾校报名情况以及近年来高等教育毛入学率提升等情况来看,新驾驶人中大学在校学生人数占有很大比例,且呈现增长态势。

课题组还集中搜集整理了近10年来涉及大学生的交通事故及违法案例共123个,以此为样本初步开展了大学生交通安全现状分析研究。在案例样本中,交通事故案例占72.57%,交通违法案例占27.43%(图6)。

从案例发生时的出行方式来看,步行、乘车、骑行、驾驶车辆分别为:7.08%、5.31%、28.32%、59.29%(图7)。大学生驾驶车辆发生事故或出现交通违法行为突出,需在驾驶证考试及日常交通安全教育时进一步加强大学生群体驾车方面的交通安全知识及技能的普及。

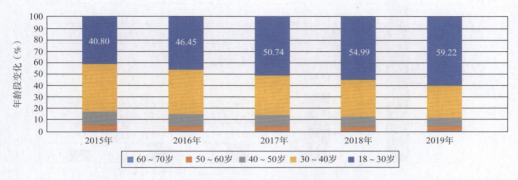

图5　2015年至2019年新驾驶人年龄段变化情况

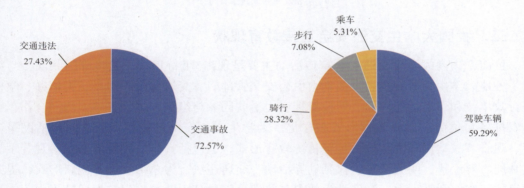

图6　大学生交通事故与交通违法案例比例　　图7　步行/乘车/骑行/驾驶车辆抽样案例比例

从发生地点来看，发生在校外的案例比例占绝大多数，为90.27%，发生在校内的占总数的9.73%。从发现的突出交通违法行为的角度来看，排在前5位的分别为：醉酒驾驶、无证驾驶、酒后驾驶、驾驶无号牌车辆、分心驾驶，从另一个层面看出加强大学生驾驶车辆的交通安全宣传教育工作的重要性（图8、图9）。

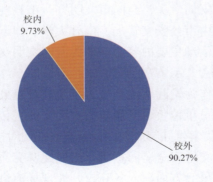

图8　大学生交通事故及违法案例发生地分析

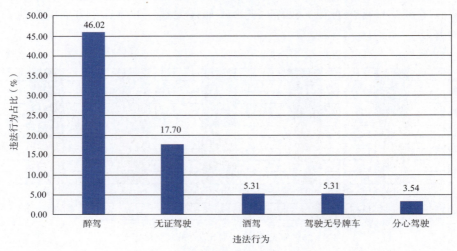

图9 突出交通事故违法行为分析

二、我国大学生交通安全宣传教育现状

目前,国内大学生交通安全宣传活动主要呈现出3个特点:一是多部门共同参与组织。各地大学生交通安全教育活动会由公安交管部门、交通部门、团委、街道办、学校等行政单位和驾培行业协会、驾校等社会力量共同参与组织,多管齐下、协同合作,充分发挥各自优势。二是教育形式多样化。大学生交通安全宣传教育活动既包括民警讲座、观看事故案例和警示教育片等传统教育形式,也包括宣誓、颁发证书、参观警示教育基地、辩论赛、闯关竞赛、执勤劝导活动、交通违法行为总结反思等创新形式,提升教育的新鲜感和吸引力,激发学生的参与热情,引导其主动参与到宣教活动当中。三是教育内容贴近实际。以大学生实际出行方式为切入点,向大学生讲授共享单车和电动自行车安全骑行注意事项、乘坐"非法营运车辆"的弊端等与大学生出行息息相关的交通安全知识。

1. 高校交通安全联盟现状调研

1)天津市"文明交通高校联盟"

组织模式。由天津市公安局牵头,会同市文明办、市教委、团市委等部门组织开展"文明交通进高校"活动,由市公安交管局、南开大学、津云新媒体集团、中国汽车技术研究中心有限公司承办,活动主要内容之一即为发起文明交通高校联盟,由南开大学发起,全市56所高校联合组建"交通高校联盟"。

运行机制。由南开大学作为发起单位,号召全市高等院校加入,工作协调小组设在南开大学团委,高校联盟成员单位负责开展校内文明交通宣传,分别成立大学生文明交通志愿服务队,日常负责召集学生并与所在区公安交管部门对接开展志愿服务。

开展的工作。一是进行交通安全巡回宣讲。组建文明交通宣讲团,结合法律法规、安全驾驶知识、交通事故后果等方面深入各高校开展现场演讲。二是依托各高校自有媒体集中宣传。组织各高校通过校内电子屏幕、自有各类新媒体、校刊、校报等多类平台,集中播发道路交通安全知识。三是举办形式多样宣传活动。组织各大学通过举办沙龙交流讨论、辩论会、主题演讲等多种形式,开展形式多样的交通安全宣传活动。四是开展文明交通作品征集。在各高校中开展文明交通宣传作品创作、征集活动,发挥大学生兴趣爱好,创作文明交通短视频、动漫、海报等宣传作品,进行优秀作品展示。五是组织文明交通志愿活动。在各高校中分别组建文明交通志愿者队伍,组织广大学生走进社区、学校、乡村、街头和交管窗口,开展文明交通宣传、交管业务导办等志愿服务活动。

2)广汽本田"道路安全高校联盟"

组织模式。2019年,广汽本田联合中国汽车技术研究中心有限公司,以及天津大学、同济大学、吉林大学、哈尔滨工业大学(威海)、湖南大学、武汉理工大学等高校,成立广汽本田"道路安全高校联盟"。

运行机制。广汽本田每年将为成员高校提供开展道路安全教育的专项资金支持,并联合中国汽车技术研究中心开展道路安全普及教育活动:通过"广汽本田+中汽研中心"的专家团队,面向学生开展安全知识讲座、实车安全驾驶练习等专业指导,丰富大学生道路安全的知识储备;同时,在大学生中招募道路安全志愿者,参与道路安全公益活动,让大学生在社会实践中养成道路安全行动力。通过校内+校外的立体化、启发式学习平台,提升高校青年自身的事故防范能力。

开展的工作。一是2019年10月29日,广汽本田联合中国汽车技术研究中心有限公司,联合天津大学、同济大学、吉林大学、哈尔滨工业大学(威海)、湖南大学、武汉理工大学等高校,举行了广汽本田"道路安全高校联盟"的启动仪式。二是2020年12月,组织开展广汽本田安全中国行·首届道路安全创新大赛。在为期3个月的大赛中,道路安全高校联盟的大学生们,围绕产品设计和公益宣传两大主题,创作出了大量道路安全优秀作品。

2. 目前高校交通安全联盟相关政府机构职责与分工情况

通过前期调研分析,目前我国高校交通安全联盟主要由当地文明办、教委、公安局、团委主办,当地公安交管部门、高校及社会公益企业等承办,志愿服务证明一般由文明办、教委、公安局、团委联合为学生提供。

1)公安交管部门

公安交管部门在联盟活动中作为牵头和主要承办单位,主要承担以下职责任务:一是组建文明交通宣讲团。组织交警、汽车安全技术工程师、医生、驾驶人培训讲师(交通运输学院)、优秀骑行人和驾驶人代表(公交集团、交通集团、公益企业)组成文明交通宣讲团,从大学生交通出行工具、习惯等特点出发,搜集相关的法律法规知识、安全常识、交通违法行为和事故案例制作宣讲课件,同时争取公益企业支持为宣讲活动提供交通安全体验项目。二是建立大学生文明交通志愿服务点。各交管部门窗口部位、社区(警区)、中小学校等分别建立文明交通志愿服务点,接受大学生志愿服务,组织志愿者培训,并委派优秀民警带领开展志愿服务。三是制定交管部门、文明交通高校联盟成员单位宣传合作协议。制作文明交通宣传合作协议范本,其中包括交管部门对文明交通高校联盟成员单位开展上门服务,为学校提供校园内部道路交通组织规划建议,组织流动车管所深入校园为师生办理车务手续,提供文明交通志愿服务岗位并组织志愿者培训等内容。

2）文明办

"文明交通进校园"活动一般依托于当地文明城市创建工作,文明办主要在联盟活动支持、宣传等方面提供便利条件。

3）教育部门

教育部门主要以一个发起高校为支撑点,开展以下工作:由发起高校起到号召带头作用,具体落实联盟开展的各项活动。一是组织大学生参加宣讲活动,组织大学生志愿者参与志愿服务,并将参加宣讲和志愿服务分别纳入计算学分的讲座和社会实践活动。二是联盟成员单位（各高校）负责开展校内文明交通宣传,分别成立大学生文明交通志愿服务队,日常负责召集学生并与所在区公安交管部门对接开展志愿服务。

4）共青团组织

高校联盟组织活动的开展离不开共青团组织的支持,联盟的工作协调小组应设立在发起高校的团委部门,负责日常沟通协调及志愿服务的开展。

三、国外大学生交通安全宣传教育情况

国外大学生的交通安全宣传教育尚未形成体系,一方面,由于大学生在心理生理方面还具备青少年的特点,一部分交通安全教育内容与青少年群体融合；另一方面,由于大学生群体考驾照的人数较多,其宣传教育内容可纳入新驾驶人的范畴。从结合青少年心理行为特点的方面来说,澳大利亚、英国等国家通过"朋辈压力"这个心理行为,促使年轻交通参与者在一个团体中尊重规则而改变其态度、行为和价值观,促使青少年群体交通行为的正向改变。例如澳大利亚在学校中开展"照顾我们的同伴（Look After Our Mates）"交通安全讨论,倡导在和同伴一起出行时要提醒同伴酒驾或毒驾的危害。日本会举行交通相关挑战比赛,拥有驾照的教职员和学生可以参与,以无事故无违法为目标,在竞赛中提高学生的交通安全意识。大学生群体自信好胜,热衷于参加竞技活动,在比赛中会更加专注投入,更具有参与感,教育效果也会得到提升。日本在立命馆亚洲太平洋大学内设立了"二轮车安全驾驶课堂",讲授二轮车"直行、转弯、停止"等基本操作,并强调日常检查的重要性。国外针对大学生群体的交通安全教育形式较为多样,基于事故特点提炼交通安全教育内容,通过视觉听觉等多感官的冲击,加深交通安全意识。例如德国针对年轻人骑自行车、骑摩托车、酒驾等交通事较多的现状,以互动体验和情境模拟为主,通过佩戴酒驾模拟眼镜、模拟驾驶摩托车、化一个交通事故受伤的妆容等活动,增强年轻人对安全隐患和交通事故惨烈的认识,提高交通安全意识（图10、图11）。

四、大学生交通安全宣传教育对策建议

目前中国的大学生交通安全宣传教育工作处于起步阶段,距离社会化、制度化、多

样化、系统化、常态化、效果最大化的要求，还存在很大的差距。因此要借鉴国外和全国各地大学生交通安全宣传教育的先进做法、经验及交通违法和事故案例经验，创新理念，加强协作，探索公安交管、相关部门和高等院校联合开展大学生交通安全宣传教育的新机制、新模式。

图 10　日本开展大学生交通安全宣传教育情况

图 11　德国开展青少年交通安全宣传教育情况

1. 强化协作机制，实现大学生交通安全社会化

在全国层面建立具有可行性的"高校交通安全联盟"，集合公安交管部门、文明办、教委、公安局、团委、高校及社会公益企业的力量，共同开展交通安全宣传教育工作。细化职责，明确任务，建立由交警、汽车安全技术工程师、医生、驾驶人培训讲师（交通运输学院）、优秀骑行人和驾驶人代表（公交集团、交通集团、公益企业）组成的专业培训队伍，编制符合大学生交通出行工具、习惯特点的课件，设计交通安全体验项目、文明交通志愿服务项目，进而提升大学生交通安全教育队伍的专业性，交通安全教育内容的针对性和教育形式的多样性。

2. 强化顶层设计，实现交通安全教育常态化

将大学生交通安全教育内容纳入国民素质教育体系，融入国民素质教育环节。我国国民素质教育是对全国所有人的教育，是大教育、大系统。目前中国国民素质教育形成了从基础教育到中高等教育，再到社会从业人员教育的基本梯次结构。并且是依次从基础教育到中高等教育，再到社会就业教育，甚至终身教育的递升过程，国民素质教育的体系和结构都十分完整。这样的一个涉及全民的教育网络，为开展大学生交通安全教育提供了难得的途径和机遇。在开展大学生交通安全教育时，利用和借助这样的平台，把大学生交通安全教育的内容融入到国民素质教育的各个阶段，设立交通安全教育课堂教学科目，并将其纳入"第二课堂"学分系统中。注重依托课外活动或社会实践活动的形式优化高校交通安全教学模式，构建大学生道路交通安全教育的长效机制。

3. 强化资源整合，实现大学生交通安全教育规范化

高校系统科学的教育体系，完善的师资队伍，优良的学习环境和学术氛围，先进的研究手段和研究队伍是其他社会机构不具备的。在大学生交通安全教育上要针对大学生群体的年龄和行为特点，充分利用整合高校资源优势建立大学生交通安全教育体系，利用高校的知识资源优势组织相关专业的教师和研究人员进行道路交通安全的理论和技术研究。为大学生的课堂教育和实践提供知识及技术的支持，也为大学生交通安全教育的持续发展提供基础性支持。利用高校的学术交流平台，定期以讲座、讨论会、学习月等形式来进行交通安全教育，营造学习研究交通安全知识的良好氛围。

4. 强化手段创新，实现大学生交通安全教育常态化

针对当代大学生特点，有效利用多种方式提升交通安全教育效果。互联网时代大部分大学生依托网络了解社会和他们感兴趣的问题，是大学生教育学习、开拓视野、对外交流和个性化发展的主要渠道。特别是目前微信公众平台成为高校开展教学工作的辅助方式，大部分学生关注了各种形式内容的微信公众号，并使用微信公众号学习了很多感兴趣的知识，使"教与学"不受时间和地点限制，能够加强师生互动，丰富教学内容，激发学生学习积极性。鼓励大学生开展微博、微信、抖音等新媒体交通安全宣传作品创作，进而提高新媒体在大学生群体中交通安全宣传教育的伴随性、互动性和实用性，使新媒体成为对大学生群体进行交通安全宣传教育的重要手段，扩大宣传教育效果。

5. 强化针对性，增强大学生交通安全教育实用性

要符合大学生的年龄特征、出行方式等设置教育内容和方式，对大学生的安全出行有实际的帮助。例如提高大学生骑行群体的交通安全宣传教育，使其具有针对性、实用性和实操性。例如在自行车课程中设计实地骑行安全指导环节；重视大学生骑行电动自行车安全教育问题，强化骑行时佩戴头盔、酒后不可骑车、夜行开车灯等重要且容易被忽视的安全骑行问题。创新教育内容及形式，针对大学生即将进入社会成为新驾驶人的需求，利用VR技术开展新驾驶人相关内容培训项目，使大学生的交通安全教育更具实用性，为未来走进社会成为一个合格驾驶人做好准备。

扫一扫查看原文

机动车驾驶人考试互联网直播现状分析及对策建议

刘　央　公安部道路交通安全研究中心研究实习员
刘晓晨　公安部道路交通安全研究中心助理研究员

一、驾考直播现状分析

机动车驾驶人考试互联网直播（以下简称驾考直播）是公安交管部门通过互联网平台将机动车驾驶人考试过程和细节以音视频形式全程、实时、公开地呈现在公众面前的活动。目前"云监考"模式在全国范围内持续发挥传播效应，受到媒体及社会大众的普遍关注。

1. 驾考直播基本情况

2019年11月，山东青岛公安交管部门在国内首先建设机动车驾驶人考场云直播系统，在科目一、科目二、科目三考场内核心区域实现互联网高清直播。此后，多地陆续加入驾考直播队伍，通过本地公安交管部门的互联网平台官方账号进行驾驶人考试直播。截至2021年5月上旬，全国已有12个省、31个城市的公安交管部门开展了驾考直播（表1）。直播内容已包含全部考试科目，涉及大型客货车、小型汽车和摩托车等准驾车型，直播平台主要是地方交警在抖音、今日头条、快手、微信视频号的官方账号。

驾考直播内容及城市统计表　　　　　　　表1

直播内容	城市
理论考试	山东青岛、四川资阳
科目二场地驾驶技能考试	江苏南京、盐城；浙江台州、杭州；福建平潭、福州；山东青岛；湖北鄂州；湖南长沙、怀化；广东广州、清远；广西桂林、玉林；海南文昌、儋州；四川资阳、德阳、乐山；陕西西安、咸阳、榆林、铜川
科目三实际道路驾驶技能考试	江苏盐城；浙江温州；福建莆田；山东青岛；河南洛阳；湖北鄂州、襄阳；湖南株洲；广东广州；海南文昌；四川广元、内江、宜宾；陕西西安、榆林、咸阳

在直播过程中，主要由公安交管考试、宣教等部门的交警或相关媒体从业人员担任主持人，引导直播进行。为打造"云监考"体验，各地不断创新参与方式，推出了4种互动类型，吸引广大群众"亲临"驾考现场。一是讲解互动，主播交警场内互动，同步点评驾驶操作，详解考试评判标准，宣讲交通法规。二是采访互动，在驾考结束后第一时间采访考生的体会及经验，记录真实瞬间。三是连麦互动，部分地方交管部门在预热阶段采用了连麦方式，进行场外互动，营造良好氛围。四是评论互动，网民通过评论区提问，获得主播交警直播答疑。此外，直播结束后，网民精彩的评论、留言、弹幕等内容

还将被公安交管部门再次以短视频、图文等方式进行二次传播，不断深化驾考话题的讨论与交流。

2. 驾考直播受众分析

驾考直播引发了网民热烈反响，总体呈现3个特点：一是观看人数众多，仅2021年3月2日陕西西咸新区科目二考试单场直播累计观看量就超过600万人次，福州、广州的单场驾考直播也超过百万观看人次。二是互动留言高频，抖音中"百万云考官监考驾考"的话题累计播放量超过1926万次，微博话题"福州交警直播驾考科目二"的累计阅读量达1.3亿，二次传播效果显著（图1）。三是持续吸引流量，以2021年南京3月26日科目二直播为例，90min的直播获得2835条评论，新增粉丝740人，取得高活跃度和高留存率的传播实效。

图1 网民观看驾考直播并发表留言

3. 驾考直播影响分析

驾考直播也受到了媒体的广泛关注。通过道研中心舆情监测分析系统初步统计，2021年以来关注报道"驾考直播"的媒体包括中央权威媒体7家，行业或地方媒体60余家，大量新闻网站及微博、微信等自媒体账号（图2），累计发布相关信息超过20万条，全网可见网民留言3万余条。经分析研判，驾考直播的舆情态势整体呈正面积极趋势。这表明，驾考直播切实回应了公众诉求，具备良好的民意基础。

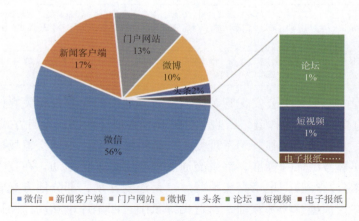

图2 驾考直播相关信息媒体分布图

二、驾考直播效果分析

驾考直播是推进直播媒体新技术、新方式应用于道路交通安全管理工作的积极探索，取得了三方面的效果：

1. 原生态呈现真实考场，推进执法规范化建设

各地的驾考直播主要采用固定机位，在无剪辑、无串场、无编排的情况下一次成型。考生及考试员随机分配后进入考场、考试车，双方在"云监督"状态下执法履责，对于直播现场实施最小程度的介入和干预，原生态展示考场真实情境。驾考直播将驾考工作情景真实地呈现在网民面前，实现执考全过程、全方位的公开化、透明化，促进公安交管部门执考执法更加突出严格规范、更加强调细节严谨，能够有效提高交警队伍执法能力和执法水平，提升公安交管部门执法公信力。

2. 双视角展示考场全貌，扩大社会监督范围

驾考考场是高压封闭环境，网民通过直播中近景和全景双视角，可以迅速了解考场设置、设施及考试流程等最关心的内容。相较于官网公告、电视新闻等传统媒体的报道形式，直播镜头真实记录考场全景，在形式上和时间上更便于网民、驾校、媒体等广泛社会力量的全面监督。同时，驾考直播加大违法违规行为的曝光率，能够有效震慑考试作弊等违法行为的潜在人群，提高公众对驾考规范性的认知。

3. 多交互提供现场讲解，增强宣传教育效果

直播具有多元交互性和高频社交性特点，引发交警与网民踊跃互动和充分沟通，让驾考一线成为驾驶人交通安全宣传教育最好的课堂。执考交警通过"以案说法"的形式向数万网民宣传安全行车常识以及交通违法行为的危害性，极大地扩展了普法教育的覆盖面。主播交警现场解说更易激发网民参与，从而让交通安全的法律法规入脑，让安全文明的驾驶操作入心。直播中交警通过在线讲解及评论区互动的方式为广大考生提供权威解答，畅通警民沟通渠道，增强群众对交警执法的信任与理解，为打造和谐警民关系发挥积极作用。

三、驾考直播性质分析

以直播呈现驾考过程是地方公安交管部门"放管服"先行先试的创新举措，具备合理合法的工作基础，主要体现了三重特性：

1. 驾考直播是公安交管部门行政公开的重要方式

《中华人民共和国政府信息公开条例》第二十三条规定，行政机关应当建立健全政府信息发布机制，将主动公开的政府信息通过互联网政务媒体等途径予以公开。驾考直播是公安交管部门作为行政许可的实施机关在其法定职权范围内以直播方式主动进行信息公开、警务公开的行为。直播公开中涉及的考场布局、考试路线和流程是《机动车驾驶证申领和使用规定》考试监督管理中要求公开的信息，且考试项目、方法、评判要求及相关标准也属公开信息。由此，驾考直播中考试过程的展示内容符合行政公开信息要求，具备行政公开特性。

2. 驾考直播是社会大众执法监督的重要渠道

《机动车驾驶证申领和使用规定》第四十六条规定，考试员应当认真履行考试职责，严格按照规定考试，接受社会监督。《机动车驾驶人考试工作规范》第四十九条规定，考试过程中在群众休息和候考场所实时播放考试视频，接受社会监督。机动车驾驶人考试是公安交管部门执法的过程，所涉及的考场设施、车辆设备、考试员都应依法接受监督。驾考直播拓展了现有的监督渠道，便于公众以更加便捷、经济的方式参与监督，能够保障公众更加充分享有监督权。由此，驾考直播是社会监督的有效渠道，具备执法监督特性。

3. 驾考直播是公安交管部门普法宣传的重要载体

公众既是公安交警执勤执法的监督者，也是交通安全法律法规的学习者。驾考直播利用新兴的传播媒介，面向广大社会公众，通过双向实时互动、大众喜闻乐见的方式，增强交通安全法律和规则宣传的活力与实效，使受众在潜移默化中获得专业的法律解读和安全提示，进而拓展了交通安全知识宣传和普及的渠道，成为普法宣传的新载体。而且，驾考直播对潜在的交通违法行为也起到了有力的警示教育和震慑作用。由此，驾考直播是公安交管部门教育宣传的载体，具备普法宣传的特性。

四、规范驾考直播的对策建议

直播为公众广泛参与驾考监督提供了一种可行途径，同时也可能存在泄露考生隐私、干扰考试效果及直播管理不规范不专业等潜在问题。直播是形式而非目的，因此，推进驾考直播要切实落实到执法与监督管理模式的创新上，从而促进驾驶人考试更加严格规范、公开公正。为此，提出以下"3个注重"的对策建议：

1. 注重驾考直播合规合法

确保直播主体合法。驾考是驾驶证行政许可的关键环节，驾考直播将反映驾考执考全过程。据此，驾考直播应由相应的行政主体即公安交管部门组织实施，直播行为应由持有相应资格证书的考试员进行。直播范围也应限定在公安交管部门执考的场所和设施内，即驾驶人考场、考试车和考试路线等范围。此处需明确的是，社会考场是公安交管部门通过政府购买服务方式使用其场地设施进行考试的经济主体，其所有人不具备作为考试直播主体的资格。

确保直播程序合法。驾考直播将考试全程公之于众，涉及公安交管部门行使执考职权的过程，需制定相应的制度规范，明确直播的标准化流程，明晰审批部门、职责等内容。建议以各地车辆管理所为直播主体实施范围，直播事宜由分管驾驶人考试的车辆管理所领导进行审核管理，承担直播管理的主要职责，对直播时间、方案、人员、频率等进行审核，加强直播过程监督和效果评估，以确保直播合法合规、便民高效。

确保直播内容合法。对于执法人员，要依法公开考试员及工作人员的基本信息，确保其依法依规履职。对于考生，要做好隐私管理，在直播软件中增加人脸马赛克和声音模糊处理等功能；同时，要注意直播拍摄角度，采用后视镜遮挡、背面拍摄等技巧，避免考生正面肖像、身份证号等信息出现，保障考生隐私安全。对于考试场所设施，应按照《机动车驾驶证申领和使用规定》《机动车驾驶人考试工作规范》等规章规范要求，直播公开考试场地布局、路线、流程等信息，但对于驾考理论考试应避免直播考题等内容。

2. 注重驾考直播管理规范专业

突出考场设置专业化。驾考执法的规范性是敢于直播的前提条件。各地公安交管部门要对驾驶人考试场地进行全流程、全范围的排查，检查考场设施设备、考试系统、考试车辆的规范性，主动发现问题，及时自我整改，避免产生负面影响，从而以直播展现考场管理的专业性。

突出直播内容专业化。要丰富直播内容，优化直播流程，在目前直播考生驾驶操作的基础上，积极回应考生实际诉求，增加考前安全告知提示、规范驾驶操作示范等内容，尤其是对日常管理中考生常遇到的困惑予以直播讲解，例如直播中增加补考流程演示、上车注意事项提醒等内容。要提升直播讲解员的讲解水平，注重专业引导，从推进交通安全知识普及的初衷出发，在讲解驾驶操作的基础上，注重对通行规则背后原理、安全风险隐患的解读，引导考生树立科学规范的驾驶习惯和安全意识。需要注意的是，讲解过程中要避免应试模式的告知，避免对考生造成应考应试的误解。

突出直播人员专业化。要将驾考直播作为树立公安交管部门驾考形象的重要契机，组建专业直播团队，提升讲解人员素养，扎实知识储备，培养一批既懂驾驶人考试专业内容，也有应对媒体基本素质的专业主播，既要讲出安全驾驶的法规要求、交通原理，也要展现公安交警规范执法、为民服务的职业素养。

3. 注重驾考直播机制常态长效

建立严密的纵向管理机制。要制定驾考直播工作规范，建立覆盖播前预告、播中应对、播后评估、危机应对及方案优化等直播全流程的纵向管理机制，形成职责清晰、管控有力的直播管理格局。

建立高效的横向协作机制。驾考直播的运行需要业务与宣传合力并行。要加强车管、宣传、法制、秩序等多部门协作，保障驾考直播程序上合法合规、内容上丰富多样、形式上拓展创新，深化部门协同、警媒融合，为驾考直播保驾护航。

建立深入的联动宣传机制。构建直播与官网、官微、纸媒等多平台的联动，将直播纳入公安交管的官方宣传矩阵，嵌入各驾驶人考试安全教育宣传渠道，达到法律效果和社会效果的有机统一。此外，直播是显绩，配套是潜绩，推进直播常态化需完善基础配套。要做好驾考直播技术保障工作，引入专业设备，提升网络稳定性，对雨、雪、雾等特殊场景准备紧急预案，确保直播过程稳定流畅，为打造公安交管部门权威专业、群众喜爱的直播品牌形象提供基础保障。

扫一扫查看原文